李鸿章与晚清铁路

夏永丽　著

远方出版社

图书在版编目（CIP）数据

李鸿章与晚清铁路 / 夏永丽著． -- 呼和浩特 ： 远方出版社， 2020.7
ISBN 978-7-5555-1475-6

Ⅰ．①李… Ⅱ．①夏… Ⅲ．①铁路运输—交通运输史—中国—清后期②李鸿章（1823-1901）—生平事迹 Ⅳ．① F532.9 ② K827=52

中国版本图书馆 CIP 数据核字（2020）第 132150 号

李鸿章与晚清铁路

LI HONGZHANG YU WANQING TIELU

著　　者	夏永丽
责任编辑	刘洪洋
责任校对	刘洪洋
版式设计	赵小慧
出版发行	远方出版社
社　　址	呼和浩特市乌兰察布东路 666 号　邮编 010010
电　　话	（0471）2236473 总编室　2236460 发行部
经　　销	新华书店
印　　刷	内蒙古爱信达教育印务有限责任公司
开　　本	170mm×240mm　1/16
字　　数	240 千
印　　张	16
版　　次	2020 年 7 月第 1 版
印　　次	2020 年 7 月第 1 次印刷
标准书号	ISBN 978-7-5555-1475-6
定　　价	45.00 元

如发现印装质量问题，请与出版社联系调换

序

李春冀

提起李鸿章，可能很多人的第一反应是"卖国贼"。这个标签贴到清朝晚期这位肱骨大臣身上的时间久矣。

但是，一本书改变了我对李鸿章的认识。

1986年，我入职人民铁道报社时，主持报社工作的是副总编辑严介生。后来，他调到中国铁道出版社工作，并利用业余时间潜心研究铁路历史。2009年秋，我的这位老领导送我一本其撰写的《清末铁路三大悲剧人物》。这部书介绍了李鸿章、张之洞、盛宣怀三位清末的关键人物与中国早期铁路的关系及他们的悲剧人生。细细拜读之后，我对李鸿章有了一个全新的认识，同时也激发出更多地了解李鸿章的兴趣。

2014年12月，我调到中国铁道博物馆（以下简称"中铁博"）任馆长，与本书的作者夏永丽女士成为同事。

当时，小夏在中铁博的东郊展馆工作。后来，当发现她是中国人民大学历史学院清史研究所历史文献学专业毕业的硕士，并对清史研究有浓郁的兴趣后，我便鼓励她对清末的铁路人物予以关注并深入研究，遂于2016年春，调她到中铁博的詹天佑纪念馆工作，拟对詹天佑进行深度研究。其间，她深入挖掘詹天佑相关史料，在詹天佑研究方面取得了一定的成果。

同年年底，她的先生被派往外地工作，接送孩子上下学的任务就全部落到了小夏的肩上。馆里考虑詹天佑纪念馆地处北京郊区，距家较远，她照顾孩子确实不便，于是在小夏提出申请之后，在2017年初，调其到中铁博的正阳门展馆工作。

到正阳门展馆任副研究馆员后，在一次会议休息时，她对我说，我们馆研究詹天佑的人很多，也出了不少成果。现在，她想另辟蹊径，研究其他清末铁路人物。当时，我一下子想到了人们对李鸿章与铁路建设方面的问题了解较少，于是建议她关注这一问题并进行深度挖掘。

此后，小夏果真行动起来，认真地、默默地做着各项准备工作，三年不鸣。

2019年底，一次她从展馆来位于马连道的中铁博机关办公区办事时，特意来到我的办公室，说她撰写的《李鸿章与晚清铁路》一书完成了初稿，想请我为该书作序，随后便发来书稿的电子版。

仔细研读之后，我发现作者站在时代发展的高度，以风云变幻的近代世界格局和内忧外患、风雨飘摇的晚清社会为背景，用细腻的手法，详细探讨和考察了李鸿章铁路梦想的萌生、提出和实践过程，客观分析了其为中国早期铁路发展做出的巨大努力和贡献。

该书的一大特点就是实。书中据实分析了李鸿章的铁路情缘，据实陈述了李鸿章为近代中国铁路的引进和发展做出的贡献，据实论述了李鸿章为推动中国早期工业发展和近代化进程所做的努力。

身居高位、手握重权、混迹政界多年，与曾国藩、张之洞、左宗棠并称为"中兴四大名臣"的李鸿章，其人生经历和所作所为是非常丰富和复杂的，对其的历史评价理应是多元的。而过去用简单化、脸谱化来定性一个如此复杂的人，一定是有失偏颇的。

在晚清名士王闿运的记载中，李鸿章是一个懒惰但知错能改的浊世公子；在英国人戈登的眼中，李鸿章则成了一个言而无信的恶魔；在曾国藩的日记中，李鸿章是一个孺子可教的得意门生；在翁同龢的眼中，李鸿章则成了割地卖国的大反派。

他坚定地站在慈禧太后的一边，却又公开支持光绪帝的戊戌变法。他小心翼翼地防范着日本，却又与沙俄眉来眼去。

他自嘲为一个裱糊匠，却在治军、内政、外交等诸方面取得了巨大成就；他推行洋务运动、图谋富国强兵，却因签署丧权辱国的不平等条约而被千万人骂为汉奸、卖国贼。

没有人真正了解他是一个什么样的人，可能也从未有人真正走进过他的内心世界。世上有多少人，大概心中就有多少个李鸿章。

1901 年，梁启超在其所著的《李鸿章传》中写道："四十年来，中国大事，几无一不与李鸿章有关系。""李鸿章必为数千年中国历史上一人物，无可疑也。李鸿章必为十九世纪世界历史上一人物，无可疑也。"

2009 年，严介生在《清末铁路三大悲剧人物》中将李鸿章描述为讲求实干、精于世故的悲剧性人物。

2020 年，夏永丽笔下的李鸿章又将是怎样？相信阅毕《李鸿章与晚清铁路》，您自有答案。

（作者系中国铁道博物馆党委书记、馆长）

目　录

研究综述

铁路自诞生伊始，不但不断地改变人类社会，而且其影响力也在不断加强。凌鸿勋即言："我国社会的转变，思想的觉醒，经济的发展，以及政治的演进，国运的隆替，在在与铁路问题有关。"[1] 因此，学界对于铁路的关注和研究由来已久。

中华人民共和国成立后，对铁路的研究大致可分为两个阶段。

第一阶段是改革开放之前，受当时历史时代的影响，对铁路的研究一般都是从阶级革命的角度出发，将铁路视为列强入侵中国，掠夺和扩大在华权益的有力工具。例如，宓汝成认为，铁路的主权掌握在谁的手里，是我国铁路史研究的核心问题。其研究试图探索帝国主义侵略、压迫中国和中国社会的半殖民地半封建化在中国近代铁路史上究竟有什么表现、怎么表现的、铁路运输在此中起过什么作用、怎样起作用的。[2]

因为研究视角、研究方法和研究资料的局限，所以总体而言，这一阶段的研究成果相对较少，主要有山东大学历史系和中国社会科学院山东分院历史研究所合编的《胶济铁路史》[3]、宓汝成《中国近代铁路史资料》[4]、

---

[1] 凌鸿勋. 中国铁路志 [M]. 台北：畅流半月刊社，1954：1.
[2] 宓汝成. 中国近代铁路史资料：第 1 册 [M]. 北京：中华书局，1963.
[3] 中共青岛铁路地区工作委员会，中国科学院山东分院历史研究所，山东大学历史系. 胶济铁路史 [M]. 济南：山东人民出版社，1961.
[4] 宓汝成. 中国近代铁路史资料：第 1 册 [M]. 北京：中华书局，1963.

祁龙威的《论清末的铁路风潮》[1]等。此外，尚有北京铁道学院经济系研究组编纂的《中国铁路史》和原铁道部内部编纂的《铁路十年（1949—1958）》，但均未付梓，令人遗憾。

第二是阶段改革开放后，随着解放思想和实事求是指导方针的提出，学界摆脱既往僵化的革命史研究思想束缚，开始采用多学科、跨领域的研究，因而对铁路的研究更加客观、全面，研究内容既有宏观审视，又有专题式的梳理，蔚为大观。受到史学界学术研究取向的转变，以社会史为研究方法与视角切入，融合其他学术思路，使得当下的铁路史研究出现了异彩纷呈的变化。不管是铁路史的宏观思考，还是具体的线路史、铁路人物、铁路与区域社会等方面的研究，总体而言，重新诠释铁路的定位，重新思考铁路在近代中国的意义及挖掘新的研究空间，成为学界的基本研究趋向。[2]

这一阶段的研究成果较多，从20世纪80年代的金士宣、徐文述的《中国铁路发展史（1876—1949）》，到90年代的宓汝成的《中华民国铁路史资料》、李占才的《中国铁路史（1876—1949）》、杨勇刚的《中国近代铁路史》等，硕果累累，人才辈出。进入21世纪后，更是涌现出了一批卓有成就的学术新人，包括朱从兵、马陵合、江沛、熊亚平、秦熠、张学见、刘晖等。其中，朱从兵、马陵合等尤具代表性，两人分别从不同角度，对中国铁路之发展展开了深入的系列研究，发表了大量高质量的学术成果。

朱从兵撰写了《甲午战前京津铁路线的筹议述论——兼议中国近代铁路建设起步的动力选择》[3]《申报与中国近代铁路建设事业起步的舆论动员》[4]等论文，并出版了《铁路与社会经济——广西铁路研究（1885—

---

[1] 祁龙威. 论清末的铁路风潮[J]. 历史研究，1964（4）.

[2] 岳鹏星. 当代大陆学人与中国铁路史研究[J]. 社会科学动态，2018（7）.

[3] 朱从兵. 甲午战前京津铁路线的筹议述论——兼议中国近代铁路建设起步的动力选择[J]. 历史档案，2009（2）.

[4] 朱从兵.《申报》与中国近代铁路建设事业起步的舆论动员[J]. 安徽大学学报（哲学社会科学版），2010（1）.

1965）》[1]《中国近代铁路史新探》[2]等专著。

马陵合撰写了《凌鸿勋与西部边疆铁路的规划和建设》[3]《江浙铁路风潮中代表入京问题考评》[4]《借款可以救国？——郑孝胥铁路外债观述评》[5]《安奉铁路交涉研究：以清末地方外交为视角》[6]等一系列相关论文，并出版了《清末民初铁路外债观研究》[7]等专著。

这些新时代的学术翘楚，不仅发表和出版了大量相关研究论著，还对既往学术研究进行了深刻反思，并对未来的发展道路提出了极具意义的建议。例如，朱从兵提出，中国铁路史的研究可以分为三个方面：一是中国近代建设事业的起步，这是以往研究中注意不够的，至少是以往研究还缺乏若干的问题意识；二是中国近代铁路建设的探索史，即铁路建设事业起步以后，从中央到地方，从政府到社会，在铁路建设的过程中遇到了什么问题，有过什么样的思考、认识和抉择，最终又建立起了什么样的体制和机制，根据这些体制和机制，又有哪些铁路建设的具体实践；三是铁路的筹建、建设、运营和管理给社会可能带来什么影响，这种影响既可以从宏观区域的政治取向、经济变迁、社会生活和生态变化得到反映，又可以从人们日常生活的细微之处获得感知。[8]

在铁路研究的众多成果中，关于李鸿章与中国近代铁路关系的研究，

[1]朱从兵.铁路与社会经济——广西铁路研究（1885—1965）[M].合肥：合肥工业出版社，2012.

[2]朱从兵.中国近代铁路史新探[M].苏州：苏州大学出版社，2014.

[3]马陵合.凌鸿勋与西部边疆铁路的规划和建设[J].新疆社会科学，2007（2）.

[4]马陵合.江浙铁路风潮中代表入京问题考评[J].浙江教育学院学报，2008（1）.

[5]马陵合.借款可以救国?——郑孝胥铁路外债观述评[J].清史研究，2012（2）.

[6]马陵合.安奉铁路交涉研究：以清末地方外交为视角[J].安徽史学，2015（5）.

[7]马陵合.清末民初铁路外债观研究[M].上海：复旦大学出版社，2004.

[8]朱从兵.中国近代铁路史新探[M].苏州：苏州大学出版社，2014：1.

目前尚属不多，自1987年周辉湘的《甲午战争前李鸿章的铁路活动》[1]开始，陆续有刘光永的《李鸿章与中国铁路》[2]、王哲时的《维特与李鸿章交涉有关中东铁路问题实情录析》[3]、王志华的《李鸿章与中国铁路》[4]、朱从兵的《义和团运动中的铁路问题与李鸿章》[5]、余明侠的《李鸿章在中国近代铁路史上的地位》[6]《李鸿章和甲午战争前后的铁路建设——兼论洋务运动在甲午战后的新发展》[7]、贾熟村的《李鸿章与中国铁路》[8]等20余篇。其中，叙述李鸿章与中国铁路关系的约占半数，评价李鸿章在近代中国铁路史上的地位者有三四篇，其余则多为探析李鸿章的铁路思想，例如马陵合的《论甲午前借债筑路的开启及其困境——兼评李鸿章的铁路外债观》[9]、沈和江的《李鸿章早期自我兴办铁路思想的形成》[10]、郑春奎的《论李鸿章修筑铁路的思想》[11]、高志华的《李鸿章修建铁路利有九端思想探讨》[12]等。

总体来讲，这些论文根据其研究视角和主要内容又可以分为三个阶段。20世纪80—90年代，主要是叙述、考辨李鸿章与铁路建设之关系者居多，整体研究显得较为宏观，而精细不够，研究视角亦显得较为单一。20世纪90年

[1]周辉湘.甲午战争前李鸿章的铁路活动[J].衡阳师专学报（社会科学），1987（4）.
[2]刘光永.李鸿章与中国铁路[J].安徽史学，1990（3）.
[3]王哲时.维特与李鸿章交涉有关中东铁路问题实情录析[J].辽宁大学学报（哲学社会科学版），1990（5）.
[4]王志华.李鸿章与中国铁路[J].菏泽师专学报，1993（1）.
[5]朱从兵.义和团运动中的铁路问题与李鸿章[J].安徽史学，1994（3）.
[6]余明侠.李鸿章在中国近代铁路史上的地位[J].徐州师范学院学报，1994（3）.
[7]余明侠.李鸿章和甲午战争前后的铁路建设——兼论洋务运动在甲午战后的新发展[J].江苏社会科学，1994（6）.
[8]贾熟村.李鸿章与中国铁路[J].安徽史学，1995（2）.
[9]马陵合.论甲午前借债筑路的开启及其困境——兼评李鸿章的铁路外债观[J].安徽史学，2002（1）.
[10]沈和江.李鸿章早期自我兴办铁路思想的形成[J].历史教学，2003（11）.
[11]郑春奎.论李鸿章修筑铁路的思想[J].江西社会科学，2003（9）.
[12]高志华.李鸿章修建铁路利有九端思想探讨[J].理论学习与探索，2007（4）.

代至21世纪初，开始侧重于对李鸿章铁路建设思想（包括铁路外债观等）的研究，并且开始将李鸿章置于整个时代背景和近代社会经济体系下进行分析，一方面体现出了研究者的宏观视野，另一方面也让研究更加客观、理性，给人以有血有肉的饱满感。近10年来，对李鸿章与近代中国铁路关系的研究，基本上延续了中间阶段的方向和视角，但是值得注意的是，陈昭明《东清铁路修建前后李鸿章收受贿赂考》[1]一文似乎开启了研究的新领域。

回顾30多年来关于李鸿章与近代中国铁路建设之关系的研究，不难发现，一方面，既往研究取得了一系列的重要成果，尤其是涌现出了众多学有专长的铁路史研究专家，值得赞叹；另一方面，既往研究也存在着一些不足，即对李鸿章铁路建设思想之研究研究得还不够，尤其是从整体上对该问题进行大规模、系统性的考察、分析尚未出现，缺少一些研究专著。相对于学界对于李鸿章其他方面研究的累累硕果，比如李鸿章与洋务运动、李鸿章与近代外交、李鸿章与近代改革等，这不可谓不是一种缺憾。鉴于此，笔者不揣鄙陋，拟对李鸿章与近代中国铁路之建设进行一种整体性的探究，以期求正于各位方家。

---

[1]陈昭明. 东清铁路修建前后李鸿章收受贿赂考[J]. 呼伦贝尔学院学报，2012（2）.

第一章

近代铁路引入中国的艰难历程

第一节　近代铁路的诞生及其在世界各国的发展和修建

一、英国

1825年，英国的乔治·史蒂芬孙（George Stephenson）主持修建了世界上第一条公用钢轨铁路，并使世界上第一台蒸汽机车"旅行"号试运成功。1829年，史蒂芬孙父子改建的"火箭"号蒸汽机车，又在利物浦至曼彻斯特之间线路上创造了时速85千米的世界纪录。此后，英国两次掀起铁路修建的热潮。到1850年，英国已建成铁路9790多千米。到1860年，达到14600千米，位居欧洲各国之首。

二、法国

早在蒸汽机车出现之前，法国就已经出现短程轨道，系为了方便运输煤炭而铺设在煤矿井口至水路码头之间，由马匹牵引前进。

1830年，蒸汽机车开始出现在圣太田至里昂铁路线的某一段上。1832年，蒸汽机车跑完了从安德雷齐厄至罗恩的整条铁路线。

1835年后，因为英国开始向欧洲大陆国家输出机车和铁轨，并派遣铁路专家协助别国修建铁路，法国铁路建设进入高潮。1840年，法国铁路总里程为497千米，1850年达到3083千米，1870年达到17929千米。[1]

---

[1]门德尔逊.经济危机和周期的理论与历史：第二卷下册[M].吴纪先，郭吴新，赵得馥，译.北京：生活·读书·新知三联书店，1976：863.

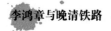

三、德国

1835年底，德国第一条使用蒸汽机车的铁路建成通车，即富尔特—纽伦堡铁路。到1840 年，德国共修建铁路547千米，1860年达到11555千米，1880年达到32500多千米。[1]

四、美国

1827—1830年，美国修建了第一条铁路，即巴尔的摩至俄亥俄州铁路，全长21千米，机车由马牵引前进。1833年，从南卡罗来纳州的查理斯顿至汉堡的铁路顺利通车，并首次采用美国自主设计的蒸汽机车运行，铁路建设的热潮由此兴起。到1850年，美国铁路总长超过14484千米。到1890年，达到305775千米，超过当时欧洲各国之和，近乎全球铁路总长的半数。[2]

五、日本

1868年，日本明治政府确定铁路官营官建的政策，随后开始引入和修建铁路。1869—1889年，京滨间、京阪神间、大津线、敦贺线、东海道线等铁路陆续竣工。截至1890年，日本铁路总长近890千米，初具规模。[3]

————————

[1] 宫崎犀一，奥村茂次，森田桐郎．近代国际经济要览[M]．陈小洪，等，译．北京：中国财政经济出版社，1990：41．

[2] 秦蓁．19世纪晚期美国铁路业"摩根化"问题研究[D/OL]．烟台：鲁东大学，2018[2018-06-01]. https://kns.cnki.net/KCMS/detail/detail.aspx?dbcode=CMFD&dbname=CMFD201802&filename=1018083419.nh&v=MDkxNDIxTHV4WVM3RGgxVDNxVHJXTTFFGckNVUjdxZlllWm5GeWpuVzc3TlZGMjMjGck93SGRYTnBwWVdJQSVI4ZVg=．

[3] 姚遥．井上胜与明治时期的日本铁路建设（1869—1910）[D/OL]．苏州：苏州科技大学，2016[2016-06-01]. https://kns.cnki.net/KCMS/detail/detail.aspx?dbcode=CMFD&dbname=CMFD201701&filename=1016181897.nh&v=MDQ2OTk4ZVgxTHV4WVM3RGgxVDNxVHJXTTFFGckNVUjdxZlllWmpuVUxyTVZGMjMjZHTEt3SSDluRnFKRWRWJQSVI=．

第二节　晚清中国人对铁路的认识

对于铁路这一新鲜的事物，中国人关注和接触的时间并不算晚。

铁路于1825年在英国诞生，10年后，有关铁路、火车的知识便开始传入中国。1835年，《东西洋考每月统记传》（道光乙未六月）便载有火蒸车的报道。

道光二十年（1840年）之前，福建晋江监生丁拱辰在其著作《演炮图说辑要》（成书于1841年）中绘制了火车图形，并且设计出了中国第一台火车头模型，长0.63米，宽0.2米，载重约15千克，锅炉和机身都是用铜制成。

道光二十年（1840年），林则徐在其所编译的《四洲志》中写道，美国其不通河道者，即用火烟车陆运货物，一点钟可行二三十里。其车路皆穿凿山岭，砌成坦途。

道光二十二年（1842年），魏源根据《四洲志》所编纂的《海国图志》中也写道，米利坚各国"又造火轮车，以石铺路，镕铁汁灌之，以利火轮车之行，一日可三百余里"。[1]

咸丰九年（1859年），洪仁玕在其《资政新篇》中明确提出中国各省皆应修建铁路，以为"全国之脉络，通则无病焉"。[2]

同治五年（1866年），作为最早出使欧美的官员之一的旗人斌椿，在初次见到火车时，便被其快速便捷所震惊，产生由衷的赞叹。其《至埃及国都（即麦西国地名改罗）初乘火轮车》诗记道：

> 轮车之制，首车载火轮器具，火然水沸，气由管出，激轮行。次车载石炭及御者四五人，后可带车三五十辆。车广八尺，长二丈有奇，分三间，每间两旁皆有门窗，嵌以玻璃，设木炕二，铺设厚软华美，为

[1]魏源.海国图志[M]//《续修四库全书》编委会.续修四库全书：第744册.上海：上海古籍出版社，2002：243.

[2]中国史学会.中国近代史资料丛刊·太平天国（二）[M].上海：上海人民出版社，1957：532.

贵客坐也。次则载行李货物。又次则空其中，载木、石、牛、马、骆驼各物，皆用铁轮六。前车启行，后车衔尾随之，一日夜可行三千里，然非铁路不能。

宛然筑室在中途，行止随心妙转枢。

列子御风形有似，长房缩地事非诬。

六轮自具千牛力，百乘何劳八骏驱？

若使穆王知此法，定教车辙遍寰区。

云驰电掣疾于梭，十日邮程一刹那。

回望远峰如退鹢，近看村舍似流波。

千重山岭穿腰去，百里川原瞥眼过。

共说使星天上至，乘查真欲泛银河。[1]

不过，值得注意的是，可能是因为此时的清朝尚未真正开始将铁路的引入和修建提上议事日程，而仅仅是在个别人的记载中出现，所以并未引起太多的反对，或者更确切地说是太多的关注。

第三节 列强将铁路推入中国的宣传与举措

最早将铁路知识介绍到中国的外国人是在华传教士。一些欧洲来华传教士在鸦片战争前撰写的汉文外国史地书籍里，包括1835年刊的息力《英国论略》、1838年刊的高理文《美理哥合省国志略》、1839年刊的郭士立《万国地理全图集》等，提到了铁路、火车的概念，但是叙述都比较简略。1840年刊的郭士立《贸易通志》对铁路开始有了比较详细的记载。[2]值得注意的是，这些传教士的介绍，最初可能并无任何不良企图，只是在单纯地描述西方情形时，有意无意地提及而已，和稍后的在华商人鼓吹铁路的目的不同。

---

[1]斌椿. 海国胜游草 [M] //《续修四库全书》编委会. 续修四库全书：第1532 册. 上海：上海古籍出版社，2002：213.

[2]宓汝成. 帝国主义与中国铁路（1847—1949）[M]. 上海：上海人民出版社，1980：18.

为了加快对华的商业资本输出，各国政府和商人都非常希望中国能够引入铁路。但是，清朝迟迟没有反应。这种情形迫使列强不得不主动出击，通过各种方法向中国宣传、介绍铁路，以期能够引起中国人尤其是政府方面的注意，并真正开始引入、修建铁路。其中，以铁路的发明国——英国最为积极。

同治三年（1864年），英国铁路家司蒂文生来华，设议于上海、苏州间筑一铁路，未能成议。[1]

同治四年（1865年），英商杜兰德在北京宣武门外铺设了一条小铁路，全长近0.5千米，且没有火车头，使用人力推动车厢在轨道上运行。据记载："同治四年七月，英人杜兰德，以小铁路一条，长可里许，敷于京师永宁门外平地，以小汽车驰其上，迅疾如飞。京师人诧所未闻，骇为妖物，举国若狂，几致大变。旋经步军统领衙门饬令拆卸，群疑始息。此事更在淞沪行车之前，可为铁路输入吾国之权舆。"[2]

同治五年（1866年），英国驻华公使阿礼国在给总理衙门的铁路节略中，再次建议中国采纳司蒂文生的铁路计划，先兴办一二条利润丰厚的短线，以观成效。[3]

同治十一年（1872年），英国商人多次在天津试行火车，天津道和英国领事都曾亲自前往参与。八月二十八日（9月30日），《申报》刊登《天津试行土路火车》一文：

> 天津新置土路火车，已试演数次，甚为合用。先是于八月初七日试演，观者甚多，天津道宪亦在焉。演时将火车一辆于租界往来数次，乃以戴货车一辆，接连其后，又令华人五十人坐于火车内后行数次，观者皆称美。继又加载火车二辆，又绕行租界一转，遂将货车解去，而令人满坐火车内。车分上、下二等，天津道宪与英领事坐其上等客位。其

---

[1] 李长传. 江苏省地志 [M]. 上海：中华书局，1936：91.

[2] 李岳瑞. 春冰室野乘 [M] // 《中国野史集成》编委会，四川大学图书馆. 中国野史集成：第50册. 成都：巴蜀书社，2000：205.

[3] 李国祁. 中国早期的铁路经营 [J]. 台湾"中央研究院近代史研究所"专刊，1976（3）：13.

一切从人皆坐下等客位。车外四面则满载中西杂客。又周遍租界，毫无阻滞。天津道宪与众人及观者皆欣喜而散。次日天津道宪致书英领事，其大意云：此火车之来中国，可谓创观，其制作亦可谓精美之至。至于行动，一切均极便捷，甚为适用之物。但尚无称名，鄙意拟赠以佳号曰'利用'，未知有当尊意否，云云。逾数日，火车又出游都市，则上面已标名'利用'二字焉。伏思此火车为初来中国之始，将来通行无滞，遍及四方，皆此车开其先也，名之曰'利用'，不诚然哉！不诚然哉！

列强将铁路推介给中国人的努力达到了预期的目标。从同治四年的杜兰德小火车，到同治十一年的天津土路火车，从京师到天津，从最初的"诧所未闻，骇为妖物，举国若狂，几致大变"，火车被步军统领衙门饬令拆毁，到天津道宪与众人及观者皆欣喜而散，作为地方最高行政长官的天津道对火车赞不绝口，亲自赠名为"利用"，而且英国人欣然采用。经过短短的7年时间，京津百姓包括官员，对待火车、铁路之态度，可谓是发生了翻天覆地的改变。而由此管中窥豹，亦可以发现，中国人对待新事物接受能力之强、之迅速，并非是如同既往所传说的那样，甚至一些晚清官员，在最初对铁路也并未持有任何反对态度，而最初的惊骇，充其量只不过是乍见之惊异，旋即屡见不鲜而坦然面对了。

及至同治十二年（1873年），同治帝大婚，更是有传闻说英国方面有人将购买火车、建造铁路以进献清朝，以便在中国推广火车和铁路，进而谋取厚利。据是年闰六月十五日（8月7日）《申报》刊文《英人议献火车铁路于中国》称：

> 英京有奇闻焉，曰献火车铁路于中国大皇帝也。夫英民深感火车之裨益人事，而独以未行于中国为缺典，为恨事，遂捐金购造火车铁路呈献朝廷，以冀上亲见其用之便、制之精，而因仿行于各处，以博其美利也云尔。其倡为此举者，乃一英公名叟得拦公及洋布巨商名白恩大两君也，用银共六万金，合之约二十万两云。夫既以为呈献御览之物，则

其车辆之华丽，工作之精巧，概可知矣。闻月前已有此议，既而英人传闻津门达京师之途中有建造火轮铁路之说，故前议暂且停止，嗣又悉此信无实据，乃复理前议，鸠工购料，轮人舆人交互奏技，俟其成必有可观者。西人之于此役也，雅意殷勤，其为我中国谋也至矣，岂不美哉！

稍后，七月初八日（8月30日），《申报》再次刊文《英人议献火车铁路论》称：

前月本馆所述英人欲献火轮车与铁路于中国大皇帝之议，其信仅由电报所传，当尚未得详细，昨接英国邮寄来函，而事之原委始详。据传此议系先出于制造机器之大商名兰姊者，该商创议一章，内列其大意，送呈于公所。其章内之大义略曰：英国迩年兴旺富盛，多由火轮车所致，天下远近诸国通悉此事，是以逐一而效法也。惜乎中国为世间一大国，人民户口与欧洲合国同多，而于火车之利，中国尚未能知与行也。

今闻华民多有愿设火车者，惟朝廷尚未准行。若以火车铁路全具进献，请小试之，试之之后，显见其有益人处，中国因此遂大用之，亦未可必也。倘后竟能大用，因此致富，吾等诸国与之交接通商，亦必更有利矣。

……此一事也，由中国而论，忽闻有数万里外之人，捐出十八万两之银，备办大有利益之事，以送我中国，安有不叹为奇异，服袚慷慨，谓为从来未有之事者？乃犹有人言，英人此举仍惟巳利是求，以为中国建造火车铁路，而英人先以此物为献，供中国之所需，若果此事能成，仍必购之其国，其获利为无穷矣。

同治十三年（1874年），此事仍在进行之中。据是年五月初五日（6月18日）《申报》刊文称：

上海议设格致院一举，已有端绪。先是麦领事大聚商人倡议大概，当时经已选设中西董事数人。嗣董事于二月二十日在英国领事衙门叙会议定此与由麦领事向西商捐赀，由唐君景星向华商捐赀。麦领事又许致函于英国，先请将火轮车及铁路一事赠于中国试用之人，使请捐银以资助此举。

此后该事进展如何，未见《申报》追踪报道。但是据此前几次报道，可以推测，英商所谓捐资购买火车，建造铁路以进献中国者，大概属于虚实参半。进献者，为虚；捐资建造者，为实。而该铁路应该就是后来上海吴淞铁路之滥觞。由此，亦可见英国作为当时的铁路发明国，亦是当时世界第一工业强国，其本国政府乃至一般商人对于向中国推介铁路之积极。此种迫切的心情，直至光绪七年，仍然耿耿于怀。据光绪七年七月初二日（1881年）马建忠日记记载：

> 晚赴汇丰银行饮，筵次，行主进曰：前者贵国欲兴造火车铁路，今接伦敦本行电报，愿借银至二千万金镑。缘本行深知华人信实，非日本可比，且咸悉铁路为中国第一有益无损之事，故愿助者众。今虽不行，将来终必兴举也。寻各散回寓。[1]

第四节　1874年吴淞铁路的修建

同治十二年四月初十日（1873年5月6日），《申报（上海版）》刊文《上海至吴淞将造火轮车铁路》，报道了英国人将要修建吴淞铁路的事情：

> 近闻西商拟创设火轮车路公司一所，已凑银十五万两，由上海开路至吴淞，计约一二年可完工矣。其路则由英租界河南路隔河对面而起，直北至西人练枪之处，复由东北九里，至刚安村，即在刚安村建桥以过，过河东折，西北则为西国酒店，由酒店直东至吴淞河边，沿河至吴淞为止。
>
> 其路设火车路二条，盖以防往来车之相碰也。火车先制数辆试行，仍随时添增，意甚善也。推其开路造车之意，盖便乡客来往上海及

---

[1] 马建忠. 适可斋纪言纪行[M] // 沈云龙. 近代中国史料丛刊：第一辑第0153册. 台北：文海出版社，1966：249.

运载菜米各货之需，且因吴淞水浅，以之驳载货物，似较小船为便，想是处商民无不欲其议之成，且无不欲其成之速也。

至于车路地基业已办妥，并经上宪出示谕令，乡人毋得违抗等因。是役也，想官宪亦深以其利便民为急务，而准行试办。迨至日后果然有利无碍，则官宪谅必顾广行之，而西人亦乐助其举也。

前风闻天津至京城开创车路，闻者莫不欢心，谓今而后天津至京不须一日矣。快哉，此举诚大有益于民也，不料事未行而即中止，闻之者又莫不深以为恨。今官宪之准行诸上海者，不知其果以为可行而准之耶，抑尚有疑而未定耶？近来上海繁华甲于天下，客商云集，无奇不有，又复添设火轮车，则游览者更以为快，而来游之人当必更倍于前矣。

但是，时隔两月，又传闻英国所修并非铁路，而是普通马路。据是年闰六月三十日《申报》报道称：

虹口直达宝山之路，由工部局给价永租，以为公地，节经本馆将先后办理情节列诸前报，今为有传闻议筑火车铁路之说，以致道宪亦曾查问及此，盖因火轮车之铁路，中国未经总理衙门议准，不能于上海一隅之地先为创行故也。其实确无铁路之说，不过欲通车马驶行耳。可见凡事新兴，必多以误传讹之事，诚所谓人言难信哉！

此种转变，应是因为英商怡和洋行等在同治十一年（1872年）组建吴淞道路公司时，向中国官方提出的申请是修筑马路，而非铁路，以此骗取了中国官方的批准。及至同治十二年经《申报》等媒体报道后，引起中外广泛关注，英国方面害怕由此招致中国官方的强烈反对，更担忧引起其他列强的不满，所以赶紧对外宣称乃是修建马路，而非铁路。《申报》不明就里，急忙刊文辩白自己此前之误，实则是未曾详细了解整个事情的始末，并深入分析英国方面的动机。

同治十三年初，吴淞铁路修建之议再起，《申报》再次予以报道，并且予以充分肯定，惟独对其将来之运营收益不太乐观。据同治十三年正月初十

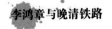

日（1874年2月26日）《申报》文章《吴淞口建造火车铁路以达上说》报道：

> 曩者英国众商凑集银两，欲购置火轮车及铁路自献于中国，而中国朝廷仍然退辞弗受。然西人专心致志，亦不肯顿息前意，今有另出一计，拟由上海至吴淞一路筑设，此议从前仅属传闻，亦尚未果，刻闻志意已决，筹谋已妥，开工之期已可指计矣……

> 虽然，兹之设此火车，亦仅足为悦目骋怀之计耳，除是之外，而此火车想亦无大利于时用。盖往来之客商虽多，而小船之搭费甚廉，彼火车亦断难同俭矣。惟外洋所至之客，不耐烦于侯潮，或将舍舟取车，以速其行而已。外此或上海诸人搭车一试，聊以广见博闻，以为赏心乐事耳。故吾谓此车似亦非求利之举，将来不至亏折，则为万幸矣。

> 前闻《香港日报》论及火车之利害，谓利在各商之贸易，害在两国之构兵，吾则以为不然。盖利于客商固不待言，若计其害，平时虽禁不设铁路，至尔相构兵，又安能禁止敌人不设铁路哉？固不若先收其利，再计其害之为愈也。使此事如果能成，是吾不徒得见轮船，而且又得见火车，不必亲往泰西诸国，而泰西诸利器俱已日呈于吾目中矣，岂非快心之事哉？

同治十三年十一月，吴淞铁路有限公司开始修建吴淞铁路。《申报》对此进行了持续的追踪报道：光绪元年七月二十八日（1875年8月28日），刊文《铁路机器已成》称吴淞铁路机器已成；十一月二十四日（1875年12月21日），刊文《铁路作料将到》称建设铁路所需作料将到；次年正月初六日（1876年1月31日），刊文《火车路将成》称吴淞铁路火车路将成；正月二十三日（1876年2月17日），又刊文《火车路将成》称吴淞铁路将成。

第五节 一般百姓对吴淞铁路修建之态度

中国方面对铁路的态度根据各自的阶层而分为多种。下层百姓对之多是无关紧要的态度，或者是一种好奇之态度。光绪二年三月初六日（1876年3月31日），《申报》刊文《纪看铁路》称：

> 虹口新开之火轮车路，现已筑近徐氏花园，日内男女往观者络绎不绝，不特本埠人喜看，即在数十里百里外者亦无弗欲先睹为快，故每日约有千余人，或驾马车，或乘大轿，至坐东洋车与小车者，尤指不胜屈。

同年闰五月十九日（1876年7月10日），又刊文《民乐火车开行》称：

> 上海至吴淞新筑之火车铁路为向来所未有，诚一大观也。车辆往返每日六次，而客车皆拥挤无空处，即城内终年几不出门外半步者，闻有此事，亦必携家眷一游。铁路停车之旁，素本冷寂，现在马车小车来往不绝，竟变为热闹之区矣。予于初次开行之日登车往游，惟见铁路两旁观者云集，欲搭坐者已繁，虽不可计数，觉客车实不敷所用。尤奇者火车为华人素未经见，不知其意险安，然而妇女以及小孩竟居其大半。先闻摇铃之声，盖示众人以必就位，不可再登车上。又继以气同数声，而即闻哼哼作响者，即火车吹号，车即由渐而快驶矣。坐车者满带喜色，旁观者亦皆喝彩，注目凝视，顷刻间车便疾驰，身觉摇摇如悬旌矣。当天晴时，行过田地村落，殊得游日骋懷之乐。或曰此时所最有趣者，莫如看田内乡民。查上海至江湾一带，除稻田数亩外，余则半皆花地，当花杆已长，乡人咸执锹以治地，但此处素称僻静，罕见过客，今忽有火车经过，既见烟气直冒，而又见客车六辆，皆载以鲜衣华服之人，乡民有不诧为奇观乎！是以尽皆面对铁路，停工而呆视也。或有老妇扶杖而张口迋望者，或有少年荷锄而痴立者，或有弱女子观之而喜笑者。至于小孩，或惧怯而依于长老前者。仅见数处，则或牵牛惊看，似作逃避之状者，然究未有一人不面带喜色也。及甫近江湾，气同复鸣，火车渐慢，又见两旁人立如堵墙云。礼拜六，余又往游，客车则仍拥满，共约百六十人。上海看者亦多，惟一路农民似已习见不鲜，故亦有兼看而兼作工者，较先时已有小异，惟江湾之看客照旧拥挤，余因乘势

在江湾询村民以火车之事，欲探其意云何，而无不同声称道之。今余所以特述及此者，盖火车在中则既为已成之事，而欲陈民情之何如耳。以沪民论之，既可藉赏心游目，自无所嫌，而乡民于造筑之时，既得良工可就，又得善价以售地，更可藉以带土产进城，则亦不应有所恶也。兹即近所亲见者证之，觉前所逆料者适相合也。然则官场中以火车一举恐逆民情，岂非虑之过甚耶！

时人董沛《火轮车》诗亦记称：

　　一车鼓火红始然，群车络绎相钩连。

　　前轮既鸣后轮应，下有铁路平緪弦。

　　螺声呜呜鬼招客，价分三等齐给钱。

　　车广杀长形若柜，玲珑窗格排两边。

　　出入有门有关键，雨不能湿风不穿。

　　中支析木可列坐，上客之座藉以棉。

　　眠立随意弗倾侧，如鸟斯疾如榻安。

　　村庐竹树眼前过，顷刻变灭犹云烟。

　　道旁立表系绳索，百步一阙人守游。

　　毋俾村民骤横越，恐其抵触身踣颠。

　　黄浦直下吴淞口，五十里路凭邮传。

　　我坐此车日加午，午漏未尽车已旋。

　　呜呼鬼工出奇巧，远从西岛来中原。

　　火车岂与火船等，埋流毁塚开陌阡。

　　大官断断不肯许，购之万币期一年。

　　闻将移车往台海，东辟山路威诸番。

　　以夷治夷计亦得，偶然变法争机先。

　　中夏之车有常制，服牛乘马王道平。[1]

　　[1]董沛.六一山房诗集[M]//《清代诗文集汇编》编纂委员会.清代诗文集汇编：第707册.上海：上海古籍出版社，2010：352.

中国普通百姓对于铁路充满了好奇心态，紧接着是喜爱，火车的便捷令人拍手称快。而其余的大多数人，因为其自身的生活生产并未受到火车的太多影响，所以对火车持无所谓态度。此种结果，并不能一概斥为麻木不仁或者崇洋媚外，亦不能以爱国主义、民族自尊等大帽子苛求每一个百姓都时时刻刻保持理性精神。他们对于铁路之态度，大多是从其自身之认识或者个人利益角度考虑而来，国家、民族抑或朝廷、官员对于铁路之态度，与他们都毫无关系。充其量只能是朝廷、官员之态度对于一般百姓之态度具有一定的导向作用，而并非是决定作用。

第六节　清朝地方官员和中央政府的反应

一系列的报刊文章，让吴淞铁路几乎成为当时人人皆知的新鲜事物，亦引起了清朝有关地方官员的高度关注。不同于一般的中国百姓，从维护地方稳定和避免将来中外交涉考虑，有关地方官员对吴淞铁路之修建采取了一种较为审慎的态度。其中最具代表性者，当属时任上海道冯焌光和南洋大臣、两江总督沈葆桢。在得知英人所修并非普通马路而是铁路后，冯焌光便立即前往与英国等列强进行交涉，希望英国方面暂停铁路之修建，而等待上级政府的批示意见后再决定继续修建抑或停修。

光绪二年正月三十日（1876年2月24日），《申报》刊文《会议铁路》称：

> 西商在本埠至吴淞口之兴筑火轮车路，已节次备列前报，惟知本埠中国衙门均未接准西官照会如何兴造之明文。今以火轮车路为中国各省未有之创举，是以前日冯道宪特往拜会各国领事，以为兴此大工，碍难草率，遂向询问如何准造之缘故。在各领事之意，似乎地经西商出价永租，已执管业之契据，照约应凭业主之作何用度，未便顾问，是故彼此会议意见大有不同。因此昨二十九日清晨，道宪复诣英国领事衙门，

与麦领事筹议至再，仍无定论。在冯观察之意，则恐就此任凭兴筑，难免有干上宪诘问，必须暂停工作，互相详报上宪会商周妥之后，再行兴筑为是。揆之情理，似无不可，想麦领事或可情衡照办，第不知各领事之意见若何耳。

二月初二日（1876年2月26日），又刊文《铁路续闻》称：

前日报列本埠道宪拜会各国领事会议铁路一节，今复悉各领事之意见，以为车路一带既经西商买齐，应由西商随意置用，非各领事所能阻止，惟承办车路之人，既闻道宪有欲暂停火车之意，以便上禀各大宪，旋即曲从，共允暂停一月，特一切工程仍须照旧从事，倘逾月外而上宪尚无札覆，则火车须仍行走，以免旷延时日。势既如是，想各大宪接禀后当必共鉴此情，而无有尼之者矣。

英国商人擅自将马路改为铁路之做法，无疑给当时的上海地方官员制造了一个令人头痛的难题，名义上的马路和铁路之争，事实上已经演变成了中国到底该不该引入、修建铁路的争议。而铁路的引入、修建又是史无前例的。在不能确定当时的两江总督、朝廷和最高统治者的明确意见之前，上海地方官员实在没有胆量和能力去吃这只螃蟹。至于中国的第一条铁路究竟是由英国人来修，还是由中国人自行修筑，反而成了次要的问题。吴淞铁路问题不再是一道简单的修还是不修的单项选择题，而是变成了中外、上下各方的态度和力量较量。对此，二月初二日，《申报》刊发《铁路续闻》，明确指出：

窃思此举实于大局无关，兼闻官宪之意，非特不腹诽之，而且心实好之。其所虑者，特恐廷臣以为西人得一步必又进一步，既在上海吴淞购地设路，或将视为成例，推广行之，则上海一隅岂非为始作俑乎！不知西人只准在通商附近之处买地，此外按照和约，不准购买。至地既不能购买，则车路将何自开乎？是以现在上海至吴淞之路，特细事耳，亦何足为重轻也！

果不其然，在获知吴淞铁路的有关禀报后，作为上海道冯焌光顶头上司的两江总督沈葆桢，立即表达了愤怒和否定态度，但是并未采取什么过激措施，而是饬令冯焌光派人绘制吴淞铁路现在情形递交上来，以便为进一步的应对举措提供参考。

光绪二年二月二十一日（1876年3月16日），《申报》刊文《铁路绘图》称：

> 本埠迤北直达吴淞口开筑火轮铁路，叠奉道宪会议暂停，节经列诸前报。兹悉冯道宪派委洋务委员张司马等带领亭耆画匠丈绘铁路图形，并须将此路必经十字歧路几条、跨布桥梁几处、有无经由镇市，均须绘图贴说送阅。据闻此图系通商大臣沈制军所饬取者也。

同月二十七日（3月22日），《申报》再次刊文《火车路续信》称：

> 据前晚晋源西字报云，吴淞口现所开之火输车路约已开至十五里长。……华人中之往观者实不乏其人，盖皆以目所未睹故也。此系晋源报所述，但近日传得沈制宪之意大有不豫色，然以为如此创举，何上海道宪竟未禀详，岂近在咫尺亦目无见而耳无闻耶？

沈葆桢、冯焌光等地方官员对于铁路修建所能带来的巨大利益可能亦非全然不知。1867年冬，沈葆桢在答复总理衙门的条陈中说：“铜线铁路，如其有成，亦中国将来之利也，且为工甚巨，目前亦颇便于穷民。”[1]

但是，为个人计，为维护地方稳定计，沈葆桢等不得不照顾本地一些保守势力的情绪，并且对中央政府和最高统治者的态度亦不得不心存顾虑，所以对于铁路之修建，难免举棋不定，态度敷衍，最终天长日久，自贻伊戚。

而当时中央政府的高级官员在这一问题上，又划分为截然不同的两派，以军机大臣沈桂芬、李鸿藻为代表的一批实权派守旧人物对铁路持有强硬的反对态度，反对者的力量和声音远超过支持者，进而导致最高统治者亦不得不谨慎对待，对铁路的引入和修建持否定态度。

光绪二年三月十六日（1876年4月10日），《申报》刊文《停筑铁路》称：

---

[1]宝鋆，等.筹办夷务始末（同治朝）：卷五十五 [M].影印内务府钞本.北京：故宫博物院，1930：5.

日昨本埠傅得上礼拜内冯道宪奉到两江沈制军札知，谓已接总理衙门咨回，所有吴淞开筑铁路一举，饬即停工等因，奉此随即照会英领事。

当总理衙门的表态经由两江总督返回到上海时，吴淞铁路的命运事实上应是基本注定。至于如何阻止其修建，则是上海道冯焌光自己的事情了。无疑，这个烫手的热山芋并不容易接手，冯焌光思考再三，将全部责任推到了一般民众的头上。光绪二年二月二十八日（1876年3月23日），《申报》刊文《论铁路事》称：

闻昨日冯观察已与领事龃龉，将此事诿为民称不便，但西人雇用民夫，民甚踊跃，且行走火车之时，观者又皆欢欣鼓舞，恐民称不便之因此迁怒于民，竟欲将卖地之说难以阻止西人。传闻地方官因此迁怒于民，竟欲将卖地之人尽行惩办，愚民何知，彼见道宪可以印契，彼小民何以不能卖地耶？此事实当官民同分其咎，有能尽诿之于小民也，且办理洋务之人实属不少，乃至酿成此事，事出之后，何得尽诿菲于卖地之小民也？并闻观察意在必正面人意在必行，彼此相持，尚不知何如了结。事不预先绸缪，必致临时费事，大抵如此。

第七节　《申报》的疑问

光绪二年二月二十七日（1876年3月22日），《申报》刊文《火车路续信》称：

本馆窃思吴淞开铁路并非现在动手，其购买基地，估勘形势，为时已久，本馆早经道及，即在欧洲制办机器等情亦迭经登报，想远近当早闻之，不意官场中竟须俟其车道筑成，火车驾驶，而后为目击始实也。吁，异矣！

次日，又刊文《论铁路事》称：

西商集资成一公司，向西国购办铁路火车等物，一面先将上海至吴淞所须行走之路尽行购买,其举动已三四年于兹矣。即本馆于数年前当其创议之时,业已列诸本报。至甲戌秋,闻西匠已经动工,因民间将西匠殴打,亦曾涉讼公堂,且至道署,何以观察毫不探听确实,全未禀知上宪,直至今日铁路已成火车已走,然后禀明耶?本馆早料此事成时必费周折,故于此事西人一有举动即行详细列报,原欲地方官早有见闻,可以先事绸缪,不致临时费事,孰知因循至今,事成如行发动,此实本馆之所不及料也。岂从前诸报,地方官从未之阅耶?抑地方官别有深意于其间耶?本馆深知此事之误匪朝伊夕,其误盖在于一欺字,中官则自欺,西人则欺人,以致酿成此事。冯观察则会逢其时,遂受此累耳。西商之买地者,数年贸成一地,则观察即印一契,何致如此买地而观察毫不觉察,不一询问为何如此买法,恐难免不无自欺之处。但本馆前亦会间一车买成一地会审衙门中西官会往会勘陈司乌已兄。本报深疑系造铁路,询之西官,西官当以袛造马路为词,是西官亦难免欺人之咎矣。自欺、欺人为时已久,延至今日始行和盘托出,晚矣。使地方官当日一见本报,即阻西人无办此事,何全今日如此大费周章耶!

《申报》的疑问不无道理,以当时情形揣测,清朝有关地方对于吴淞铁路的修建一事,应该是早有所闻和预料,但是一直装聋作哑、置若罔闻,其中缘由令人费解。

传统认为,清朝有关地方官员是受了英国商人的欺骗,英国商人在所签订的合同中写的是马路,实际施工中却修成了铁路。此种说法虽然由来已久,但是笔者未能查到当年中英所签订的购地修路合同原件,合同原文中究竟写的是马路还是铁路,抑或当时的英国商人故意要滑头,含混地以"修路"一词笼统带过,而清朝有关官员习惯性地误解为是马路,则不知其详了。

但是,就英方而言,在英国驻华领事看来,则以为车路一带既经西商买齐,应由西商随意置用。此种认识,究竟是与英国商人勾结起来、联合作弊的产物，还是双方并未预先勾结，而只是英国驻华领事根据既往认识和惯例而产生的一种认识，我们今天已经不知其详。然而依照当时英国驻华领事之行事风格和强势地位，其不应该有如此简单温和之回应，而很可能是手持购地筑路合同，直接冲进当地清朝官府衙门，大肆咆哮，提出强烈抗议，或者直接向北京的总理衙门提出交涉。所以，在购地筑路一事上，英国驻华领事之态度实际上较为令人起疑。

而英国商人的态度则更为温和，在接到清朝地方官方的要求之后，旋即曲从，共允暂停一月。此种表现，传统以为可能是因为英国商人欺骗在先，心中有鬼，所以不得不如此。但是，笔者认为并非如此。英国商人虽然允许暂停一月，但是一切工程仍须照旧从事，倘逾月后而上宪尚无札复，则火车须仍行走，以免旷延时日。英国商人的态度非常明确，亦非常坚硬，一方面，各项有关工程仍然有条不紊地推进；另一方面，暂停期限仅限一月，如果超过一月，不管清朝方面如何答复，筑路工程必然依照原定计划向前推进。英国商人的态度，实际上是表面温和下的强硬。之所以如此，是因为要么是预先获得了英国驻华领事方面的暗中支持，要么是其手中所持有的购地筑路合同并无太多问题，其能够做到有理有据。

如果预先获得了英国驻华领事的暗中支持，那么无论是英国商人的态度，还是英国驻华领事的态度，无疑都显得太过于克制，换言之，太好说话了。这种表现无疑是反常的。如果英国商人的购地筑路合同存在问题，在清朝地方官方发现了其中存在欺骗并且提出交涉之后，依照正常逻辑，英国商人接下来应该是进行无耻的胡搅蛮缠，而作为其后台的英国驻华领事则应是怒不可遏地对清朝地方官方进行威胁恐吓，强迫清朝地方官方低头妥协，委曲求全。

但是，事情的发展并未如此，无论是英国驻华领事，还是英国商人的态度都非常理性和冷静。双方可能有过预先的沟通，而英国商人采取了较为温和的态度，不是因为心虚胆怯、心中有鬼，很可能是从单纯的在商言商的身份考虑，为了将筑路工程顺利推行下去，并且和清朝地方官方保持良好的关系，以便将来的经商环境而已。至于英国驻华领事，则是一方面表现了自己的明确态度，车路一带既经西商买齐，应由西商随意置用；另一方面，则可能是受了英国商人的影响，为维护英国商人在华的长远利益考虑，尽力地采取了理性克制的态度。换言之，中英双方当时签订的合同，其中的用词本身应该是含糊不清的，这种含糊不清应该是英国商人故意为之，而清朝的有关官员又有意无意地放过了这一关键性词眼的计较，错误地依照自己的理解，把所修的当成马路。后来获知英国商人修筑的是铁路后，仍然心存侥幸，担心引发中外交涉而危及自身的利益，所以选择性地闭上眼睛，熟视无睹。直到最后铁路试运营时，发生了撞死中国百姓的突发事件，造成了舆论的巨大压力，事态的发展超出了有关官员的控制，从而担心纸包不住火，最终会惊动中央政府和最高统治者，导致自己受到责罚，所以不得不匆匆出场表明态度，以摆脱干系。

第八节　中英交涉和李鸿章的被卷入

　　无论如何，清朝地方官员既然揭开了帷幕，原本彼此心知肚明而装聋作哑的局面被打破，就注定了要有一番唇枪舌剑的交涉。随后，上海道冯焌光便向英国驻上海领事麦华陀提出，现在所筑铁路已堵塞损坏许多公路、小路和水道，并且对附近居民之生活、生产多有不便。[1]

　　双方的交涉旷日持久，牵涉范围广泛，作为直隶总督且熟悉外国情形的李鸿章亦无法置身事外。早在光绪二年（1876年）三月，总理衙门曾就吴淞铁路事件向李鸿章征求意见。李鸿章接信之后，趁着英国驻华公使威妥玛之汉文翻译梅辉经过天津之际，向其提及吴淞铁路一事，并嘱托其与沈葆桢和冯焌光妥善商办此事。光绪二年七月二十七日，李鸿章在其《妥筹上海铁路片》中奏称：

　　[1] 冯焌光. 苏松太兵备道冯焌光致英国驻上海领事麦华佗照会[M]//宓汝成. 中国近代铁路史资料（1863—1911）：第1册. 北京：中华书局，1963：42. v

本年三月间，接准总理衙门函钞上海洋商擅筑铁路奏稿并奉谕旨一道，属为妥商归宿之法。其时适英国汉文正使梅辉立过津晤谈，令其自向南洋大臣与上海道商办。该酋旋因所议未就北旋。现据上海道冯焌光叠禀，火车开行后，六月间有压毙人命之事。经该道会商英领事，饬令停止行驶。嗣该领事照称，奉威妥玛传谕，暂停行驶，听候该使在烟台与臣会商等语。[1]

稍后，李鸿章奉旨前往烟台与威妥玛就马嘉理事件进行谈判，内容之一即是吴淞铁路事。威妥玛代表英商利益，向李鸿章提出，由其居中交涉调解。李鸿章答应。双方遂顺利签订《中英烟台条约》，约定吴淞铁路由中国方面出资28.5万两白银赎回，自行处置。但在中方款项未付清之前，准许英商铁路公司暂行运营一年，即自光绪二年九月十五日到光绪三年（1877年）九月十五日。

光绪二年七月二十七日，李鸿章在《烟台议结滇案折》中声称：

窃臣前奉谕旨，派为全权大臣，驰赴烟台，与威妥玛会商一切，当经奏报于六月二十八日由津乘轮船起程东驶，二十九日申刻行抵烟台。威妥玛已先到烟。七月初三日，会晤议商云南戕害马嘉理一案。该使坚求将全案人证提京覆讯，若不允行，他事无可商办。……臣谓两国并未失和，无认偿兵费之例，谆嘱其定数，乃可结案，庶几一了百了。该使谓吴淞铁路正滋口舌，如臣能调停主持，彼即担代，仍照原议二十万。臣思铁路一事，洋商既经购地兴筑，岂肯中废？若久搁置，亦属可虞，当允派员往商。该使遂欣然定议矣。因订于二十六日率同中外在事各员齐集公所，将缮就会议条款华英文各四分校对无讹，彼此画押盖印互换。[2]

同日，李鸿章又在《妥筹上海铁路片》中奏称：

[1] 李鸿章. 李文忠公奏稿[M]//《续修四库全书》编委会. 续修四库全书：第507册. 上海：上海古籍出版社，2002：57.

[2] 李鸿章. 李文忠公朋僚函稿 [M]//《续修四库全书》编委会. 续修四库全书：第1554册. 上海：上海古籍出版社，2002：8.

连日威妥玛、梅辉立屡向臣处饶舌，谓既奉旨会商一切事务，此事若不过问，以后必生衅端。该使总以铁路系各国通行善举，洋商自在通商口岸租地置造，希冀中国仿行，非中国所宜阻止，即英国亦断不令其中止。而沈葆桢暨冯焌光来函又皆欲阻止其事，彼此相持不下，以我之境地，听客之所为，久之竟无归宿之方。傥或激生事端，转贻后累。现在滇案通商各事既经议结，中英和局大定，威妥玛再三吁请臣处派员，与上海道英国官员会商调停妥办，似未便过分畛域。臣拟拣派随同来烟之道员朱其诏、盛宣怀驰往上海，与该关道详酌机宜，设法操纵。俟威妥玛所派之员到沪，会同妥筹。并函告该使，务在保我中国自主之权，期于中国有益，而洋商亦不致受损。[1]

很明显，李鸿章希望将铁路赎回，然后自行修建，否则其亦不必在奏片中多费笔墨，看似不经意间，借英国公使威妥玛之口说道："铁路系各国通行善举，洋商自在通商口岸租地置造，希冀中国仿行，非中国所宜阻止，即英国亦断不令其中止。"

然而，最终主张赎回拆毁的意见占据了上风。因为吴淞铁路在南洋大臣直辖范围之内，李鸿章不便直接插手，所以只好叹息不已，对沈葆桢的做法深表不解。光绪三年（1877年）六月十三日，在致总署京堂周家楣的书札中，李鸿章便写道："幼丹（沈葆桢字）以重价购铁路，而再收回拆毁，实不知何心。"[2]李鸿章如此，亲自奉沈葆桢之命前往与英方进行铁路交涉的盛宣怀也是极为惋惜。其子在盛氏行状中记称："出二十八万余金购归，行止听我自便。旋以铁路不适用于中国，群议拆毁，府君阴惜之而莫由争

---

[1] 李鸿章. 李文忠公奏稿[M]//《续修四库全书》编委会. 续修四库全书:第507册. 上海：上海古籍出版社，2002：57.

[2] 李鸿章. 李文忠公朋僚函稿 [M]//《续修四库全书》编委会. 续修四库全书:第1554册. 上海：上海古籍出版社，2002：8.

也。"[1]

事实上，无论是李鸿章，还是盛宣怀，都未能充分了解此时的沈葆桢。与其说是沈葆桢在反对铁路的引入，毋宁说是当时的慈禧太后和总理衙门反对更为恰当。光绪二年上谕即称：

> 总理各国事务衙门奏英国商人在上海租地，擅欲开筑铁路，请饬相机妥办各折片。据称此事现经该衙门与英国使臣威妥玛往返辩论，令其转饬禁止。该使臣未肯允从，且谓专派梅辉立前赴上海，与该国水师提督协同办理等语。开筑铁路，该国领事麦华陀并未照会商办，遽欲兴筑，自应据理驳斥。著沈葆桢、吴元炳妥为筹画。并密饬道员冯焌光详酌机宜，悉心办理，务期力杜后患而免衅端。至张华滨弓背形地及蕴草滨北岸地亩，麦华陀致冯焌光函件既有允其收价放赎之条，正可乘机开导，令其退回。著沈葆桢等相机筹办。美国领事在虹口马路添租地亩一节，亦恐为开筑铁路地步。并著沈葆桢等设法禁阻，妥为办理。[2]

英人修建铁路之事，虽然是采取了偷梁换柱之计，但是就其自身而言，在当时并未表现出太强的侵略性，而且在某种程度上说，还受到了当地百姓的普遍欢迎。只是其修建的时机不太恰当，恰恰与日本侵台之役相伴而来，其影响难免混杂在一起，既激起了李鸿章、沈葆桢、丁日昌等地方实力派官员的变法图强的迫切感，又招致了一些保守派官员对于列强侵略的高度警惕和强烈反对。最典型者，慈禧太后和光绪皇帝对于美国购地的做法，也疑为修建铁路，其担忧列强趁火打劫的心理可见一斑。所以，朝野上下反对铁路的声音逐渐占据上风。在此种情形之下，我们也就可以理解沈葆桢为何要主张拆毁铁路了。而李鸿章尽管心中有一百个不满意，也不会傻到去越俎代庖，直接和慈禧太后、总理衙门发生争执。更何况，这一切都表明了此时朝野上下对铁路的认识还不足，修建铁路的时机尚未成熟。

[1] 盛同颐，等.诰授光禄大夫太子少保邮传大臣显考杏荪府君行述[M]//沈云龙.近代中国史料丛刊：第二辑第0122册.台北：文海出版社，1975：8.
[2] 清实录馆.清德宗实录：卷二八（光绪二年三月辛亥）[M].北京：中华书局，1987.

第二章

媒体对铁路的宣传

第一节　媒体对中国周边国家铁路建设情形的报道

同治十一年五月十五日（1872年6月20日），《申报》刊文称，日本在明治维新后励精图治，有志振兴，一切皆以西国为法，如制造船舰、铸仿枪炮、训练兵士、建设电线、开筑铁路，甚至是衣冠、饮食、屋宇，皆仿效西方。七月初五日（8月8日），刊文《日本近事》称，日本火车建成后，经过试验，迅速异常，官绅商买附载往来者不可胜数，不仅有力促进了地区贸易的发展，还便利了书信之传递和消息之流通，简直是有百利而无一害。

同治十二年二月二十四日（1873年3月22日），《申报》刊文《日本近事》称：

> 又闻东洋所设火车路，以民人挤坐，致无法以处，今故议在旧路加增铁路一条，以便火车行走，观此，知火车之举实大有用于国焉。

光绪元年正月十三日，《申报》刊文称：

> 又有新设火车铁路，系华人所未曾得见之举，一时之久，可走一百里之远，风景甚觉新异。

除了对日本修建铁路之事进行了跟踪系列报道，《申报》对当时印度、波斯等周边国家的铁路修建情形亦进行了相关报道。例如，光绪元年正月初六日（1875年2月11日）《申报》刊文称：

> 波斯一国介居于俄国、印度之间，向有英商像打公司，曾拟于该

国建筑轮车铁路，波斯人已允准，嗣又以他事中止。现在驻札在彼之俄国提督，复拟兴筑铁路以达中国属地，而僚打公司以为有议在先，故力向波斯阻止。英朝廷闻有是信，亦即谕驻波斯之公使助该公司为之驳辩，是以此事尚未议决云。

第二节 媒体对中国应引入和修建铁路的呼吁

关于铁路的引入和修建，当时以《申报》为代表的一些媒体进行了大力宣传，结合中国实际，其宣传文字主要是从如下几个方面阐述。

一、开矿的需要

晚清近代化改革是一个综合性的工程，其中开矿，尤其是开采煤炭，是重中之重。但是，限于传统交通运输工具的低效能，各种矿产的运输及产出都受到极大影响，尤其是对于煤炭这种大宗矿产而言。鉴于此，《申报》曾经特意多次刊文介绍了铁路之修建对于采矿和运输的极大便利，以期打动当时的有关官员和商人、百姓等。

同治十二年三月十六日（1873年4月12日），《申报》刊文《谕英国议院会议中国宜挖煤事》称：

> 本馆前载英国议院论中国各省产煤甚多，拟开矿挖取一事，此系引电报所述者，尚未得所议详细各情。兹阅西字新报，乃能知其颠末也。盖有议士名亚来者，曾与总理外务大臣议曰，中国产煤极多，而不知取，今不如会同各国，与中国特议另立条约，使以西银，用西法开矿挖煤，又由各煤矿开铁路，行火轮车以便载煤至各处码头销售。果能如是办理，既为中国之一大利薮，又有云俱益世道不浅矣。

闰六月十二日（8月4日），刊文《运煤说》称：

> 前报录载江宁有开辟煤矿之说，闻者无不以为善举焉，是已有取

煤之机也，盖已既有煤，不愿仍买于人，此自然之理也。……夫煤粗重贱物也，若运价稍廉，方可略沾余润。使矿山离码头有数十里之远，而运费已多，再加之以税银厘金，则所获更为无几。惟能于各处产煤之山造设火车铁路，以达附近船水码头，运费既省，火车所用之煤购买自矿，且价亦必极廉。若言火车铁路制造少难，即令《中西闻见录》所载外国新造铁索运物之法，亦可暂行试用，然究不如铁路之坚久也。

十一月二十七日（1874年1月15日），刊文《论煤》称，山西煤炭资源丰富，易于挖掘而且煤炭质量极高：

由山西煤矿起先造铁路，以至各处，载煤所得，已可供其费用。其余运载货物所得，皆为余利矣。

二、一般性货运的便利

同治十一年三月二十五日（1872年5月2日），《申报》第一次刊登了两篇有关铁路的文章，第一篇是《议建铁路引》，第二篇是《造铁路告白》。这两篇文章，一篇主要是从上海商业贸易和城市发展的角度，阐述了修建铁路的必要性；另一篇则是直接的铁路招股公告，阐述了洋商联合筹备建设铁路的缘起，说明了铁路修建的益处，并号召中国人积极购买股份，参与入股。

《议建铁路引》记：

窃思上海一邑，实为中华一大名区，盖自中西各国通商以来，几于无物不至，无美不臻。何也？盖由水陆交会，地理便易也。尝考其地势，其北则有天津、山东、牛庄治府，为北货之薮；其南则有广、潮、漳、厦、台、建、汀、温，为南货之渊；其西则通湖、广、江、浙之富；其东则尽横滨、长崎之利，洵乎为货物辐集、商贾辐辏之区矣！古所称为五都之市者，无以逾此间者。中西和好，遐迩乂安，凡四方之爱至此邦者，莫不有乐郊乐土之慕，故游人之行其间者，庶几乎挥汗如雨，嘘气成云矣。

然泰西各国所称为名都大邑者，必能出奇异，便工力，以炫耀人之耳目。乃上海独未之闻。今有西人欲极新巧，逞智能，以成人之美者，欲自小东门码头，经金利源栈、火船埠，由新北关门口，过苏州河对面，直至同和祥码头一路，创建大铁路一条，洵为西域之大观，中华所罕见矣。至往来行人贸易各货，由花旗国购办铁车，价值万千贯，而可以多装人货。其法捷，其价廉，仍效驷马高车之制，俾中华人共享其利。其功可减小车四分之三。

惟夫西人之为事，苟有利于人者，初不稍存彼疆尔界之心。独中国于创建铁路一款，议之八九年，竟未见成功，有心世事者，徒深浩叹。今特请于英法两工部局官长，且齐集中西众商，妥议规条，筹划经费，务尽其创建之妙用，则此一举焉可避拨船风潮之虞，可免小车尘雨之污，既快且捷，直欲使一蹴而至是，则华人之获益，良非浅鲜矣！

独是现当甫议经营之际，其制甚巨，其费不赀。倘此举若成，即欲往美国先辨所用以装载之铁车。如铁车之价果不奢，则铁路之费亦不大，西人筹之熟矣。或英法两工部谓此举有碍事理，则且暂为之止，而后必有集其事者，愿中国士商有志于益国而便民者，审思而详察之。

惟是上海一隅，四方游食之小民，聚而群处者，奚啻数万人，类多无恒产恒业。其间特撑拨船、推小车以取衣食之资者不少，今铁路若成，则此二者其用可减省大半。至冬月冰雪交侵之际，坐视其啼饥号寒之苦，吾恐此辈更无所措手足矣！其将何以为生乎？天下事有利必有弊，诚哉是言也！所愿世人为父若兄者，必使其子若弟各执一技以谋生，不独士农工商为然也已。

《造铁路告白》记：

现在上海一隅，来往行人日多一日，其最热闹之处，如小东门码头，过金利源海关、苏州河，一直到同和祥码头沿浦一带，过客多坐小车，风雨尘沙，殊苦颠顿，且索钱无艺，较他处为尤贵。为此有几个外国商人，他想用西车之式，先造铁路以便驰驱。其车中箱甚宽，上有帷盖，一车可坐三四十人，坚固轻便。一车之成，可数百年，较之小车，更为便宜，与中国人亦大有益处。所以老保顺之东家旗昌、管理火船之东家丰裕洋行、立德洋行，同义兴洋行内之东家兀非磷共商此事，末士兀非磷欲办成此事，必与工部局及各商妥议。倘工部及各商准他在铁路上装载行走，则日后又恐他人疑为包揽此生意。盖西人亦有不乐为此者，所以成此事极难。然今日不为，后人必有为之者。必欲将此事细细筹商，俟英国初六众商齐集之期，老保顺行之东家须问明众人可行与否，如实可行，即寄信至花旗购辦所用之车及铸铁路器具，并打听得铁车及器具之价均不甚大，故特酌定章程，计合本银十二万两，分为百股，每股派银百廿两。每股先付该公司银二十五两，余俟需用时，公同派取。必之同使中国往来人咸受利益，及一切股份人亦同沾利益。如工部局不准，此议则且暂行停止。如此议已准，则中国人愿做股份者，须于本月廿八日之前，至义兴洋行签名，以早为贵，幸勿自误。

该告白此后连续多日刊载，分别见于同年5月2日、4日和6日的《申报》版面。客观而言，两文所指上海修建铁路之必要性是比较正确的。对于铁路修建之后，可能对一些百姓之生计造成某些影响也有所预料和估计。其号召中国人积极购买股份，参股入股，除了可能的资金不足的因素，还应该是预料到了铁路修建会招致一些中国人的反对，所以企图联合中国人参与其中，借以缓和部分中国人的反对，削弱中国人的对外警惕感，抚慰中国人的民族心理，方便铁路的建设以及铁路运行后的日常管理和安全保障等工作，甚至是在必要时，借助中国人的力量牵制、制衡中国人的反对力量。换言之，即使当时的中国人积极入股参股，恐怕在其中也很难占据主导地位。这之中，除了中国人自身不具备相应的铁路知识和修建条件，还和当时的洋商人数众多、实力强大不无关系，洋商应该并不是真的缺少资金。退而言之，即使他们真的缺少资金，回到各自的本国去召集股份，应该比在中国更容易，而不是舍易取难，在中国寻求资金资助。

三、铁路与国防

就当时保守势力，尤其是一些朝廷重臣、封疆大吏而言，其之所以对铁路的引入和修建顾虑重重，是因为担忧一旦修建了铁路，会对中国的国防造成难以预料的危害。例如英国一直觊觎西藏地区，导致清朝忧心忡忡。当听闻英国修建自印度加尔喀塔（Calcutta）至西藏之军用铁道已到拉萨的消息时，一些有识之士即奋起疾呼："若再不思对付之，彼三藏膏腴富地，宝藏高原，将真非我所能有。"[1]

针对于此，当时的《申报》即曾预先接连刊文予以了解释。例如，同治十一年十月二十八日（1872年11月28日），《申报》刊文《论内地将购设火轮车路》称：

> 陆路之有火轮车，犹水路之有火轮船也。火轮船可行于长江，而火轮车独不可行于内地乎？论者或以设险阻置要隘之说，谓铁路一开则守无可守矣，是固不然。欧洲无国无铁路，而其所为险阻要隘者自在也，岂关乎铁路之并不并乎？是又过虑之谈矣。然华人于是役也，虽习闻其说，而未常亲见其制度，亲试其便利，则亦无怪其疑惑而未敢轻试也。

光绪元年十月十一日（1875年11月8日），《申报》刊文《调兵预策》称，中国疆域辽阔，海岸线绵长，仅靠轮船，难以防御周全，于御外之道尚多阙略：

> 设或内河而各有民用之火船，以备应时供应调运；无河最要之处，又相接以火车铁路。无铁路，复造行兵阔路以达铁路、河路，则国中一处需兵，而境内各营可速以调应。……辟开兵路铁路，销费固大，然既可减省兵额，又与商众有大帮助，即无资于军政，而于通商已可获

---

[1] 袁仲. 西藏[J]. 大同报第二号，1907-08-05.

利，以之赔所损绰绰有余矣。余若御乱于未萌之时，利复不可胜言。若迩近我国之俄国，其谋加强亦以开造火车路为先计，盖以图将我国兵势可应时聚集于一隅，逾年不多，将见火车铁路一条由欧洲之东直达黑龙江，彼时俄国将欲集兵中国界北之某处，则半月可调欧洲劲兵十万之数，而我国欲计御之，非数月不克遣调，不亦足以见彼此有无铁路之利乎？方今我国止谋自强之策，取泰西兵法，购泰西精器而不复谋泰西调运之法，可乎？

四、对于铁路知识的介绍

除了大肆宣扬铁路建设之诸多益处，当时鼓吹铁路者还推介了多篇介绍铁路专业知识的文字，以真正让中国朝野上下了解铁路、火车的详细构造，从而增强中国人对于铁路的自信，提升对于铁路的接受度。

同治十一年十二月二十六日（1873年1月24日），《申报》刊载了陈兰彬《游历美国即景诗二十八首》中关于铁路的一首，其诗曰：

> 一两车分十六房，一房上下四胡床。
>
> 火炉冰桶兼陈设，仍有衣桄列两旁。
>
> 火车牵率十车行，方木匀铺铁路平。
>
> 八十轮开如电闪，云山着眼不分明。
>
> 前车转处后车同，有路中间一线通。
>
> 首尾门开穿槛过，游行恍在五都中。

陈兰彬系咸丰三年（1853年）进士，同治十一年任留学生监督，率中国第一批留学生赴美留学，曾经目睹国外铁路之实际运行情况，为当时最早了解外国情形者之一。其特殊的身份和阅历，再用诗歌的形式来介绍铁路情形，无疑更增加了可信度，让未曾亲眼见过铁路的中国人更容易认识、了解并接受铁路这一新鲜事物。

同治十二年十一月二十一日（1873年12月18日），《申报》又发《英国铁路新式》一文，介绍英国铁路最新样式：

> 铁路之式，宽窄不等，至宽者六七尺，至窄者八九寸。宽者两旁有坚木，上钉铁条以为辙，铁辙高凸，轮边中凹，轮与辙内外相辖，行时自无左倾右侧之患。其宽在二尺以上者，式皆如此。又有窄式二种，地势弗用修平，下栽木桩为架，上承以梁，梁上铺铁为辙……

光绪二年正月二十五日（1876年2月19日），《申报》刊文《火轮车考》称：

> 考铁路之制，非以铁铺路也，乃以铁为槽接长，其形如倒写之人字形。路上设两铁槽，其相去之尺寸，与火轮车之两轮尺寸合。车行时，轮行于铁槽中也。火轮车之制，车大如屋，形正方，中设厚茵褥，人坐褥上，如坐屋中，甚安逸也。火轮车行时，数十车以铁索贯联而齐进。前车设火轮机器，以曳诸车，次载食物、煤薪。其行甚疾，捷如飞鸟，速于奔马，两傍之屋树人物如箭之过，视不清也。一点钟时可行二百里，一时可行四百里，一昼夜可行四千八百里，疾之至矣！其法西人始创，时在中国之道光初年，创始之人为英国之德微底。后有英国人名斯提反笋者，父子相继，制造益精。

五、《申报》对铁路所能带来之益处的总结

为了让一般百姓更容易了解铁路所能带来的诸多益处，《申报》亦多次刊文进行了简单的总结。例如，同治十二年十一月三十日（1873年12月27日），《申报》刊文《论日本转售铁路事》称：

> 铁路之利有三：

> 疆圉不靖，远至数千里以外，必数十日而后得闻警耗。有铁路，则数日可达。或朝廷筹议，命将出师，皆可预备，而不至使敌人掩其无备，此一利也。

> 各路调兵，水道有轮船之设，尚可迅速赴援。若陆路即衔枚疾

走，亦需时日，而敌人到彼有日，诸事布置停顿，调兵赴援，则兵丁已属疲散。以敌之逸，乘我之劳，我即士精器利，而当其时已仅存十之五六。有铁路，则朝发夕至，师不劳顿，而行途迅捷，壮气自必加倍，此利二也。

若夫商贾往来，载货取利，尤藉铁路火车之迅速，以冀销售在先，能获大利，此三利也。惟其有此三利，故欧罗巴诸国不惜重资以建筑之，而补陆路不及、轮船之缺。

此前的同治十一年十月二十八日（1872年11月28日），《申报》刊文《论内地将购设火轮车路》称：

诚使各路通行，则州县省驿站之费，而文报无阻，其利一也。差使免供应之烦，而威福难作，其利二也。转运减车牛之扰，而粮饷无缺，其利三也。官事无稽滞之虞，而顷刻力办，其利四也。其有关系于国家之政者，诚非浅鲜。惟是国家大事，不可率尔举行也。闾阎入利，亦不可骤为变易也。斯民可与乐成，难与谋始，是在创议者之不避谤毁，不辞艰难，以成此大利益之事也。惟必须确实采访察看，真知有利而无害，有益而无损，方可举行，否则无以服众论，即无以持独见也。

此种总结虽然还停留在表面的简单叙述，并未真正深入地分析铁路对于整个国家、社会、民生等诸多方面的具体影响和意义，但是考虑到当时一般人士对于铁路的认知尚属比较浅显，这也不失为一种简单有效的宣传方式，值得肯定。

第三节　《申报》和铁路支持者对李鸿章有意识地拉入

李鸿章对于铁路一事，本可以置身事外，明哲保身，即使光绪元年因为马嘉理事件而不得不与英方附带交涉吴淞铁路问题，其依然可以在交涉之后不再染指其间。然而，当时的铁路支持者和《申报》等热衷于鼓吹铁路的媒体等并未肯轻易放过他，并且他们甚至在马嘉理事件之前，便已经注意到了自平定太平天国时便担任江苏巡抚，并且积极购置洋枪洋炮、努力向西方学习的李鸿章，将其视为可以打开中国地方封疆大吏，乃至整个官员队伍，进而将铁路强行带入中国的缺口。由此，早在同治十三年，《申报》便刊文，以评论李鸿章既往功勋的模式，在一番大肆吹捧后，巧妙地将其与铁路、轮船之引入相联系，转移了一般百姓、官员的视线，逼迫李鸿章站队和表态，亦不无扯虎皮拉大旗，假借李鸿章之旗帜，以宣传、鼓吹铁路并拉拢潜在之铁路认同者、支持者，以打压反对者、排斥者之意。

同治十三年十一月初四日（1874年12月12日），《申报》刊文《论世务》称：

客有告予余曰："子亦知李伯相可谓救时宰相乎？"

余曰："此固人所皆知也。盖自伯相与同朝诸公同心协力削平发捻，肃清关内，厥功伟矣。后又晋秩阁臣，出督畿辅，且兼摄北洋通商大臣印务。凡有益于国事者，知无不奏，奏则必行，上既得君，下又得民，一时声称赫然，所以人皆称其为救时宰相也。"

客曰："子仅见其所已著之功勋，而未知其所未彰之事业也。"

余曰："子意云何，何不详以告我？"

客曰："西人之学、西国之器，皆中国老成宿儒之所唾弃而以为不然者，惟李伯相深知其有用，排众议而行之，大有举世非之而不顾之意也。自发逆构乱之时，购用西国枪炮轮船，知其有合于用，遂奏请设局以自造。既而左伯相、沈中丞开局于福州，瑞节相、张中丞开局于广府，相继制造，然创始者实李伯相也。

"又知轮船载客运货之有益也，故创设招商公司以行之。前阅《汇报》所论招商局大获利益，若如汇报所言，再延数年，而西商轮船之大利能尽归于招商局，亦未可知，此犹已著之效也。近因日本之事，又知铁甲战船之合用于防海也，上商同事之人，下采僚属之议，将来议定，必请旨购用，分布各省海口，此亦必行之事也。至于开挖煤铁各矿，不但已行于直隶，又将推广于东南，此又已行之务也。上则为国如此兴利，下则为民如此丰财，李伯相真不愧为救时宰相也。第余犹有歉然者，铁路、电线两事尚未有举动之机耳。

"电线虽前经闽督宪举行，旋又停止。铁路前经西商议欲进呈，先设于天津，又欲创造于吴淞，以示火车铁路之有益，欲使华人见而知之，亦必照办，至今尚未兴工者，大约因中国不喜此事，是以未行耳。虽然，此二事者实为裕国便民之要务，不欲富强则已，苟欲富强，此二事必须先事举行，不能偏废也。电线传信之便捷，于商贾极为利益，然犹其小焉者也。至于为国传报紧要重大之事，较之八百里加紧之驿递，其速不止十倍。若有军务，尤为要需。试观普法之战，普有电线，则诸事之举办皆速。法之电线为普所断，则合国之音问皆阻，故至于大败也。

"铁路火车之利，在平时则易于懋迁，在战事则便于征调。若电线铁路两事皆已举行，请以一事先论之，倘海疆有事，传电线以报邻省，用火车以运救援，千里之远，数日可到，何至如中国向来之濡滞，千里之隔，至速亦须一月也？

"中国若能统造铁路，并关外之新疆一概造成，则喀什噶尔虽远，亦能使之不啻如腹内各省也。其故何哉？现在回酋所以屡叛不服者，因其地仅有中国之兵，尚少中国之民故也。其所以少者，由于与中国相去窎远，民非富商巨贾，则无此川费以往也。一旦设有铁路火车，往来为日无几，不须大费川赀，既可以携眷同行，又可以广带农家器具籽种并往，则中国无业代人耕种之辈，均可前赴新疆，凡有水泉之地，尽令开垦成田，数年之后，稼穑广兴，禾黍富有，其富庶也必矣然。后再设校兴学，不但使中国遣往之人皆知礼义，而且令回疆土著之人亦知教化，如是而回酋亦皆变其犷野好乱之行，同享丰亨承平之福，恐使之叛而尚不愿叛也。虽荒野沙漠之外，不啻如腹内各省之俗，且使中国无业之人皆为有业，边外难行之路亦均易行矣。

"至于关内各省，设有铁路，其利便更不待言矣。特是此二字老开创甚难，费用亦大，且事属新奇，骇人闻见，未免有难于下手艰于使人之处。前《汇报》所论中国难用铁路情形，实属见到之言，故吾谓此二事既成之后，无不称其利益，未设之先，无不欲为阻止，非徒李伯相一人不能举办，即令中国数十年内，亦难望其有成。但气运所关，天若欲使天下五大洲同风一俗，必有一旦出人意外而忽成此举者。天下事往往拒之愈久，而迎之愈骤，行之弥难，而成之弥易，有不期然而然者矣。譬如士人读书数十年，用尽苦功，毫无头绪，一旦豁然贯通，竟至无所不知，无所不能者，亦其理也。盖凡事每必难于创始，而易于照行。

"今铁路电线二事，各大国均已行之有年，所尚未行者惟中国一处而已，吾知日后中国亦必有一旦忽行者。煤铁之利一经广大，则诸务必举，而二事亦必行，特目下尚非其时耳。于何见之？于呢羽轮船诸物见之。昔年中国前辈谓呢羽洋布为外国之物，不甚穿着，今则不服用呢羽洋布者鲜矣。昔年谓浮海为险事，自有轮船之后，其不欲浮海者亦鲜矣。何也？皆取其便易也。铁路、电线二事，特未创行耳，倘有一省创行，则世人皆知其便利，亦必效行矣。故谓凡事皆气运所关，气运未至，虽圣贤不能行，气运既至，虽圣贤亦不止也。客论如此，余姑录而存之，以俟日后再观其事果验与不验，而定其言为智与不智可也。"

第四节　晚清朝野对于列强在华修建铁路的反应和担忧

同治六年（1867年），时任两江总督沈葆桢认为："泰西智巧绝伦，果能别创一法，于民间田庐、坟墓毫无侵损，绘图贴说，咸使闻知，百姓退无后言，朝廷便当曲许，否则断难准行。"[1]

时任福州将军英桂亦认为："列强蓄谋已久，惟有以约法限制。如畿辅重地以及通都大邑等处，万难准行。其在通商海口百里以内，或准行用铜线、铁路等事。然仍须民间愿卖地基，会同地方官审度办理，不得有所强占。"[2]

沈葆桢与英桂之态度绝非是少数人之态度，而是当时一般封疆大吏态度之代表。其态度表面上看亦未反对铁路之引入和修建，系出于一种谨慎和负责任的考虑，然而作为地方最高官员的这种小心翼翼，往往会在不知不觉中对于其下属官员乃至辖区内一般百姓的态度取舍造成不可估量的影响。换言之，在未搞清楚沈葆桢、英桂等地方大员对于铁路的真正态度之前，没有哪个地方中下级官员或者百姓胆敢率先表态，表明自己对于铁路之引入和修建的态度。万一弄巧成拙，其率先表态后，而沈葆桢、英桂之态度又恰巧相反，那么无异于与自己的顶头上司唱对台戏，对自己的仕途晋升绝对是有百害而无一利，既然如此，那么绝对没有几个中下级官员或者一般百姓敢于冒此风险。由此，他们对于铁路之引入和修建，也就长期表现得唯唯诺诺、敷衍拖延。如同上海道冯焌光，并非没有自己的内心判断标准，只不过是一切唯上司之态度马首是瞻。因为依照当时官场之惯例，上司诸人之小心翼翼，对于中下级官员来讲，又不啻是一种委婉的否定和拒绝，所以大多数地方官员对铁路之引入和修建不愿表明态度或者直接表示否定、反对态度，也就不难理解了。而这种地方官员中普遍存在的心态和态度，在次年又受到总理衙门和恭亲王奕䜣的态度的加持，愈发呈现出一边倒的态势。

同治七年（1868），英国驻华公使阿礼国向清政府建议在江苏高邮湖东运河堤上修筑铁路，可以由英国人出资。据其声称："从前屡次与贵衙门奉商在中国制造铁路，均经贵衙门总以有碍风水以及民间田产、房屋、坟墓等

[1]宝鋆，等.筹办夷务始末（同治朝）：卷五十八[M].影印内务府钞本.
北京：故宫博物院，1930：5.
[2]宝鋆，等.筹办夷务始末（同治朝）：卷五十八[M].影印内务府钞本.
北京：故宫博物院，1930：5.

事，不便开办照覆在案。本大臣现拟于中国制造铁路，不惟于风水及民间田产、房屋、坟墓毫无妨碍，且能免地方不测之祸。"[1]并且，筑堤所需工费，即可并入制造铁路应用工之内。

对此，总理衙门回复道："至于铁路一节，并非谓其无益，实因中国情形不宜，前已历次布闻。若使勉强兴修，恐民间以为不便，或别生窒碍情事，转觉有负盛情。总之，贵大臣代筹美意，本爵无不欣谢也。希贵大臣谅之。"[2]

总理衙门作为当时最重要的外交和内政改革机构，加上其直接领导者系恭亲王奕䜣的特殊情况，其对于铁路问题的一举一动，直接成为当时一般朝臣和地方官员的风向标。总理衙门和恭亲王奕䜣既然对铁路表明了否定的态度，那么其他官员乃至百姓，也就实在没有另外表明自己态度的必要了，更何况他们也真的没有多少人敢站出来表态。

同治十一年（1871年），《中德通商条约》十年期满[3]，普鲁士遣使前来换订新约，清朝朝野上下皆予以高度关注。其时传言普鲁士方面意欲中国引入铁路、轮船等，一时之间舆论哗然。是年十月十一日（11月11日），《申报》刊文《普人将与中华换新和约》称：

> 前中国与普鲁斯所立和约，现已将届满期，……然其新约之内，欲盟者何事则尚秘之未得其详也，然他国之人闻之，皆以为普人之意，必欲使华地皆修筑铁路以通行夫火轮车，并欲使内河之中无不通行火轮船二事而已。其意之实系为此与非止为此，则仍属揣测而得之，而未可据为定论也。

> 夫火船火车之事，诚哉其为美举而有益于国计民生，有补于行旅

---

[1] 宝鋆，等．筹办夷务始末（同治朝）：卷五十八[M]．影印内务府钞本．北京：故宫博物院，1930：5.

[2] 总署覆英国公使粘单[M]//宓汝成．中国近代铁路史资料（1863—1911）：第1册．北京：中华书局，1963：33.

[3] 案：咸丰十一年（1861年），普鲁士趁第二次鸦片战争中国战败之机，胁迫清政府与之签订了《中德通商条约》，取得了与英、法、美、俄四国同样的在华权益。

商贾，惟行之于华地，则行之为华人之得利，不行之亦华人之失计，于他国何与焉？何必喋喋然必欲其行，必不欲其不行，而至以辑睦失欢之事争之哉？设有华人赴西国者执人之裾而语之曰："孔子，我中土之圣人也，尔必舍所学而学焉。"西人其许之乎？又执人之裾而语之曰："深衣皮弁，我中土之法服也，尔必舍所衣而衣焉。"西人其听之乎？推己之心以及于人，则无强人以所难，且强人以所不乐，则庶乎其能尽恕道而勿责人矣哉！

《申报》此文态度极为明确，虽然承认铁路、轮船之引进皆将有利于中国之发展，但是认为引进与否究系属于中国内政，应该由清朝自行决定，而绝不能由普鲁士等列强越俎代庖。现在谣传普鲁士拟将铁路、轮船之引进列入双方新约，强迫清朝推行，颇有干预中国内政、侵犯中国主权之嫌，是以文章的末尾明确表明了独立自主和维护国家主权的态度，同时并未对铁路之引入和修建表示否定、排斥，相对来说保持了一种小心翼翼的理性精神。

当时上海另一重要报纸《汇报》则是旗帜鲜明地站了出来，接连刊文反对铁路之引入和修建，应当说与清朝官方上下普遍蔓延的此种态度不无关系。据同治十三年十一月初四日（1874年12月12日）《申报》文章《火轮车路辨》记载：

> 近日连阅《汇报》，见其不辞劳瘁，以图申明火轮车路一举为害于国，其持论在不知者或似尚非无理，然亦大失其纲领也。本馆之意，深以中国自富自强为念，故于火车一事，明知上官缩手畏难，仍常讲论，其大利盖见欧罗巴及亚麦利加诸国藉此举以臻兴旺故也。《汇报》所言仅取其小，而概不知其大，所谓失事之常闻，不知欧罗巴附搭火车诸客以十兆而可数焉。即时闻有受伤者数人，而于搭车之大数相比较，亦几希矣。西人亦经用心，将所格马车及乘船楫受伤者，与搭火车受伤者互相考较，而火车受伤者实少七倍。此事系国家考究入册，有凭可据，《汇报》失于详查，一也。

所言火车泛捷，行人路遇，难于趋避，此亦不知其细。在美国，车路有在旷野无人居宅之处，故车路两边尚无栅栏以藩篱之。若美国及欧罗巴有人迹之地，每路必护以栅栏，而不准人越入，遇有横出路径，视火轮车路之高低，或以桥跨之，或以桥穿其下，而车路使与附地相平，经过之人实稀。又于火车路两边设门，派人管守，行人欲走过时，代开两门，使于火车已过未来之间而过焉。若吴淞设火车铁路，其法亦当如此。然则行路者不知趋避之言，此未细究而所致，虑《汇报》失于详查，二也。

所言货有凑至太捷之虞，然则国内转输载运，其被阻且慢者乃为国之利乎？凡有究心于利国之举，未有不以载运之便且捷之道推之。然本馆先亦曾屡言，不必在申有货一时凑到之患矣，火车新设均必赶先或一月或半月而此后货在路上虽省时数倍，仍旧须陆续以到，比之用帆船，连日被风雨所阻，忽一日多齐到者，究更为有常也。《汇报》失于详查，三也。

所言船业等必致失事，将有百万人之失业者，此事尚有两端之论。若造火车路，必用多人，失此业者，可就彼佣，故境有火路，一大带造成后，而所经各处之贸易顿然广大数倍，昔之就业于大路之人，皆可行业于火车各分路，其势实无失业之患也。况火车于国家颁政遣使调兵转饷之利，实莫大焉。试观两国相争，一国尽用火车以行事，一国则概无焉，果谁能胜乎？以中国比俄国，俄有火车近达边界，可藉以运兵输饷，中国则无之，而火车不亦为俄之大利乎？前《京报》所载运饷至喀什噶尔，每担合算须银廿余两之费。倘彼国有火车可达此地，中国其尚可敌耶？故吾尝言此国之内若有火车，彼国则无，则彼实不能与此相埒。火车之利有如此之大也。

《汇报》设欲为中国实讲火车之害以利之，吾乃曰类此之论若能取信于人，实所以致害中国也。火车若果为害，泰西各国何以年增其路，英国何以大设于印度，荷国何以设诸属国牙瓦耶？

至于上海吴淞设火车路之举，《汇报》切言其妄，有曰在泰西设火车路，须先呈禀朝廷而后可行。此事亦未深究其何以须禀之意，设使英国有民人自有地一带，横过并无公路，则此人亦无须禀明于上之理，亦可随意在己地而设焉。其所以禀，盖欲请国家下命，凡所需之地，须各地主照市价平卖，否则必有人乘机以地居奇，非得国家之命而长路断不能成也。且所买之地尚有公路，非国家准之，亦不得跨以桥也。今吴淞一带经西人全行购买停妥，且所过各径路亦兼买，就其地已为私地之上设举各事，似不必禀于国家也。其各径路既经其买，势亦将以桥通以免阻闭不便也。

然此事或先商之于官，固为正道，惟地既买妥，亦不必然也。此西国之例也，而在吾之意，则设此事实为中国一大美举。盖支银由西人，而中国得以亲自考核其实在优劣，此亦大有益之事也，犹欲禁止而除毁之，何为欤？

这一场关于铁路究竟应否引入和修建的辩论，虽然持续时间不长，规模亦不太大，仅局限于《申报》和《汇报》两大媒体之间，但是辩论恰好发生于吴淞铁路修建伊始，而清朝有关地方官员迫于各方面的压力而不得不逐渐表明自身态度之时，考虑到此点，则辩论之发生，就不能不令人值得玩味了。表面上《申报》虽然刊文不断，态度积极而明确，但是此种表现恰恰是表明了当时支持铁路引入和修建的一方之势力、影响并不乐观，他们才迫不及待地想要宣传、鼓吹铁路之必要性和诸多益处，以为自己争取更多的舆论支持和有生力量。

与此同时，《汇报》虽然刊文较少，但是其背后站着大量的反对铁路的势力。这一场报纸与报纸之间的较量，实际上是另一种不见硝烟的思想和力量碰撞。再联系到当时清朝中央政府和地方官府的一般态度，则《汇报》所代表的反对铁路的势力俨然庞然大物，难以撼动，《汇报》在这种辩论中虽然显得较为沉默寡言，却是稳稳地胜方，而侃侃而谈、喋喋不休的《申报》在短时间内注定是无法获胜。

因此，光绪元年九月初九日（1875年10月7日）的《申报》在《论中西治世各法》一文不得不哀叹道：

> 是以中国欲行西法，如是之，虽其故皆由于终身围于一地，故识见拘于一偏。若能历游各国，所见既多，则其识自大也。譬如生长乡村，见一生监，则以为可卖矣，及至郡县，始知生监尚未足贵，因有官长故也；再至京师，始知官长亦未足贵，因有帝王故也。

第 三 章

李鸿章铁路意识的萌生

李鸿章铁路意识的萌生是自发的，并且萌生的时间较早。在致友人郭嵩焘的书札中，其曾提道："西洋政教规模，弟虽未至其地，留心谘访考究几二十年，亦略闻梗概。自同治十三年海防议起，鸿章即沥陈煤铁矿必须开挖，电线、铁路必应仿设，各海口必应添洋学格致书馆以造就人才。其时文相目笑存之，廷臣会议皆不置可否，王孝凤、于莲舫独痛诋之。曾记是年冬底赴京叩谒梓宫，谒晤恭邸，极陈铁路利益，请先试造清江至京以便南北转输，邸意亦以为然，谓无人敢主持，复请其乘间为两宫言之。渠谓两宫亦不能定此大计，从此遂绝口不谈矣。"[1]

此后，李鸿章此种铁路意识又逐渐受到外界多种因素的影响，包括当时日益严重的内忧外患、郭嵩焘的宣传等。

第一节　日益严重的内忧外患

晚清中国铁路的引入和修建，从根本上讲是与晚清以来中国所面临的严重的内忧外患不无关系的。晚清所面临的危机愈发严重，则举国上下对铁路的呼吁之声逾高，心情逾迫切。晚清时期中国所遭遇的三次严重事件，即1874年日本侵略台湾、1875年沙俄侵略新疆和随后的"丁戊奇荒"，对于铁路的引入和修建具有重要影响。

---

[1]李鸿章.李文忠公朋僚函稿[M]//《续修四库全书》编委会.续修四库全书：第1554册.上海：上海古籍出版社，2002：7.

李鸿章与晚清铁路

一、1874年日本侵台与铁路

相对而言，李鸿章对于铁路这一新鲜事物的接触是比较晚的，并且李鸿章之接触铁路，与日本的侵略野心不无关系。

同治九年（1870年），李鸿章在其奏折中首次提到铁路一词。据其是年十二月初一日《遵议日本通商事宜片》记载：

> 钦奉闰十月二十六日寄谕，英翰以日本吁请通商，恐贻后患，殷殷以杜绝为请。此事因该国意向甚坚，业已令其特派大员到时，再与妥议条约，自无再事拒绝之理。至将来如何明定章程，以期永远相安，著曾国藩、李鸿章预行妥筹，详悉奏明，庶临时较有把握，等因。钦此。仰见圣明于怀柔远人，……叠次派员往泰西各邦通好，业与从前隔阂情形小异。惟华人往西国者绝少，中国暂未便派员久驻。日本近在肘腋，永为中土之患。闻该国自与西人定约，广购机器、兵船，仿制枪炮、铁路，又派人往西国学习各色技业，其志固欲自强以御侮。究之距中国近而西国远，笼络之或为我用，拒绝之则必为我仇。将来与之定议后，似宜由南洋通商大臣就近遴委妥员，带同江浙熟习东洋情形之人，往驻该国京师或长崎岛，管束我国商民，藉以侦探彼族动静，而设法联络牵制之，可冀消弭后患，永远相安。[1]

在奏片中，李鸿章表示出了对于日本向西方学习的忧虑和警惕，认为日本近在肘腋，永为中土之患，而其关键在于该国自与西人订约，广购机器兵船，仿造枪炮、铁路，又派人往西方学习各国技艺，其志不小。李鸿章此时对于铁路应该是了解不多，仅仅提到了日本明治维新后向西方学习的内容，其中包括铁路而已，丝毫看不出李鸿章本人对待铁路这一新鲜事物的个人认识和评价。相比之下，倒是其老师曾国藩，在初次接触铁路这一概念时，即有了明确表态，可惜是不自觉得站到了铁路的对立面。这种师徒两人态度迥异的情形，应该说更是充分表明了铁路这一名词传入中国之初，当时人们

---

[1] 李鸿章.李文忠公奏稿[M]//《续修四库全书》编委会.续修四库全书：第506册.上海：上海古籍出版社，2002：396.

的不同认识和态度。同治六年（1867年），两江总督曾国藩正在镇压太平天国，作为封疆大吏，其还没有亲见铁路这一新鲜事物，还是从传统的治民守土思维出发，更着眼于如何稳定社会，让百姓安居乐业，而不是时代的发展与新事物的引进。而其弟子李鸿章因为在镇压太平天国起义的过程中，曾经目睹了洋枪洋炮的厉害，所以对待铁路这一尚未目睹的新鲜事物，反而保持了较为客观谨慎的态度。

同治十三年（1874年）四月，因为台湾生番事件，日本悍然发动了侵台之役，清朝无力抵抗，被迫与日本签订了《中日台湾事件专条》，赔偿日本方面白银50万两。消息传出，舆论大哗，朝野上下纷纷要求变法图强，尤其是加强海防。同年九月二十七日，以恭亲王奕䜣、文祥为代表的朝中大臣，通过总理衙门递交了《海防亟宜讲求武备以求实际折》。十月十一日，正在家中养病的江苏巡抚丁日昌也上奏了《海洋水师章程》六条。

以这两份文件为底本，慈禧太后和光绪皇帝谕令各地督抚、将军等各抒己见。文祥等人还特意函告李鸿章，希望其能够畅所欲言，身先表率。

同治十三年（1874年）十一月初二日，李鸿章呈递了《筹议海防折》。在"筹饷"一条中，李鸿章指出："丁日昌拟设厂造耕织机器，曾国藩与臣叠奏请开煤铁各矿，试办招商轮船，皆为内地开拓生计起见。盖既不能禁洋货之不来，又不能禁华民之不用，英国呢布运至中国，每岁售银三千余万，又铜铁铅锡售银数百万，于中国女红匠作之利妨夺不少。曷若亦设机器，自为制造？轮船铁路，自为转运？但使货物精华与彼相埒，彼物来自重洋，势不能与内地自产者比较。我利日兴，则彼利自薄，不独有益厘饷也。"无疑，李鸿章是希望通过商战的方式，保住中国利源，促进经济发展，进而增加税收。其中便提及了铁路的作用——自为转运。可以说，这是李鸿章较早的明确认识到修建铁路的积极意义。

在另一条"用人"中，李鸿章则从加强国防方面，更加详细地阐述了铁路的便利。李鸿章称："查南北洋滨海七省，自须联为一气，方能呼应灵通。惟地段过长，事体繁重，一人精力断难兼顾，各督抚未必皆深知洋务兵事，意见尤不能尽同。若责成统帅调度，既恐扞格不行。若会同各省商筹，又恐推诿贻误。从前办粤捻各贼，何尝不屡简统帅，臣亦曾备位其间，深知甘苦。饷权疆政，非其所操，不过徒拥空名，而各督抚仍不能不问兵事。畛域分则情形易隔，号令歧则将士难从，是欲一事权而反紊也。何况有事之际，军情瞬息变更？傥如西国办法，有电线通报，径达各处海边，可以一刻千里；有内地火车铁路，屯兵于旁，闻警驰援，可以一日千数百里，则统帅尚不至于误事。而中国固急切办不到者也。今年台湾之役，臣与沈葆桢函商调兵，月余而始定。及调轮船分起装送，又三月而始竣，而倭事业经定议矣。设有紧急，诚恐缓不及事。故臣尝谓办洋务、制洋兵，若不变法而徒骛空文，绝无实济。"[1]

在同日呈递的《筹办铁甲兼请遣使片》中，李鸿章再次提到了铁路一词。据称："该国（日本）近年改变旧制，藩民不服，访闻初颇小哄，久亦相安。其变衣冠，易正朔，每为识者所讥。然如改习西洋兵法，仿造铁路火车，添置电报煤铁矿，自铸洋钱，于国计民生不无利益。并多派学生赴西国学习器艺，多借洋债，与英人暗结党援，其势日张，其志不小，故敢称雄东土，藐视中国，有窥犯台湾之举。泰西虽强，尚在七万里以外，日本则近在户闼，伺我虚实，诚为中国永远大患。今虽勉强就范，而其深心积虑，觊觎我物产人民之丰盛，冀幸我兵船利器之未齐，将来稍予间隙，恐仍狡焉思逞，是铁甲船水炮台等项诚不可不赶紧筹备。"[2]

借助日本侵台之役的惨痛教训，趁着朝野上下纷纷展开加强国防讨论的有利时机，结合自己和沈葆桢筹办台湾之役中的实践经验，李鸿章特意提到了铁路在国防中的重要意义，对慈禧太后和光绪皇帝的震动可谓是直接而有力的。

---

[1] 李鸿章. 李文忠公奏稿[M]//《续修四库全书》编委会. 续修四库全书：506册. 上海：上海古籍出版社，2002：621.

[2] 李鸿章. 李文忠公奏稿[M]//《续修四库全书》编委会. 续修四库全书：506册. 上海：上海古籍出版社，2002：621.

二、1875年沙俄入侵新疆与铁路

太平天国期间，陕甘回民趁机起事，波及新疆。沙俄早已虎视眈眈，遂悍然出兵，于同治十年（1871年）侵占我国伊犁。边疆危急，左宗棠临危受命，率军出关，直至光绪三年（1877年），方才收复失地。其间，清军历经坎坷，尤其是后勤供应不继，形势急危。左宗棠一边屡次呼吁内地各省协助筹措粮饷，一边在新疆开展大规模屯垦，自给自足。残酷的战争经历，让左宗棠与整个清朝统治集团都意识到边疆危急的严峻以及改良交通、通信的迫在眉睫，因此电报、铁路之引入和修建开始提上清朝的议事日程。

对此，李鸿章在致同僚丁宝桢的书札中明确说道："电线由海至沪，似将盛行中土，若竟改驿递为电信、土车为铁路，庶足相持。闻此议者，眇不咋舌。吾谓百数十年后，舍是莫由。公其深思之。前上轮船疏，以裁沿海师船试开煤铁矿，总署已不敢置议，梦梦可知。滇回乞师于英，未闻有密助军械之说。俄人坚拒伊犁，我军万难远役，非开铁路则新疆甘陇无转运之法，即无战守之方。俄窥西陲，英未必不垂涎滇蜀，但自开煤铁矿与火车路，则万国缩伏，三军必皆踊跃，否则日蹙之势也。"[1]

三、"丁戊奇荒"与铁路

1876年（光绪二年）至1879年（光绪五年），中国华北和华中大部分地区发生了严重旱灾，受灾地区以山西、陕西、直隶、山东、河南等北方五省为主，北至辽宁、南抵苏皖、东至齐鲁、西达四川的广大地区均受波及，尤以光绪三年丁丑（1877年）和光绪四年戊寅（1878年）为最，故史称"丁戊奇荒"。

在这场史无前例的大灾荒中，农业颗粒无收，田园荒芜，饿殍载途，白骨盈野。光绪三年，陕西华阴县即"大饥，人相食，饿毙人民无数。"^[2]

---

[1]李鸿章.李文忠公朋僚函稿[M]//《续修四库全书》编委会.续修四库全书：第1553册.上海：上海古籍出版社，2002：595.

[2]张崇善，等.中国地方志集成·民国华阴县续志[M].南京：凤凰出版社，2005：635.

光绪五年，山西曲阳县尉曹某致松江友人书信中记："去年春夏，瘟疫大作，死亡者不知凡几。即就省城及城外二三里内，无主并无力殡葬者，经局收埋一万二千有奇，官场道府至佐杂教官病故者将及三百人"[1]。

据不完全统计，在此次灾荒中，总计死亡人数达到1000万之多，受灾人口在1.6亿～2亿之间。[2]

灾荒期间，如何筹集充足的粮食、银两以赈济灾民，是排在第一位的问题。而如何将赈粮快速有效地运至受灾地区，同样是一个不容忽视的问题。但是，在"丁戊奇荒"期间，因为当时天旱水涸，河道浅狭，舟行极慢，所以导致了大量赈粮运至天津便堆积如山，无法快速运往灾区的尴尬情形。与此同时，因为内陆人力、畜力的异常匮乏，导致运价奇昂，晋、陕两省赈粮的运费甚至占赈款的半数以上，令人痛心。《光绪山西通志》便记称："一入晋疆，万山环阻，雇募车马费更不赀。筹款需时，拨运需时，比散之灾区，而贫民之死者又半矣。"[3]

鉴于此，时任直隶总督的李鸿章忧心忡忡，不得不着重解决赈粮的运输问题，派遣人员创设三条运输路线：在直隶获鹿、保定、泊头、郑家口、白塔寺、吕汉镇马厂设立转运局，自津河分运米粮至保定等处换车，统赴获鹿达晋，是为北路；又在直隶曹镇、山东馆陶县设立转运局，由南运河赴馆陶换车至苏曹，易驼入东阳关抵达山西，是为中路；又由南运河至河南道口附近登陆，赴清化镇等处抵达山西，是为南路。其余棉衣、药物等则分路搭运，赈灾银两则由北路运解山西省城，而河南捐运事宜亦并归办理。[4]

尽管如此，赈粮和救灾物资的运输效率仍然不够理想。一位当时在华传教的女教士在给其母亲的书信中便写道，"大量捐款已经从英格兰发来并用

[1]山西阳曲县尉曹君致松江某君书[N].申报，1879-03-12（3）.
[2]李文海.中国近代十大灾荒[M].上海：上海人民出版社，1994：98.
[3]曾国荃.光绪山西通志[M].北京：中华书局，1990.
[4]姚珍.李鸿章与"丁戊奇荒"[D/OL].开封：河南大学.2008[2008-05-01].https://kns.cnki.net/KCMS/detail/detail.aspx?dbcode=CMFD&dbname=CMFD2008&filename=2008096493.nh&v=MTQwNjIxTHV4WVM3RGgxVDNxVHJXTTFGckNNVUjdxZlllUnBGe WpoVUwvQlYxMjdJck94R05YRnJKKRWJQSVI4ZVg=.

于赈济中国灾民，也有一小部分来自美国。我看到最新的报纸说捐款数已超过850万美元；但是交通是如此恶劣，以致救援过程大大延迟。许多人肯定在救援到达他们前就已死去。我的汉语老师做了有见识的评论：如果他们有铁路，很多生命可能就有救了。"[1]

《纽约时报》更是对此进行了大量的批判。1878年2月24日版《纽约时报》发文《7000万人口处于饥饿中——中国华北大饥馑》报道："从未有过如此大范围饥荒的记载——不可能迅速赈灾——受灾省份孤立并受到自然原因引起的疾病的侵袭——交通方式非常缺乏和缓慢。"[2] "时报对此表现出巨大的遗憾和同情，这次饥荒最令人怜悯的特征之一就是国家有充足的粮食，仅仅由于交通的缺乏，导致这么多的苦难和生命的损失。灾区周边庄稼即将成熟，但是因为食物只能由四轮马车或者牲畜运送，不能运送足够数量的粮食拯救人们的生命。……这些再发的饥荒可能引起中国人认识到鼓励充分的国内交通运输方式的需要。"[3]

在此种情形下，一些中国的有识之士和参与救灾的传教士，都充分意识到铁路的修建对于救灾的重要性。

例如，时人赵元益便在其《备荒说摘录》中提到赈灾的重要举措之一就是铁路："采买米谷为赈饥之用，路近则易为力，路远则难为功。欲使载米之器良便而运米之价又廉，舍仿造铁路之外，别无善法。……有铁路则多而不费，速而不劳，诚莫大之利也。或曰方今国用支绌，若勉筹巨款以造铁路，诚恐所得不偿所失，且沿江海之省已有轮舶往来，运载亦甚便矣，是亦不可以已乎？呜呼！为是说者盖未尝综计其利耳。欲成不世之功者，岂可为浮言所惑耶！考西国初创铁路之时，议政院中皆以为不可，甚有诮之为病狂者，逮后行有成效，人皆诧以为奇。人之难与图始，中西一辙。今中国创造铁路已先择要道小试其端，俾民习于见闻，知其利益，然后逐渐推行，无往

---

[1] The Famine in China[N]. The New York Times, 1878-06-23.

[2] Seventy Million Starving—The Famine in Northern China[N]. The New York Times, 1878-02-24.

[3] The Famine in China[N]. The New York Times, 1878-06-21.

不效。水道有轮船者，内地则有铁路以辅之，且与电线互相表里，此备荒之新政也。"[1]

此外，一直参与救灾的英国传教士李提摩太，更是充分认识到了铁路对于赈济灾荒的重要性，并于1877年积极地向时任山西巡抚曾国荃建议修建铁路。据其记称："启动公共工程，如修筑铁路，这不仅能立即给衣食无着的灾民提供生计，而且具有长久的意义，可以预防将来灾荒的发生。"[2]在灾荒过后的一两年中，山西境内粮食普遍获得丰收。但是，"把粮食运到需要的地区去花费太多，因为劳动力很少，工钱很高。因此农民们没有其他选择，只能听任庄稼烂在地里。这种令人痛惜的状况是我用来呼吁当权者修建铁路的强有力证据：以廉价的运输费用，在丰收时把谷物运出去，在需要时运进来"[3]。

尽管限于当时的内外情况，曾国荃并未能够真正采纳李提摩太的建议，并付诸实践，"一群候补道台根据巡抚的命令讨论了我（李提摩太）的方案，他们得出的结论是修筑铁路过于超前，而且必须引进大量外国人，这会导致无穷无尽的麻烦。因此，从对山西是否最有利的角度看，最好不要修筑铁路"[4]。

但是，稍后担任山西巡抚的张之洞却认真考虑了李提摩太的建议。据李提摩太记称："上任山西巡抚一开始，张之洞就大力采取富民措施，预防灾荒。在太原府的衙门旧档里，他发现了我给前任巡抚曾国荃提的一些关于修筑铁路、开挖矿藏、开办工业和制造厂等方面的建议，便派一个由三人组成的代表团到我这里来，问我能不能放弃传教工作，参与中国政务，将自己

[1] 赵元益. 备荒说摘录[M]//沈云龙. 近代中国史料丛刊：第一辑第0741册. 台北：文海出版社，1966：1052.
[2] 李提摩太. 亲历晚清四十五年——李提摩太在华回忆录[M]. 天津：天津人民出版社，2005：115.
[3] 李提摩太. 亲历晚清四十五年——李提摩太在华回忆录[M]. 天津：天津人民出版社，2005：133.
[4] 李提摩太. 亲历晚清四十五年——李提摩太在华回忆录[M]. 天津：天津人民出版社，2005：115.

的观点付诸实施。我的回答是尽管我理解改革的价值，但我不是个专家。中国的改革要想顺利进行，引进大量各个领域的外国专家，是十分有必要的。"[1]

此后，李提摩太离开山西，在1880年9月路经天津时，又应邀前往拜访李鸿章，与李鸿章进行了晤谈。虽然我们无法探知当时两人具体都谈了些什么，但是据李提摩太记称，李鸿章对他的赈灾义举表示了感谢[2]。而依照当时的情形推测，李提摩太很可能会谈到赈灾期间的粮食运输问题，并提及其关于修建铁路的建议。至于李鸿章如何作答，我们虽然无从而知，但是考虑到一年以后，李鸿章便暗中支持刘铭传向清朝呈递了关于修建铁路的奏折，李提摩太关于修建铁路的建议，很可能对其铁路意识产生了影响。

第二节　郭嵩焘的宣传

一、郭嵩焘与李鸿章的关系渊源

郭嵩焘与李鸿章为道光二十七年（1847年）丁未科进士同年，又与曾国藩为儿女亲家，故与湘军、淮军两系皆有极深的渊源。咸丰十年（1860年）十月，李鸿章因与曾国藩意见分歧，曾经一度离开其幕府，欲往福建任职，郭嵩焘即写信力劝其仍回曾氏幕府，认为："此时崛起草茅，必有因依，试念今日之天下，舍曾公谁可因依者？即有拂意，终须赖之以立功名。"[3]

李鸿章认真思考后，终于接受挚友之言，于次年六月返回曾氏幕下。咸丰十一年（1861年）十一月，曾国藩举荐李鸿章署理江苏巡抚。同治元年（1862年），李鸿章征求曾氏同意后，荐举郭嵩焘出任江苏苏松粮储道。郭

[1]李提摩太.亲历晚清四十五年——李提摩太在华回忆录[M].天津：天津人民出版社，2005：150.

[2]李提摩太.亲历晚清四十五年——李提摩太在华回忆录[M].天津：天津人民出版社，2005：129.

[3]郭嵩焘.玉池老人自叙[M]//沈云龙.近代中国史料丛刊：第一辑第0107册.台北：文海出版社，1966：49.

嵩焘不愿前往，李鸿章又通过曾国藩、曾国荃兄弟多次敦请，郭嵩焘始前往上海任职。同治二年（1863年）六月二十九日，郭嵩焘奉旨署理广东巡抚。

私人的深厚交情和政治上的相互扶持，让郭嵩焘与李鸿章之间的关系情同莫逆。郭嵩焘在致曾国藩的书札中，即称赞李鸿章说："自有洋务三十年，无若少帅之控制适宜者，故论少帅之精能，筹兵、筹饷犹有能及者，惟此为独擅，尤所服膺。"[1]

而李鸿章亦将郭嵩焘引为知己。同治四年（1865年），因内外交困，而又与时任两广总督瑞麟、闽浙总督左宗棠等不和，郭嵩焘一度萌生退志，李鸿章即致信规劝："粤中军事方棘，公不宜遽有退志，贼退则官声更起，澄老（瑞麟）与阁下会当即真，富强之基，不可失也。处同事则大者婉争，小者隐忍而已。"[2]但郭嵩焘去意已决，最终挂冠而去。其后，两人书信往还频繁，仍然保持了密切联系。

同治十三年（1874年），因日本侵台，郭嵩焘、丁日昌、曾国荃、杨岳斌等奉旨入京筹措海防事宜。十二月二十七、二十八两日，郭嵩焘途经长辛店，与李鸿章会晤，畅谈两日。

光绪元年（1875年）七月二十八日，郭嵩焘奉旨出使英国。抵达英国之后，因为思想认识和政治意见的不同，郭嵩焘很快与副手刘锡鸿产生了尖锐的矛盾。

郭嵩焘为近代中国洋务派之翘楚，力主向西方学习。初到欧洲，他依照总理衙门之要求，即将一路所见所闻撰写成书，寄回总理衙门。不料，却因为其在书中对西方文化、制度等方面推崇备至而招致国内保守势力李鸿藻、景廉等人的强烈不满。

李鸿章在致郭嵩焘的私人书札中即提道："执事日记一编，初闻兰孙

---

[1]太平天国历史博物馆.太平天国史料丛编简辑：卷六[M].北京：中华书局，1963：247.

[2]李鸿章.李文忠公朋僚函稿[M]//《续修四库全书》编委会.续修四库全书：第1553册.上海：上海古籍出版社，2002：480.

（李鸿藻）大为不平，逢人诋毁。何君（何金寿）乃逢迎李、景（景廉），发言盈庭，总署惧而毁板。"[1]

与郭嵩焘不同，刘锡鸿的思想极端保守，看不惯西方的一切奇技淫巧，更不屑于向其学习，因而很快便与郭嵩焘产生了尖锐的认识分歧和观念冲突，暗中向朝廷参奏郭嵩焘，指责郭嵩焘崇洋媚外，蔑视国家制度而取效洋人，是无君。刘锡鸿的参奏获得了同样比较保守顽固的朝廷重臣李鸿藻、景廉等人的赞赏和支持，进而导致朝野上下一时间都将郭嵩焘视为另类，唯恐避之不及。

对此，郭嵩焘表现得非常愤懑，亦极其无奈，在给友人沈葆桢的书信中说道："近得何金寿参案，其诋毁乃益加烈，朝廷一一见之施行，由李兰生（李鸿藻）从中主持之，故副使刘锡鸿近月鸱张愈甚，……其门人刘和伯始具述其在京师受命李兰生，令相攻揭。其出京一切皆未携备，惟携备折件，亦出李兰生之意。刘君语言狂悖矜张，诚知其不知信，此由其热中强狠，微窥李兰生意旨，以为朝廷之意固然。是以京师奉旨之日，立时畔异。至是始知其蓄谋之狡且深矣。李兰生当国二十年，日思比附人言以取重名于时，于刘君何责？而嵩焘乃独为诟毁之归。"[2]

此时李鸿章竭尽心智，一方面努力劝慰挚友郭嵩焘以国事为重，"细阅自陈大疏，情词哀迫，深为恻然，……疏内未请销差，即请亦难邀准。仍祈耐烦忍辱，镇静处之。以后此等文字，可以不作。闻枢、译友人，均嫌尊处条陈过多，直道之不行久矣"[3]。另一方面极力替郭嵩焘转圜，力图维护挚友。当总理衙门因为郭、刘两人冲突而秘密咨询李鸿章的意见时，李鸿章即回复：

────────

[1] 李鸿章. 李文忠公朋僚函稿[M]//《续修四库全书》编委会. 续修四库全书: 第1554册. 上海：上海古籍出版社，2002：14.

[2] 黄浚. 花随人圣庵摭忆[M]. 上海：上海古籍出版社，1983：162.

[3] 李鸿章. 李文忠公朋僚函稿[M]//《续修四库全书》编委会. 续修四库全书: 第1554册. 上海：上海古籍出版社，2002：17.

　　郭、刘两星使自出都后，意见即不甚合，迫至英国，日益龃龉，筠仙迭次来信，已屡及之，并见诸奏牍矣。前接筠仙本年三月十五日书，抄示所上钧署咨函稿，愤激不平之气溢于言表，竟欲以去就争。其致鸿章书云：李凤苞、张斯枸自德国来，语云生势颇难处，其亲信随员刘孚翊致张斯枸书曰：外部及各国公使皆不以为然，啧有烦言。近比利时公使邀茶会，黎参赞（黎庶昌）等往赴，相与漠不为礼，为一人混闹脾气，遗累大众云云。监督李凤苞，素最谨饬，其禀报学生事，不及其他。惟据三月十七日函称，月初往德国稽查学艺武弁，知德国新闻纸常于刘京卿（刘锡鸿）有微词，京卿亦常托病不出。闻将作英文函，属伦敦报馆铺叙该京卿曾督兵戡乱，中朝推为柱石，从此或为西人见重，亦未可知云云。……筠仙则其所敬佩者也。

　　至云生于敝处向无深交，笺问甚稀，前接其三月十五日函，但泛论欧洲时事，谓今日使臣，即古之质子，权力不足以有为。又自到德后，水土不服，往往多病，左足肿痛，不能行动，似意绪亦颇怫郁。其是日通咨钧署及南、北洋之文，指摘筠仙不遗余力，两人各不相下，恐未易排解耳。

　　平心而论，筠仙品学素优，而识议不免执滞，又多猜疑，云生志气非不要好，而性情暴戾，客气用事，历练太浅，其短长互见，谅在烛照之中。惟目前筠仙兼英、法二使，责任较重，英人尚无闲言，比方赴巴黎大会，似应暂由尊处寓书慰劳，以安其意，俟有替人，再准假归。云生在德，若如李监督等所云，于大局既无裨益，且与筠仙积怨成衅，咫尺相望而声息不通，徒为外人所窃笑，似属非宜。想高明必有以处之。[1]

李鸿章虽然在明面上极力表现得客观公正，但是字里行间褒郭贬刘的态度显露无疑。最终，总理衙门并未对郭嵩焘做出任何惩罚。稍后，在李鸿章

---

　　[1] 李鸿章. 李文忠公全集[M]//沈云龙. 近代中国史料丛刊：第二辑第0691册. 台北：文海出版社，1975：3033.

的运作之下，郭嵩焘和刘锡鸿同时被召回国内，另予任用。郭嵩焘在李鸿章的庇护之下，虽然未能东山再起，但是未曾受到什么实质性打击，得以安度晚年。而刘锡鸿因为此事与李鸿章结下深仇大恨，后来在1881年的铁路大讨论中公开站出来表示反对，并且参奏李鸿章。当然，这都是后话了。

二、郭嵩焘铁路认识的形成

郭嵩焘是近代中国最早主张引入和修建铁路的先进人士之一。早在出使英国之前，郭嵩焘便已经对铁路有一定了解并呼吁引入和修建铁路。光绪元年，在其《条议海防事宜疏》中，郭嵩焘即提到铁路这一事物。据其记称："罗伯逊言西洋机器，惟舟车外轮机器最巨，各国多者不过数具，国主不能备，则富商备之，国主兵船亦多假商人机器用焉。丁韪良亦言铁路通至缅甸，俄人铁路通至伊犁，皆商人为之。"[1]次年，郭嵩焘又向翁同龢言，欲遍天下皆开煤矿，又欲中国皆铁路。[2]

在奉旨出任驻英国公使后，郭嵩焘立即成为当时西方列强瞩目的焦点，许多在华势力都对其给予厚望。例如，当时吴淞铁路的创造者拉毕尔就曾特地赠送其一些有关铁路的资料，郭嵩焘阅读完毕后，又立即把拉毕尔所著《火轮车路图说》转寄李鸿章等。吴淞铁路公司的创始人渣甸亦前往拜访郭嵩焘，请其出面阻止拆毁吴淞铁路。在抵达英国之后，赫德之弟赫达亦特地从爱尔兰赶来造访，谈及吴淞铁路，"言若竟毁弃，外部德尔比必益怀轻视中国之心"。[3]

与此同时，郭嵩焘通过亲自考察，对铁路的了解也愈发深入。光绪三年（1877年），郭嵩焘即言："来此数月，实见火车之便利，三四百里，往返仅只半日。"[4]结合所见所闻，郭嵩焘的铁路认识愈发清晰和完善，引入

---

　　[1]郭嵩焘．条议海防事宜疏[M]//郭嵩焘．郭嵩焘全集·奏折（四）．长沙：岳麓书社，2012：779．
　　[2]翁同龢．翁同龢日记：第三卷[M]．上海：中西书局，2011：1216．
　　[3]钟叔河．伦敦与巴黎日记[M]．长沙：岳麓书社，1984：333．
　　[4]郭嵩焘．伦敦致李伯相[M]//沈云龙．近代中国史料丛刊：第一辑第0152册．台北：文海出版社，1966：525．

和修建铁路的思想也更加强烈和坚定。

三、郭嵩焘的铁路认识对李鸿章的影响

郭嵩焘的洋务思想和铁路认识，直接影响了李鸿章。一方面，郭嵩焘帮助李鸿章更快地形成了其个人的铁路意识，并使之更为清晰完整、深刻系统；另一方面，郭嵩焘给予了李鸿章充分的支持和鼓励，鼓舞了李鸿章引入和修建铁路的决心和信心。

至于其影响的源头，可以从吴淞铁路的交涉算起；影响的途径，则主要是与李鸿章的日常书信交流。

在获知沈葆桢意欲拆毁吴淞铁路的消息后，郭嵩焘便立即表示了明确的反对态度，并致书李鸿章，表示："论者徒谓洋人机器所至，有害地方风水，其说大谬，修造铁路电报必于驿道，皆平地面为之，无所凿毁。"[1]郭嵩焘的表态深得李鸿章赞赏。六月十三日，李鸿章在复周小棠的书札中即说道："幼丹（沈葆桢）以重价购铁路，而意在收回拆毁，实不知其何心？……筠仙虽有呆气，而洋务确有见地，不谓丛谤如此之甚。若达官贵人皆引为鉴戒，中土必无振兴之期，日后更无自存之法，可为寒心。"[2]

但是，郭嵩焘的反对态度并未起到任何效果，最终吴淞铁路还是被赎回并拆毁。郭嵩焘对此深表痛恨，批评"幼师（沈葆桢）此举实为无谓，然其意在邀流俗人一称誉而已。言之无益，徒速谤耳"[3]。

随后，郭嵩焘出使英国，对铁路的认识愈发全面、详细，通过书信往还，不断地传递给国内的李鸿章，让李鸿章的铁路意识也迅速增强。例如，在其抵达英国后的数月，郭嵩焘便在《伦敦致李伯相》书中写道："来此数月，实见火轮车之便利，三四百里往返，仅及半日。其地士绅力以中国宜修

---

[1]郭嵩焘．致李鸿章[M] [M]//郭嵩焘．郭嵩焘全集·书信（十三）．长沙：岳麓书社，2012：274.

[2]李鸿章．李文忠公朋僚函稿[M]//《续修四库全书》编委会．续修四库全书：第1554册．上海：上海古籍出版社，2002：8.

[3]钟叔河．伦敦与巴黎日记[M]．长沙：岳麓书社，1984：258.

造火轮车相就劝勉，且谓英国富强实基于此。其始亦相与疑阻，即以初祗伦敦苏士阿摩登海口言之，往来车运用马三万余匹，虑防其生计也。迨车路开通，用马乃至六七万匹。盖以道途便利，贸易日繁，火轮车止出一道，相距数十里以下来就火轮车者，用马逾多也。去冬道上海，见格致书院藏一火轮车道图，由印度直通云南，一出临安，以东趋广州，一出楚雄，以北趋四川，以达汉口，又由广州循岭以出湖南，而会于汉口，乃由南京至镇江，东出上海，又东出宁波，北出天津，以达京师。见之怪咤，谓云南甫通商即筹及火轮车路也。及来伦敦，得此图，知已出自十余年前。凡其蓄意之所至，无不至也。印度火轮车绕及阿萨密，其通中国分山南北两道，北道由阿萨密直抵依拉袜底河，南道绕出缅甸，折而东北，以会于依拉袜底河，而达蛮允。大率云南通商一二年后，两处铁路所必兴修者。"[1]又，另信中写道："埃及国家阿非利加，其修造铁路，先遣人赴英国练习，而后依仿行之，此最可法，优点钧示，以凭与李丹崖（李凤苞）会商办理。"[2]

对于郭嵩焘修建铁路的主张，李鸿章深有同感。然而，国内的实际情形却是困难重重，举步维艰。在答复郭嵩焘的书札中，李鸿章说道："读二月杪赐示各节，崇论闳议，洵足启发愚蒙。……惟雨生在台湾建言须就地试造铁路、电线，已奉廷僚议准，又以费绌中止。内地若果议及，必至群起相攻。尊谕欲令敝处开示朝廷，以使沛然不疑于其心，天下必有起而应者，何见推之过当耶？去冬招商局收买旗昌轮船，幼丹请拨各省官帑百万，再招商股百二十万，迄今半载，华商无一入股，可见民心之难齐。铁路为费更巨，民力自开何能集事？鄙意铁路须由开煤铁做起，兴此大役而铁尚需购自海外，绝难告成。目下鸡笼煤矿已有成效，武穴、池州均甫开局，魏温云亦在宝庆、衡州等处试采煤铁，但官绅禁用洋法机器，终不得放手为之。凡此皆鄙人一手提倡，其功效茫如捕风，而文人学士动以崇尚异端光怪陆离见责，

---

　　[1]郭嵩焘.伦敦致李伯相[M]//沈云龙.近代中国史料丛刊：第一辑第0152册.台北：文海出版社，1966：525.
　　[2]郭嵩焘.郭嵩焘诗文集[M].长沙：岳麓书社，1984：191.

中国人心真有万不可解者矣。"[1]

李鸿章亦不得不对挚友郭嵩焘哀叹："来示万事皆无其本，即倾国考求西法，亦无裨益，洵破的之论，……果真倾国考求，未必遂无转机，但考求者仅执事与雨生、鸿章三数人，庸有济耶？"[2]

四、郭嵩焘与李鸿章两人此时期的认识异同

此时期的郭嵩焘与李鸿章两人，虽然通过书信不断地交流，相互影响，但是在洋务思想和铁路认识方面，不难看出，仍然存在一定的差异。

就洋务方面而言，李鸿章难免有急于求成之嫌，尚且停留在学习西方坚船利炮之技术层面，而郭嵩焘已经透过器而上升到道的层面。光绪四年二月二十二日，李鸿章曾经致信郭嵩焘，商谈购铁甲船、购水雷、购亨利马提尼枪、照料学习武弁及闽厂生徒、延订矿师等事宜，以为皆是当时所亟需解决的问题。

对此，郭嵩焘却不以为然，在日记中写道："观其（李鸿章）勤勤之意，是为能留意富强者，而要之皆末也，无当于本计。求才于遣派出洋官学生三四十人，遽欲以应缓急之需。语云：'欲速则不达'。伯相之言，未免近于欲速者矣。"闰三月十九日，又写道："合肥伯相及沈幼丹、丁禹生诸公专意考求富强之术，于本源处尚无讨论，是治末而忘其本，穷委而昧其源也。"[3]

就铁路认识方面，郭嵩焘认为但凡政府有人振臂一呼，民间必有群起响应者，铁路之修建可以依靠民力，即采取商办铁路或者官商合办的模式。但是，李鸿章从国内实际情形出发，则认为依靠民力修建铁路的可能性微乎其微。并且，李鸿章认为铁路之修建并非是单一的问题，还必须与煤矿、铁矿

---

[1]李鸿章.李文忠公朋僚函稿[M]//《续修四库全书》编委会.续修四库全书：第1554册.上海：上海古籍出版社，2002：7.

[2]李鸿章.李文忠公朋僚函稿[M]//《续修四库全书》编委会.续修四库全书：第1554册.上海：上海古籍出版社，2002：24.

[3]郭嵩焘.郭嵩焘日记：第3卷[M].长沙：湖南人民出版社，1982：403.

的开采、冶炼相联系，先挖煤炼铁，而后修建铁路，方能避免资金筹集方面的难题。

两人之间的认识虽然存在分歧，但是本质上并无二致，亦无孰优孰劣之分。就洋务方面而言，郭嵩焘无疑比李鸿章看得更为深刻和透彻；就铁路认识来说，李鸿章无疑又比郭嵩焘更加务实谨慎。此种认识上的不同，恰恰也是当时洋务派中不同人员，即使是同样赞同向西方学习，追求富国强兵这一共同梦想，却因为自身阅历、知识水平、政治地位等方面的差异，而必然导致的结果之一。虽然有时候会难免造成彼此之间的争执、争吵，但是也彼此互补，促进了整体思想认识水平的提高。

第三节　列强对华进一步推介铁路

列强也没有放弃对铁路利益的宣传。1875年6月，德国公使巴兰德向总理衙门递送宣传创用蒸汽、电气各法的清折，认为德国铁道轮车运送客货的能力实为亘古未有之奇。[1]

1877年，匈牙利贵族塞切尼·贝拉来华访问，其间曾经3次与李鸿章晤谈，便涉及铁路的引入和修建事宜，并且断言："假如将来中国要修建铁路，李鸿章一定是推动者，但他一定会动用中国自己的力量，而不是让外国人把钱拿跑。"[2]

1879年1月30日，郭嵩焘的日记详细地记载了德国拟向清朝进献的铁路模型："德国克罗卜厂致送合淝伯相小火轮车机器一具，运至伦敦，先邀一观。……盖为两小火轮车机器，携带车厅，亦分头等、二等、三等，几褥、地毡悉如火轮车厅之式，门窗之属皆具。其货车、煤车、牛羊及马上下车

　　[1]宓汝成.中国近代铁路史资料（1863—1911）：第1册[M].北京：中华书局，1963：16.
　　[2]塞切尼.塞切尼眼中的李鸿章、左宗棠[M].符志良，选译//中国社会科学院近代史研究所近代史资料编辑部.近代史资料：总109号.北京：中国社会科学出版社，2004：28.

式，无一不肖为之。为铁路八段，用八巨箱盛之。穿山为路者一，山旁划为车路者二，铁桥渡水者二，铁路中通马车为铁栅阑者一，叠石为门，下通马车者一，塾［墊］房、铺户及买火轮车票，逐段点缀。木工十之五，铁工十之四，其牛马之皮皆浆树皮为之，取可以受颠播，亦居十之一。两旁路为苔草及杂树，惟妙惟肖。（其管事官）朗斯敦述克罗卜之意，欲请合湉伯相代致之朝廷。"[1]

———————
　　[1]郭嵩焘. 郭嵩焘日记：第3卷[M]. 长沙：湖南人民出版社，1982：403.

第 四 章

李鸿章铁路梦想的提出

吴淞铁路被拆毁的悲剧虽然令李鸿章懊恼不已，但是并未打消其将铁路引入中国的梦想。相反，在吴淞铁路被拆毁后，聪明的李鸿章联合丁日昌等官员，将铁轨、车头灯运往台湾，企图在台湾将之复建。

第一节　1876年丁日昌修建台湾铁路的奏请

随着内忧外患的加剧，李鸿章、丁日昌、沈葆桢等一直从事地方实际事务的封疆大吏们，充分见识了日本在明治维新后因学习西方而迅速走向富强的成效，意识到了铁路的重要性，因此先后奏请向西方学习，开办煤矿、铁矿，试办招商轮船，引入和修筑铁路等。

光绪二年（1876年）十一月，福建船政大臣兼署福建巡抚丁日昌奏请加强台湾防务，于台湾举办矿务、垦务等，并拟购铁甲船、练水电车、造炮台、练枪炮队、开铁路、建电线、购机器、集公司等。

对于丁日昌的奏请，慈禧太后和光绪皇帝表示首肯，认为："台湾时势今昔悬殊，自宜及早图维，俾资实济。丁日昌所拟购铁甲船、练水电车、造炮台、练枪炮队、开铁路、建电线、购机器、集公司各条，亦属目前应办之事。"因为财政紧张，诸事繁冗，同时并举，所费不赀，慈禧太后和光绪皇帝也不无疑虑，所以特意秘密下旨给李鸿章、沈葆桢等妥善商议。谕旨称："所陈各节，是否可行，李鸿章于洋务情形最为熟悉，沈葆桢从前办理台湾事务，该处一切机宜自必周知，应如何擘画尽善之处，著该督等妥密筹商，速议具奏。"[1]

　　光绪三年（1877年）正月十六日，李鸿章逐条提出了自己的见解和建议。其中，就修建铁路事宜，李鸿章特意提到："至铁路、电线二者相为表里，无事时运货便商，有事时调兵通信，功用最大，东西洋各国富强之基，胥赖此以充拓。丁日昌到台后，叠次函称该处路远口多，防不胜防，非办铁路、电线不能通血脉而制要害，亦无以息各国之垂涎，洵笃论也。惟铁路需费过巨，似须煤铁开采有效，就地取料，工力较省。陆路电线则移省厦已成之器为之，亦尚易为。"[2]

　　虽然并无明确史料证明丁日昌此份奏请与李鸿章存在什么具体关系，但是如果联系到丁日昌曾与李鸿章一同在曾国藩幕下共事，后来又被李鸿章调到上海。同治三年（1864年），丁日昌一度上书李鸿章建议变法自强，光绪元年（1875年），丁日昌又奉旨北上天津，帮助任北洋通商大臣的李鸿章办理商务。稍后，丁日昌转任福建船政大臣兼福建巡抚。不难发现，丁日昌与李鸿章之间关系非同寻常。丁日昌此份奏请，很难说没有李鸿章的意思在其中。丁日昌到台湾后，应是私下里与李鸿章有过信息往来，与李鸿章谈过在台湾修建铁路之事。所以，李鸿章才写道："丁日昌到台后，叠次函称该处路远口多，防不胜防，非办铁路、电线不能通血脉而制要害，亦无以息各国之垂涎，洵笃论也。"可能是因为此前曾遭到保守派官员的激烈反对，李鸿章延续了他一贯小心谨慎的作风，虽然谈到了修建铁路的重要性，但是也表示了对于经费不足的忧虑。这种忧虑应该是李鸿章自己真实的想法。

　　可能是受李鸿章影响，稍后的丁日昌也意识到就引入、修建铁路而言，时势明显还是不太成熟，所以在光绪三年的奏请中，丁日昌便舍弃了铁路一条，称台湾铁路俟矿务大兴，再行举办，拟先拨款二三十万两，设立马车路，以利行师。对此，慈禧太后和光绪皇帝表示了赞同。据总理衙门复奏：

　　[1]清实录馆.清德宗实录：卷四三（光绪二年十一月丙子）[M].北京：中华书局，1987.
　　[2]李鸿章.李文忠公奏稿[M]//《续修四库全书》编委会.续修四库全书：第507册.上海：上海古籍出版社，2002：80.

"实非无见，应请饬下丁日昌先行举办。"[1]

第二节　林维源的台湾铁路捐款与李鸿章的左右为难

丁日昌倡修铁路之时，曾经获得台湾一些先进人士的广泛支持，其中就包括林维源、林维让兄弟等曾捐款50万银圆（约合白银36万两）。但是，众所周知，台湾铁路并未紧接着开始动工，其原因主要包括：一方面，台湾铁路的奏请遭到保守派官员的反对，慈禧太后和光绪皇帝对于究竟是否应该批准台湾铁路的修建心存疑虑；另一方面，光绪三年（1877年）和四年，发生了史上著名的"丁戊奇荒"，清朝中央政府和地方政府均财政紧张，在这种情形之下，不仅缺乏足够的财政基础以供应台湾铁路的修建，还不得不挪用台湾铁路捐款以赈济灾民。

而对于当时奉旨参与筹划铁路修建，并且保管铁路捐款的李鸿章来说，显然还有另外两个问题在困扰着他，令其左右为难。

一、"丁戊奇荒"发生后，林维源捐款尚未抵达，山西、河南两省便抢先奏请挪借

山西新任巡抚曾国荃与李鸿章关系非同一般，如果不允其借，不但面子上似乎过不去，而且很可能会被反对修建铁路者乃至普通百姓，误认为是重铁路而轻人命，置灾荒于不顾，授人以柄。而如果答应挪借，看情形，很可能是有借无还。将来铁路修建之事，难免成为泡影。

河南方面所牵涉的人物更多，包括籍贯本为河南且奉命赈济河南灾情的袁保恒及河南巡抚李鹤年等。并且，李鹤年等抢先向朝廷奏报，申请拨款赈济。围绕着究竟应该将捐款拨给哪个省份，山西和河南展开了激烈的争论。

其中，还有一个小小的插曲。在丁日昌调任河南巡抚一职之前，丁日昌

---

[1]清实录馆.清德宗实录：卷五一（光绪三年五月丁丑）[M].北京：中华书局，1987.

听闻山西灾情严重，曾允诺借款给山西。谁知丁日昌旋即奉旨巡抚河南，而河南同样是受灾区域，丁日昌不得不试图将林维源捐款挪至河南，以解燃眉之急，而对曾国荃中途反悔。河南新任巡抚既然是丁日昌，日后其能不能将所挪用的铁路捐款还回来则不好说了，毕竟这笔钱本来就是其在台湾时所募捐的。

光绪四年（1878年）三月二十三日，李鸿章在其《复何筱宋制军》书札中说："台湾林姓（林维源）捐项，雨帅（丁日昌）初闻晋省奇灾，商允拨借。鸿章知台饷极绌，未敢以献之沅翁（曾国荃）。适筱坞（袁保恒）奉命出任豫赈，过保谆商，为此无中生有之策，遽尔入奏，属弟加函转恳执事及雨帅挪移。雨生闻事在紧急，林维源又赴揭阳面议，遂乘势和盘托出，将先缴之二十八万元分拨晋、豫，热肠高义，舍己芸人，尚未深悉此款为豫中专借分拨，易滋口舌也。今部议悉听敝处酌裁，筱坞、子和（李鹤年）二公断断辩争，谓晋协较多，豫款独绌，且由豫专奏，应照案全拨归豫。而沅老又以雨生原奏分拨，应晋六豫四或晋七豫三，徒令居间者为难。至如何指定的款归还，则未议及。弟昨已咨询豫帅，拟分几年，由何项的款解缴，切实具覆，再行核办。揆度情事，以后即年谷顺成，两省之力皆不足以还欠。且目前争多嫌少，排解已属不易。台湾夏道禀解头批折银汇寄尚未见到，拟俟解到时，斟酌豫中归款能否可靠，酌付济急。怨谤所不敢辞矣。"[1]

四月五日，在《复何筱宋制军》中，李鸿章再次写道："晋、豫纷争，弟迭商沅帅，应全让与豫，尚未接其回音。解款一到，只有先尽豫省。但的款归还之说，恐涉子卢。其分十个月匀缴之十九万元，似可稍留有余，为台防不虞之备。仍祈大才酌夺办理是幸。"[2]

---

[1]李鸿章.李文忠公朋僚函稿[M]//《续修四库全书》编委会.续修四库全书：第1554册.上海：上海古籍出版社，2002：27.

[2]李鸿章.李文忠公朋僚函稿[M]//《续修四库全书》编委会.续修四库全书：第1554册.上海：上海古籍出版社，2002：27.

二、林维源捐款并非一次性兑现，即使是分批运送，仍是姗姗来迟，缓不济急

四月五日，在《复何筱宋制军》书札中，李鸿章写道："台绅林姓捐款先缴之十万元尚未解到，续批十六万想亦报解在途。"[1]四月二十一日，在《复涂朗轩中丞》书札中，李鸿章又提及："台湾林姓捐项仅解到六万余金，籼米运费须去其半，续批未知何时可到。敝处有可为力，无不竭诚相助也。"[2]

当然，林维源也有其不得已的苦衷，屡次捐款，难以为继。李鸿章对此表示了理解。七月二十一日，在《复何筱宋制军》书札中，李鸿章便说道："林绅捐项迟迟未缴，鄙意诚恐强人所难。方盼先解六万元到津应急，秋收后即可罢议。兹承谕闻已凑解银八万两，拟即令海镜船领解北上，更为喜出望外。此款计可载途，畿甸遗黎感戴大德，岂独下走铭佩高义也！林维源富有田地，并非雄于资财，慨捐巨款数十万，活人无算，功德极大。将来缴清后，应请尊处主稿会奏，遵照部议，为请破格优奖。"[3]李鸿章在台湾重建中国铁路的梦想，最终因为种种主客观方面的困难而搁浅。

对此，学者朱浒指出："在朝廷内外的共同期望下，李鸿章事实上成为整个赈灾活动的一大枢纽，承载了在全国范围内主要为筹措、转运赈灾物资的繁重任务。如此一来，李鸿章既不能对自己身上的赈灾压力掉以轻心，又要竭力防备洋务事业成为被进一步攻击的目标，终于不免落入顾此失彼的泥潭，而民用洋务事业亦因此而遭受池鱼之殃。"[4]

---

[1]李鸿章.李文忠公朋僚函稿[M]//《续修四库全书》编委会.续修四库全书：第1554册.上海：上海古籍出版社，2002：27.

[2]李鸿章.李文忠公朋僚函稿[M]//《续修四库全书》编委会.续修四库全书：第1554册.上海：上海古籍出版社，2002：29.

[3]李鸿章.李文忠公朋僚函稿[M]//《续修四库全书》编委会.续修四库全书：第1554册.上海：上海古籍出版社，2002：30.

[4]朱浒.赈务对洋务的倾轧：丁戊奇荒与李鸿章之洋务事业的顿挫[J].近代史研究，2017（4）.

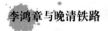

第三节　刘铭传呈递《筹造铁路以图自强折》
与李鸿章的幕后策划

光绪六年（1880年）底，因为中俄伊犁交涉进展不利，清政府准备用兵，故召淮军名将刘铭传进京，以备顾问。刘铭传途经天津，先见李鸿章，而后入京。十一月初一日（12月2日），刘铭传向朝廷呈递了《筹造铁路以图自强折》，提出：

> 臣以菲材，渥承恩遇。自解兵柄，养疴田园，每念中外大局，往往中夜起立，眦裂泣下，恨不能竭犬马以图报于万一。近者被命，力疾来京，仰蒙召见，训诲周详，莫名铭感。窃念人臣事君之道，知无不言，况事变至迫，利害甚巨，敢不竭其缕缕，为我皇太后、皇上陈之。

> 中国自与外国通商以来，门户洞开，藩篱尽撤，自古敌国外患，未有如此之多且强也。彼族遇事生风，欺凌挟制，一国有事，各国围窥。而俄地横亘东西北，与我壤界交错，扼吭附背，尤为心腹之忧。我以积弱不振，不能不忍辱含垢，遇事迁就，不惜玉帛，以解兵戎。然而和难久恃，财有尽期，守此不变，何以自立？

> 今论者动曰用兵矣。窃谓用兵之道，贵审敌情。俄自欧洲起造铁路，渐近造罕，又将于海参崴开铁路，以达珲春。此时之持满不发者，非畏我兵力，以铁路未成故也。不出十年，祸将不测。日本一弹丸国耳，其君臣师西洋之长技，恃有铁路，动逞螳螂之臂，藐视中华，亦遇事与我为难。

> 臣每私忧窃叹，以为失今不图自强，后虽欲图，恐无及矣。自强之道，练兵造器固宜次第举行，然其机括则在于急造铁路。铁路之利于漕务、赈务、商务、矿务、厘捐、行旅者不可殚述，而于用兵一道尤为急不可缓之图。

中国幅员辽阔，北边绵亘万里，毗连俄界。通商各海口，又与各国共之。画疆而守，则防不胜防；驰逐往来，则鞭长莫及。惟铁路一开，则东西南北呼吸相通，视敌所驱，相机策应，虽万里之遥，数日可至，虽百万之众，一呼而集，无征调仓皇之苦，无转输艰难之虞。且兵合则强，兵分则弱，以中国十八省计之，兵非不多，饷非不足，然各省兵饷主于各省督抚，此疆彼界，各具一心，遇有兵端，自顾不暇，征调饷兵，无力承应。虽诏书切责，无济缓急，盖国分为十八疆界也。若铁路造成，则声势联络，血脉贯通，裁兵节饷，并成劲旅。十八省合为一气，一兵可抵十数兵之用。将来兵权、将权俱在朝廷，内重外轻，不为疆臣所牵制矣。

方今国计绌于防边，民生困于厘卡，各国通商，争夺利权，财赋日竭，后患方殷。如有铁路收费，足以养兵，则厘卡可以酌裁，并无洋票通行之病。裕国便民之道，无踰于此。且俄人所以挟我，日本所以轻我者，皆以中国守一隅之见，畏难苟安，不能奋兴耳。若一下造铁路之诏，显露自强之机，则气势立振，彼族闻之，必先震惊，不独俄约易成，即日本窥伺之心亦可从此潜消。

本年李鸿章奏请沿海安设电线，此亦军务之急需。但电线须与铁路相辅而行，省费既多，看守亦易。或者以铁路经费难筹，无力举办为疑。窃谓议集商股，犹恐散漫难成，今欲乘时立办，莫如议借洋债。盖借洋债以济国用，断断不可。若以之开利源，则款归有着，洋商乐于称贷，国家有所取偿，息可从轻，期可从缓。且彼国惯修铁路之匠，亦自愿效能于天朝，此诚不可失之机会也。

查中国要道，南路宜开二条：一条由清江经山东，一条由汉口经河南，俱达京师。北路宜由京师东通盛京，西通甘肃。惟工费造繁，急切未能并举，拟请先修清江至京一路，与本年议修之电线相表里。此路经山东、直隶地界最多，或谓于民间坟墓、庐舍有碍，必多阻挠。不知官道宽广，铁路所经只占丈余之地，于坟墓、庐舍当不相妨。即偶有牙错，亦不难纤折以避。

臣昔年剿捻中原，屡经各该省，其地势民情固所稔知，非敢为臆断也。事关军国安危大计，如蒙俞允，请旨饬下总理衙门迅速议覆。若辗转迁延，视为缓图，将来俄局定后，筑室道谋，诚恐卧薪尝胆徒托空言，则永无自强之日矣。[1]

刘铭传此份奏折，为清朝内部第一个正式提出的铁路构想。其中条分缕析，娓娓道来，将铁路修建之必要性、益处、计划、经费来源和可能遇到的困难等，都做了逐一分析，让人一目了然。奏折一经呈递后，慈禧太后和光绪皇帝即谕令军机大臣等："刘铭传所请筹款试办铁路，先由清江至京一带兴办，与本年李鸿章请设之电线相为表里等语，所奏系为自强起见，著李鸿章、刘坤一按照各折内所陈，悉心筹商，妥议具奏。原折单均著钞给阅看。将此各密谕知之。"[2]

慈禧太后和光绪皇帝可能并不知道，刘铭传的此份奏折，其实是由李鸿章在幕后策划呈递的。奏折的起草人为吴汝纶与陈宝琛。该奏折后来分别被《刘壮肃公文集》《桐城吴先生日记》和《陈文忠公奏议》三部文集收录[3]，吴汝纶之子还特意在该奏折后面加了按语："此疏先公创槁，今谨编入日记中。"贺涛撰吴汝纶行状中亦记称："先生既受学曾公，曾公国士目之，与闻大谋辄为草奏。李文忠公代曾公总督直隶，尤倚重焉。与外国互市通好之始，中国人不知外事，动辄召侮受欺。李公出而外交之道始明。其后交际事繁，有疑难必取决于李公，故外交之政皆所建立，而仿效西法岁有兴改，其造端发难惟先生是咨，而以章奏属之。张靖达公、刘壮肃公亦皆虚

[1] 刘铭传. 筹造铁路以图自强折[M]//沈云龙. 近代中国史料丛刊：第一辑第0196册. 台北：文海出版社，1966：211.
[2] 清实录馆. 清德宗实录：卷一二三（光绪六年十一月丙寅）[M]. 北京：中华书局，1987.
[3] 陈宝琛. 沧趣楼奏议[M]//沈云龙. 近代中国史料丛刊：第一辑第0397册. 台北：文海出版社，1966：41.

怀接纳，访以救时所急。中国建筑铁路，刘公发其端，先生实劝之，其疏先生所属稿也。"[1]

吴汝纶当时在李鸿章幕中，而刘铭传为李鸿章麾下淮军将领，此份奏折可以确定与李鸿章存在着千丝万缕的关系。这一点在同年十一月十九日，李鸿章致张佩纶的书札中，不难发现其中的蛛丝马迹。

据李鸿章《复张幼樵侍讲》记："省三（刘铭传）回津日，趣覆奏铁路事，此乃鄙意所欲言而久未敢言，幸于吾党发其端。闻都人士近日讲求洋务者多，亦不甚以为秕缪，殆国运中兴之几耶！惟事体重大，非独棉力不能胜，即省三毅然自任，亦恐穷年毕世不易卒业。时政苦文法拘束甚矣，庙堂内外议论，人心皆难画一，无真能主持之权，即断无通力合作之日，以是徘徊审顾，未即属草，少迟姑就事理略一敷陈耳。"[2]

通过此札，可以知道，刘铭传在光绪六年底觐见慈禧太后和光绪皇帝，呈递了铁路一折后，在离京南返途中，再次经过天津时，曾经与李鸿章再次会面，并且敦促李鸿章就圣旨所命复奏刘铭传铁路一折事，抓紧时间提出个人意见。同年十二月初一日，李鸿章递交复奏意见。

次年十一月五日，李鸿章在答复丁宝桢的书札中写道："弟因俄议未定，曾、鲍二军分驻畿东，海防未敢解严，现虽封河，仍须驻津坐镇。俄兵船集珲春、海参崴一带，奉、吉防务吃重，究无可恃之将。省三奉召至京，暂乞假回津就医，竢事竣即回里耳。渠奏请创办清江至京铁路，以便兵商转运，与敝处奏准添设电线相辅而行，洵为自强要政，惟帑项匮竭之余，欲借洋债兴办非常之举，难必有成。若得我公量移南洋，或能合力筹任也。"[3]

以整个事件的始末推测，刘铭传在第一次经过天津与李鸿章会面时，丝

[1] 贺涛. 吴先生行状[M]//沈云龙. 近代中国史料丛刊：第二辑第0093册. 台北：文海出版社，1975：277.

[2] 李鸿章. 李文忠公朋僚函稿[M]//《续修四库全书》编委会. 续修四库全书：第1554册. 上海：上海古籍出版社，2002：58.

[3] 李鸿章. 李文忠公朋僚函稿[M]//《续修四库全书》编委会. 续修四库全书：第1554册. 上海：上海古籍出版社，2002：58.

毫未提及铁路之事，到了京师后，突然递交了铁路一折的可能性应该不大。实际情形应该是李鸿章早就有意引入铁路，因为鉴于朝野上下民智未开，保守势力过于强大，而其自身又不太方便公开提倡修建铁路，所以一直在等待时机。恰好遇到了刘铭传奉召入京，途经天津，而刘铭传又是自己亲信之人，所以便与刘铭传密商，由刘铭传代为出头，以刘铭传个人名义递交了铁路一折，打响了近代中国铁路问题的第一枪。光绪七年（1881年）初，降调顺天府府丞王家璧即奏参刘铭传筹造铁路之奏折实为李鸿章授意而为，攻击两人倡议修建铁路似为外国谋而非为朝廷谋也。

第四节　反对修建铁路的声音

刘铭传的奏折一经呈递，立即引起舆论大哗。以张家骧为代表的一批官员立即表示了强烈的反对。张家骧递交了著名的《未可轻议开造铁路折》，列举了修建铁路有"三弊"：其一是修建铁路后，洋人来华贸易者必定会络绎不绝，而中外冲突难免亦会增多，利尚未兴，患已隐伏；其二是民不乐从，徒滋骚扰；其三是修建铁路只会虚糜帑项，赔累无穷。一时之间，朝野上下就铁路问题展开了一场声势浩大的争论，主张修建铁路者与反对修建者俨然势同水火，不共戴天。

薛福成后来回忆道："庚辰冬，刘省三（即刘铭传）爵帅上疏请开铁路，合肥傅相（即李鸿章）覆疏既韪其说，于是都中议论汹汹，若大敌之将至者。斯时主持清议者，如南皮张庶子之洞、丰润张侍讲佩纶，虽心知其有益，亦未敢昌言于众，遂作罢论。[1] 迄今距庚辰十年矣，南皮张公亦总督两广五六年矣，复有请由汉口开铁路至芦沟桥之奏，既蒙俞允，即中外议

---

[1] 案：陈衍《石遗室文集》卷一《张之洞传》所记张之洞对待铁路之态度，似与薛福成所记不同。据记："时铁路风气未开，惟台湾巡抚刘铭传言之最早，疑阻者众。之洞以为铁路国之脉络，无铁路是人身无脉络也，无干路是无督脉也，乃建议首办芦汉干路，而后西达秦、晋，南通湘、粤，中朝因调督湖广。"陈氏所记系张之洞死后追论，当不如薛福成所记精确。

者，亦以为是者七八，以为非者不过二三。可知事到不能不办之时，风气年开一年，虽从前主持清议之张公，亦竟明目张胆而言之矣。再一二十年后，乌知讥铁路、畏铁路者之不转而为誉、为盼也？此疏于铁路要端似已囊括无遗，与前编创开中国铁路议亦有互相发明之处，故两刊之以讯来者。已丑秋自识。"[1]

薛福成提到合肥傅相"覆疏既韪其说，于是都中议论汹汹"。此句文字应有两种解释：一是薛福成系事后追忆，难免颠倒了李鸿章复奏的时间，真实情形应该是刘铭传上奏之后就立即引起了世人瞩目，紧接着张家骧等人上奏表示强烈反对，而后李鸿章复称支持修建铁路，导致进一步的舆论大哗。二是因为刘铭传与李鸿章的密切关系，在刘铭传奏折呈递之后，时人立即知道了该奏折的背后策划者就是李鸿章，所以"议论汹汹"。无论哪种，刘铭传的奏折都是导火索，而铁路问题一经提起，立即引起了轩然大波，则是确定无疑的。

对此，《清史稿》记载："六年，刘铭传入觐，疏言：'自古敌国外患未有如今日之多且强也，一国有事，各国环窥……'事下直督李鸿章、江督刘坤一议覆。鸿章言：'铁路之设关于国计军政、京畿民生、转运、邮政、矿务、招商、轮船、行旅者，其利甚薄，而借用洋债，外人于铁路把持侵占与妨害国用诸端亦不可不防。'坤一以妨碍民生厘税为言。学士张家骧言兴修铁路有三大弊，复下其疏于鸿章。鸿章力主铭传言。会台官合疏力争，侍讲张楷言九不利，御史洪良品言五害，语尤激切，以廷臣谏止者多，诏罢其议。嗣是无复有言之者矣。"[2]

平心而论，在当时的社会背景下，张家骧等人所提出的一些问题是客观存在，并且是无法回避的，例如铁路修建中的庐墓问题、铁路修建后沿线百姓的生计问题等。

　　[1]薛福成.代李伯相议请试办铁路疏[M]//《清代诗文集汇编》编纂委员会.清代诗文集汇编：第738册.上海：上海古籍出版社，2010：119.
　　[2]赵尔巽，等.清史稿[M].北京：中华书局，1977：4427.

一、铁路修建中的庐墓问题

中国人自古以来的生死观和孝道，让他们在为死去的先人选择庐墓之时，通常都是十分小心谨慎的。宋儒程颐、程颢在谈到子孙为死去的先人选择墓地时，便明确说道有五个方面必须注意："须使异日不为道路，不为城郭，不为沟池，不为贵势所夺，不为耕犁所及。"[1]其中的第一条就是远离道路。

同时，中国人传统的聚族而居的家族观念，又形成了墓地亦紧紧相连，动辄占地数十亩甚至上百亩的情形。1897年来华的美国传教士约翰·斯塔德便注意到："在中国的土地上，墓地星星点点地到处都是，似秋天的落叶厚厚地散落在静静的小溪。随处可见这些坟地侵占人们生存必需的良田耕地的景象。比如在广州城外，有一处约30英里长的墓群，里面埋葬了整整一百代的家族成员。"[2]

在这种情形之下，修建铁路如果不想经过墓地，侵占墓地，是不太可能的事情。所以，反对铁路的修建便也就成了一件再自然不过的事情。约翰·斯塔德说道："中国人的观念认为坟墓不能随便打扰，如此亵渎难免会把报仇雪恨的灵魂从阴间释放出来。事实上，坟墓的永恒和神圣构成了中国人生活和习俗的基础，这就是对祖先的崇拜。"[3]

不能保护祖先的坟墓不受侵害或者不能保证祖先的坟墓不被迁徙，既然成了中国人最大的不孝，那么安土重迁、坚守庐墓便不仅成了一件牵涉现实利益的问题，还演变成一件事关孝道和祖先崇拜的道德与信仰的问题，让中国人在反对铁路修建的问题上获得了一个更加充分的理由，从而让他们更加地理直气壮起来，由此给铁路的修建带来了难以想象的阻力。光绪十五年

[1]程颐，程颢. 二程集[M]. 王孝鱼，点校. 北京：中华书局，1981：621.

[2]约翰·斯塔德. 1897年的中国[M]. 李涛，译. 济南：山东画报出版社，2005：22.

[3]约翰·斯塔德. 1897年的中国[M]. 李涛，译. 济南：山东画报出版社，2005：22.

（1889年），张之洞在议修津通铁路时，便特别提到了劝说百姓迁移坟墓的艰难："至于庐舍尚可给费迁移，若坟墓多所毁迁，亦恐不易设处。"[1]

与庐墓相伴随的还有风水问题。一直具有浓郁的祖先崇拜传统的中国人，始终相信其祖先仍在另一个世界活着，故虔诚地祭祀祖先，祈求这些祖先保佑后人的一切顺利平安。而铁路的修建既然无可避免地会冲撞、骚扰其祖先的庐墓，那么无疑就会破坏其后世子孙的福禄财气等。而这一点就不仅仅是现实的经济赔偿所能解决的问题了。因为在世人的心目中，这种由祖先庐墓的风水所庇佑、带来的福禄财气，是难以用现实中的物质利益来衡量的。打个比方来说，如果一家人的祖坟经过风水先生的指点，认为是可以庇护后世子孙诞生出一位王侯将相的风水宝地，而其后世子孙亦深信不疑，现在因为修建铁路而需要其为祖先迁移坟墓，这家人的后世子孙恐怕很难会乐意，毕竟有限的经济补偿，远远没有培养出一个王侯将相对整个家族来说更重要，虽然这个所谓的王侯将相还遥遥无期，远不如真金白银的经济赔偿来得更实在。但是，这就是中国的传统风俗和民间信仰，普遍存在，而又难以撼动。

对此，时人曾经批判说："近来中国士大夫惑于风水之说者，十室而九，将来国家造芦汉铁路及各省干路，设皆借词阻挠，群起而攻，乌能集事？当知阴地之好，不如心地之佳，积善之家，必有余庆，积不善之家，必有余殃，吾人之富贵贫贱由斯而定。又当知祖宗坟墓，果当铁路之冲，宜咎当年地师不学无术。……而犹执风水之说，出而阻挠铁路，是诚何心？"[2]

二、修建铁路会影响小民生计的问题

修建铁路究竟会不会影响有关地方百姓的生计问题，始终是晚清铁路修建过程中不容回避的问题之一，亦是铁路的支持者或反对者在当时皆无

---

[1] 张之洞. 请缓造津通铁路改建腹省干路折[M]//《续修四库全书》编委会. 续修四库全书：第510册. 上海：上海古籍出版社，2002：529.

[2] 论造铁路宜先破风水之说[M]// 邵之棠. 皇朝经世文统编. 台北：文海出版社，1980：3644.

法量化实证的之一，故而反对铁路修建者和对铁路修建心存疑虑者皆经常以此问题向铁路的倡议者提出疑问。例如，在张家骧提出铁路修建难免会妨碍民生问题后，时任两江总督的刘坤一在奉旨复奏刘铭传铁路奏折时，一方面声称自己在仿造铁路火车，实与李鸿章、刘铭传有同志，另一方面却又担心铁路可能妨碍民间生计及内地税厘收入。后来成为李鸿章女婿的清流代表人物之一张佩纶，亦在致李鸿章的书札中接连写道："省三偕蔼青入都，昨始晤谈，老于兵事，多审时度务之言，可云智将，惟于铁路矜为创获，志在为将作大匠，而不愿为度辽将军，殆非吾党相期之意。政府亦以南丰留连不去，处置颇难也。圣谕条议大旨，全采西法，与省公疏并下南北洋详覆。公尝恨都人墨守旧闻，今执政初不枘凿，风气开矣，但俄事偿款防饷恐终以借资洋商为归宿，诚如来谕，各省困穷，诸事均将束手，变法当有次第，水陆同时，中边并彻，恐民情大扰，饷力亦复不支。大臣经画宜有宏谟，孰缓孰急，孰先孰后，佩纶愿得闻之。"[1]"铁路亦廑数人不以为谬，佩纶知省公非其人，今日非其时，即属霭卿劝阻。比闻子腾学士以三大弊驳之，内廷作此，必有授之者。来教谓议论人心皆难画一，以是徘徊审顾，诚大臣之心而老成之见也。不然，佩纶固不畏事，不逢时者，胡独断断于此乎！变法当有次第，愿公姑于水师矿务加意，勿遽言铁路耳。"[2]

时隔5年，光绪十二年八月初五日（1886年9月2日），《申报》仍刊文《铁路病民说》称：

> 夫民为邦本，百姓足，君孰与不足？百姓不足，君孰与足？实万古不易之论。北方民多膂力，俗尚强悍，土地瘠薄，觅食维艰，其充当车户为一家糊口计者，指不胜屈。铁路既成，则此辈生机立断，试问议建铁路者将为之别谋生计乎，抑听其辗转沟壑以死乎？不思民穷思盗，势所必然，今驱数十百万强悍有力之民置之必死之地，断不肯学伯夷、

[1]张佩纶.致李肃毅师相[M]//《续修四库全书》编委会.续修四库全书：第1566册.上海：上海古籍出版社，2002：435.

[2]张佩纶.复李肃毅师相[M]//《续修四库全书》编委会.续修四库全书：第1566册.上海：上海古籍出版社，2002：437.

叔齐甘心饿死而不悔。前明崇祯二年，兵科给事中刘懋因驿递太滥，疏请裁减，可岁省金钱数十万。上纳其言，遂著为令。顾秦晋土瘠，无田可耕，贫无赖者借水陆舟车奔走以自给，自是遂无所得食，未几秦中迭饥，斗米千钱，民不聊生，草根树皮剥削殆尽，又失驿站生计，所在溃兵煽之，遂相聚为盗，而全陕无宁土矣。夫刘懋请裁驿递系为节用起见，非有意于病民也，特以一念疏忽，但顾目前，未替穷民通盘打算，而其害遂至于不可收拾。《诗》云："殷鉴不远，在夏后之世。"吾所谓为贫民多开生路，多留生路者，此也。

且议建铁路者抑知此事有损于民，亦并无利于国乎？黄河之水来去无常，万一黄流漫溢，冲断铁路，中道梗阻，前功尽弃。挑挖修理，所费不赀，而天庾正供或且反形阻滞。机器之为物最为灵捷，亦最易损坏，万一不逞之徒于车辙中暗掷砖石，数千里之远，防不胜防，一经磕碰，全车炸烈，人物灰飞。或用兵之际，内地奸民贪敌人之饵，趁隙暗算俱不可知。老子云："国之利器，不可以假人。"盖既为利器，则我利之，人亦利之。不幸管驾火车之人为敌所用，借寇兵而赍盗粮，则敌人即驾我火车，据我铁路，长驱直入，莫可抵御，转不若未有火车之先，犹可以扼险屯防，从容布置，则所谓有益于军粮者不足恃，有益于调兵者亦不足恃，此又所当深思熟虑者也。

夫处今日之势，使必执用夷变夏之说，龂龂争辨，谓彼以巧，我以拙，当尽废机器而不用，此迂儒之论也。然窃谓机器非不可用，而以之用兵则可，以之治国则不可，用之而无损于民则可，用之而有损于民则不可。如开平煤厂建铁路数十里，以为一隅之用，尚无不可。若南北通衢建铁路数千里，以为久远之计，则大不可。或谓泰西诸国皆尚机器，皆有铁路，何不闻有损于民？不知外洋地广人稀，不妨参用机器以辅民力之不足，中国人多田少，何可再用机器以妨民食之来源？闻外洋兵丁月饷甚重，较之中国不啻数倍，可为彼处人少之确证。若中国失业游民举目皆是，试观上年中法龃龉，海上用兵，一经召募，千百成群，顷刻而集。夫月饷不过数两，为此数两银，竟以性命从事，苟稍有身家者，何肯出此？亦可见无业贫民之众矣。今若以铁路妨民生计，又凭空添出无数穷民，吾不知当事者果何以善其后也。或又谓不建铁路必须挑浚运河，经费数百万，实难筹措。不知挑运河、建铁路皆须费银数百万，然建铁路之数百万利尽归于外洋，浚运河之数百万利仍归于中国，孰得孰失，孰利孰害，必有能辨之者。

第五节 李鸿章对刘铭传奏折的支持

面对朝野上下的两派纷争，慈禧太后和光绪皇帝采取了老做法，仍是下旨让李鸿章等人妥善筹议。光绪六年十一月初二日，慈禧太后和光绪皇帝谕军机大臣等："前据刘铭传奏请筹造铁路，当经谕令李鸿章等妥筹。兹据张家骧奏称，开造铁路约有三弊，未可轻议施行等语。著李鸿章、刘坤一悉心妥筹具奏。原折著钞给阅看。将此各密谕知之。"[1]

光绪六年十二月初一日（1880年12月31日），李鸿章呈递了《妥议铁路事宜折》，对交议的刘铭传一折提出了自己的详细意见。据称：

> 伏思中国生民之初，九州万国，自为风气，虽数百里之内有隔阂不相通者，圣人既作，刳木为舟，剡木为楫，舟楫之利，以济不通，服牛乘马，引重致远，以利天下。自是四千余年以来，东西南朔，同轨同文，可谓盛事。迄于今日，泰西诸国研精器数，创造火轮、舟车，环地球九万里，无阻不通。又于古圣所制舟车外，别出新意，以夺造化之工，而便民用。迩者中国仿造轮船，亦颇渐收其益，盖人心由拙而巧，器用由朴而精，风尚由分而合，此天地自然之大势，非智力所能强遏也。
>
> 查火轮车之制，权舆于英之煤矿。道光初年，始作铁轨以约车

---

[1] 清实录馆. 清德宗实录：卷一二四（光绪六年十一月乙酉）[M]. 北京：中华书局，1987.

轮。其法渐推渐精，用以运销煤铁，获利甚多，遂得扩充工商诸务，雄长欧洲。既而法、美、俄、德诸大国相继经营，凡占夺邻疆、垦辟荒地，无不有铁路以导其先。迨户口多而贸易盛，又必增铁路以善其后。由是欧、美两洲六通四达，为路至数十万里。征调则旦夕可达，消息则呼吸相通。四五十年间，各国所以口臻富强而莫与敌者，以其有轮船以通海道，复有铁路以便陆行也。即如日本，以区区小国，在其境内营造铁路，自谓师西洋长技，辄有藐视中国之心。俄自欧洲起造铁路，渐近浩罕、恰克图等处，又欲由海参崴开路，以达珲春。中国与俄接壤万数千里，向使早得铁路数条，则就现有兵力，尽敷调遣。如无铁路，则虽增兵增饷，实属防不胜防。盖处今日各国皆有铁路之时，而中国独无，譬犹居中古以后而屏弃舟车，其动辄后于人也必矣。

窃尝考铁路之兴，大利约有九端。

江淮以北，陆路为多，非若南方诸省，河渠贯注而百货流通，故每岁所征洋税厘金二三千万两，在南省约十之九，在北方仅十之一。倘铁路渐兴，使之经纬相错，有无得以懋迁，则北民必化惰为勤，可致地无遗利，人无遗力，渐臻殷阜之象。其铁路扼要之处，征收厘税必渐与南方相埒。此便于国计者，利一也。

从来兵合则强，兵分则弱。中国边防、海防各万余里，若处处设备，非特无此饷力，亦且无此办法。苟有铁路以利师行，则虽滇、黔、甘陇之远，不过十日可达。十八省防守之旅，皆可为游击之师。将来裁兵节饷，并成劲旅，一呼可集，声势联络，一兵能抵十兵之用。此便于军政者，利二也。

京师为天下根本，独居中国之北，与腹地相隔辽远，控制綦难，缓急莫助。咸丰庚申之变，议者多请迁都，率以事体重大，未便遽行。而外人一有要挟，即欲撼我都城。若铁路既开，万里之遥如在户庭，百万之众克期征调，四方得拱卫之势，国家有盘石之安，则有警时易于救援矣。各省仕商络绎奔赴，远方粮货转输迅速，皆愿出于其途，藏于其市，则无事时易于富庶矣，不必再议迁都，而外人之觊觎永绝，自有万年不拔之基。此便于京师者，利三也。

曩岁晋、豫荐饥，山西米价腾踊，每石需银至四十余两。设有铁路可运，核以天津米价，与火车运价，每石不过七两左右。以此例之各省，遇有水旱偏灾，移粟辇金捷于影响，可以多保民命，且货物流转自免居奇之弊。此便于民生者，利四也。

自江浙漕粮改行海运，议者常欲规复河运，以防海运之不测。铁路若成，譬如人之一身血脉贯通，即一旦海疆有事，百万漕粮无虞梗阻。其余如军米、军火、京饷、协饷，莫不应手立至。此便于转运者，利五也。

轮车之行，较驿马十倍之速，从此文书加捷，而颁发条教、查察事件疾于置邮。他如侦敌信、捕盗贼，皆朝发夕至。并可稍裁正路驿站，以其费扩充铁路。此便于邮政者，利六也。

煤铁诸矿去水远者，以火车运送，斯成本轻而销路畅，销路畅而矿务益兴，从此煤铁大开，修造铁路之费可省，而军需利源更取不尽而用不竭。此便于矿务者，利七也。

凡远水之区，洋货不易入而土货不易出。今轮船所不达之处，可以火车达之。出入之货愈多，则轮船运货，亦与火车相为表里。此便于招商轮船者，利八也。

无论官民兵商往来行役，千里而瞬息可到，兼程而涂费转轻，无寇盗之虞，无风波之险。此便于行旅者，利九也。

以上各端，西洋诸国所以勃焉兴起者，罔不慎操此术，而国计、军谋两事，尤属富强切要之图。刘铭传见外患日迫，兼愤彼族欺陵，亟思振兴全局，先播风声，俾俄、日两国潜消窥伺之心，诚如圣谕，系为自强起见。[1]

---

[1] 李鸿章. 妥议铁路事宜折[M]//《续修四库全书》编委会. 续修四库全书：507册. 上海：上海古籍出版社，2002：344.

李鸿章以复奏刘铭传铁路奏折为借口，详细罗列了铁路修建的9条有益之处，进一步增补了刘铭传的论述，凸显了铁路修建的必要性和合理性，进一步增强了最高统治者对于铁路的认识。不仅如此，李鸿章还进一步阐述了当时修建铁路可能遇到的诸多问题，包括铁路与交通、国防、百姓生计、庐墓等的关系问题等，提出了个人的相应解决办法或者解释，借以让最高统治者减少对于铁路修建与否的疑虑，坚定其修建铁路的信心。

一、铁路与交通

清朝疆域辽阔，人口众多，及至晚清，内忧外患不断，中外交涉纷繁复杂，中央政权对于地方的统治越来越感到乏力。其中重要的原因之一，就是交通、通信方式的落后。全国各地的信息如漫天雪花一般不间断地传递到京师，传递到皇帝身边，经由相关衙门机构和官员整理汇总后，皇帝做出相应的处理意见，而后又经由相关衙门机构和官员反馈到全国各地，在这一过程中，耗费着大量的人力、物力、财力等。最简单而言，兵部每天都需要无数的驿站、站丁和马匹疲于奔命，而效果却不佳，无论是信息的传入还是反馈，都显得十分滞后。此种情形在和平时代尚且可以容忍，一旦边疆有事，尤其是发生战争、战乱时，所造成的恶果就苦不堪言了。

交通运输的落后造成的恶果同样不容忽视。如前所述，在1875年的"丁戊奇荒"中，山西遭遇旱灾，中央政府下令运输而来的救灾物资却被阻挡在了山西省的边界之外，原因无他，山西省的复杂地势，缺少近代化的铁路等大型运输工具，只靠人力、畜力的传统交通工具，根本无法在短时间内及时将大量救灾物资转入山西境内，尤其是一些偏远的受灾地区。

这些现实中的悲惨遭遇让清朝最高统治者对于交通、通信方式的落后认识深刻，所以，当李鸿章等人倡议修建电报时，立即引起最高统治者的高度关注，并未遭遇到太大的阻力。但是，在改而倡议修建铁路时，因为所牵涉的问题更多，所需资金更为巨大，所以才招致了大量的疑虑和阻力。对此，李鸿章显然是明白的，所以借此次复陈刘铭传铁路奏折的机会，李鸿章初步提出了自己的铁路修建规划，并将之与电报相联系，借以打动最高统治者。据其奏称："查中国要道，南路宜修二条，一由清江经山东，一由汉口经河南，俱达京师；北路二条，宜由京师东通奉天，西通甘肃。诚得此四路以为根本，则傍路繁要之区，虽相去或数百里，而地段较短，需费较省。即招商集股，亦舆情所乐就。从此由干达枝，纵横交错，不患铁路之不振兴。惟统计四路工费浩繁，断难并举。刘铭传拟先造清江至京一路，与臣本年拟设之电线相辅并行，庶看守易而递信弥捷，洵两得之道。盖先办一路，虽于中国形势尚偏而不举，然西洋诸国五十年前亦与中国情形相等，惟其刻意营缮，争先恐后，故有今日之气象。刘铭传之意，盖欲先创规模，以为发轫之端，庶将来逐渐推广，不患无奋兴之日也。"[1]

二、铁路与国防

国防始终是清朝统治集团担心的问题之一。从1840年的鸦片战争到第二次鸦片战争，以英法为代表的西方列强，依靠其坚船利炮轰开了中国的国门，并且狠狠地吊打了清朝，令千百年来一直沉迷于天朝上国迷梦中的中国人一时之间晕头转向，不知所措。最先清醒过来的一些先进人士大声疾呼，倡议"师夷长技以制夷"，兴起了轰轰烈烈的洋务运动，陆续唤醒了一批后来者。但是，仍有一些思想守旧的官员、百姓没有清醒过来，不愿意直面落后就要挨打的现实，不愿意向西方学习。不仅如此，他们对于列强的畏惧反而更加强烈，以致于对西方的技术都闻风丧胆，心生排斥。

如果说洋枪洋炮、海军轮船等事物的引入，主要用于军事，与普通百姓并无太多直接关系，他们对于这些事物的反应尚非特别强烈的话，铁路这一巨型怪物的引入，则不可避免地与大多数地方百姓存在着千丝万缕的关系，注定了从一开始就会遭到重重阻力。尤其是把铁路与国防联系起来时，一般官员、百

---

[1]李鸿章. 妥议铁路事宜折[M]//《续修四库全书》编委会. 续修四库全书：507册. 上海：上海古籍出版社，2002：344.

姓对之难免心生畏惧。而这种畏惧在经过个别人有意识地引导后，又会进一步放大，成为铁路引入和修建的更大阻力。

对此，李鸿章特意进行了阐述，希望能够解除最高统治者的疑虑。据其奏称："顾或谓铁路若开，恐转便敌人来犯之途，且洋人久思在中国兴造铁路，此端一起，或致彼愈滋烦渎。不知各国之有铁路，皆所以征兵御敌，而未闻为敌用。何也？铁路在我内地，其临边处皆有兵扼守，彼岂能凭空而至？万一有非常之警，则坏其一段，扣留火车，而路亦无用，而全路皆废。数十年来，各国无以此为虞者，客主顺逆之势然也。至洋人擅在他国造路，本为公法条约所不准。若虑其逞强爽约，则我即不自造铁路，彼独不能逞强乎？况洋人常以代中国兴利为词，今我先自兴其利，且将要路占造，庶足关其口而夺之气，使之废然而返矣。"[1]

三、铁路与百姓生计

针对铁路修建会侵夺有关地方百姓生计的问题，李鸿章认为完全不用担心，铁路修建后，不仅不会导致大量人口失业，还会围绕铁路产生许多新的就业岗位，加大地方的商业贸易量，有利于改善当地民生。据其奏称："或又谓铁路一开，则中国之车夫贩竖将无以谋衣食，恐小民失其生计，必滋事端。不知英国初造铁路时，亦有虑夺民生计者，未几而傍路之要镇以马车营生者且倍于曩日。盖铁路只临大道，而州县乡镇之稍僻者，其送客运货仍赖马车民夫。铁路之市易既繁，夫车亦因之增众。至若火车盛行，则有驾驶之人，有修路之工，有巡瞭之丁，有上下货物、伺候旅客之杂役，月赋工糈皆足以仰事俯畜。其稍饶于财者，则可以增设旅店，广买股分，坐权子母。故有铁路一二千里，而民之依以谋生者当不下数十万人。况煤铁等矿由此大开，贫民之自食其力者，更不可数计。此皆扩民生计之明证也。"[2]

---

[1] 李鸿章. 妥议铁路事宜折[M]//《续修四库全书》编委会. 续修四库全书：507册. 上海：上海古籍出版社，2002：344.

[2] 李鸿章. 妥议铁路事宜折[M]//《续修四库全书》编委会. 续修四库全书：507册. 上海：上海古籍出版社，2002：344.

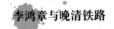

四、铁路与庐墓

如前所述，铁路修建会侵占有关地方百姓的庐墓，尤其是祖坟、坟地，是所有问题中最为棘手的问题。

对此，李鸿章确立了和平购买、有偿拆迁的解决方式。据其奏称："或又谓于民间田庐坟墓有碍，必多阻挠。不知官道宽广，铁路所经不过丈余之地，于田庐坟墓尚不相妨。即遇官道稍窄之处，亦必买地优给价值。其坟墓当道者，不难稍纡折以避之。"[1]

此后，李鸿章也的确是按照这种思路去实践的，在修建开平铁路时，即顺利解决了铁路侵占百姓庐墓的问题。据光绪十三年八月二十七日（1887年10月13日）《申报》刊文《论矿厂被毁》称："开平铁路近将推广，闻其所拓之地有系民业者，亩给以钱三十千；有坟墓者，则另给以迁葬之赀。其法如是，故众人未闻怨言。"

和平购买、有偿拆迁的方式，至今思来，仍然不失为一个极佳的解决问题的方案。李鸿章准确地抓住了中国民众的心理，虽然迁坟会令绝大多数百姓怏怏不乐，但是因为事情牵涉国家和朝廷的重大举措，一般也都会予以认真对待，绝少有胆敢负隅顽抗到底的"钉子户"。而官方又给予百姓合理的经济补偿，留出充足的时间让其另外寻找风水宝地，以便迁葬。所以，绝大多数百姓最后都会向国家妥协，准许铁路占用其祖坟所在的土地。此种方式有效解决了长期以来有地百姓反对铁路占地的问题，因此被之后的其他铁路修建所援引。例如，光绪二十一年十一月二十五日（1896年1月9日），《申报》文章《筑路近闻》称，修建吴淞至苏州的铁路，商务局总办以铁路所经坟墓、民房不无有碍，因会同在局各员札饬地方官出示晓谕，大致谓丈量事毕后，设民间房屋、坟墓有碍铁路之处，概行给发官价，限日一律迁移。

---

[1] 李鸿章. 妥议铁路事宜折[M]//《续修四库全书》编委会. 续修四库全书：507册. 上海：上海古籍出版社，2002：344.

第六节　李鸿章对张家骧奏折的驳斥

光绪六年十二月初一日，李鸿章在呈递《妥议铁路事宜折》的同时，又呈递了《议覆张家骧争止铁路片》，对张家骧所提出的开造铁路有三弊问题做出解释和反驳。据其奏称：

窃思凡建一事，必兼权乎利害重轻，而后无疑畏拘牵之虑；凡议一事，必确得之阅历考校，而后无揣摩影响之谈。臣于铁路之利益大端，与筹款之难防弊之法，既详陈之矣。至张家骧所称，清江浦为水陆通衢，若造成铁路，商旅辐凑，恐洋人从旁觊觎借端要求等语，臣谓洋人之要挟与否，视我国势之强弱。我苟能自强，而使民物殷阜，洋人愈不敢肆其要求；我不能自强，则虽民物萧条，洋人亦必隐图其狡逞。即如越南国政不善经理，以致民生凋敝，日就贫弱，法人乘间侵夺其六省，以洋法经营，日臻富庶，是其明鉴。盖强与富相因，而民之贫富又与商埠之旺废相因。若虑远人之觊觎，而先遏斯民繁富之机，无论远人未必就范，即使竟绝觊觎，揆之谋国庇民之道，古今无此办法也。

张家骧又谓开造铁路恐于田庐、坟墓、桥梁有碍，民间车马及往来行人恐至拥挤磕碰，徒滋骚扰。查外洋铁路有双单行之别，双行者占地宽不过一丈二尺，单行者占地七尺。今南北官道宽至二三丈及四五丈不等，铁路所占不及官道之半。既须填筑加高，与官道判若两涂，自于官道中车马行人无所妨碍。其十字午贯之路，则有建旱桥之法，有于两旁设立栅门瞭望，火车将至，则闭栅以止行人，俟火车既过，然后启栅之法。

至造路之费，地价亦其大宗。如有田庐侵碍官道者，当不惜重价以偿贫民，舆情自可乐从。万一有民间坟墓及田庐不愿迁售者，自无难设法绕避。其他跨山越水建造桥梁，外洋自有成法可循，未闻其不便于民也。

张家骧又谓水陆转运及往来之人只有此数，若以铁路夺轮船之利，恐招商局数百万款项一旦无着。查近水之区运货利用轮船，其行稍迟而价较廉；远水之地运货利用火车，其行更速而价较巨，二者固并行不悖。即或铁路初成之时，招商局生意略减，然该局既将旗昌原价缴清，复分年拔还官帑，成本日轻，每岁得漕项津贴，纵令运载稍分于铁路，亦尚可支持周转，数年之后商货日多，更可与铁路收相济之益。且北方地非硗瘠，而繁富之象远逊南方，盖由运路艰阻，而其民于所以殖货之原，亦遂不肯勤求。若一旦觌运销之便，则自耕织以外，必更于艺植之利、工作之利，一一讲求，可无旷土游民之患。即如江浙闽鄂等省，自通商以后，丝茶之出其地者，倍于曩日，则谓水陆转运祇有此数者，似又未尽然也。

以上张家骧所陈三弊，臣逐细研求，尚觉不甚确凿。大抵近来交涉各务，实系中国创见之端，士大夫见外侮日迫，颇有发愤自强之议。然欲自强必先理财，而议者辄指为言利；欲自强必图振作，而议者辄斥为喜事。至稍涉洋务，则更有鄙夷不屑之见横亘胸中，不知外患如此其多，时艰如此其棘，断非空谈所能有济。我朝处数千年未有之奇局，自应建数千年未有之奇业。若事事必拘守成法，恐日即于危弱，而终无以自强。语曰："非常之原，黎民惧焉。及臻厥成，天下晏如也。"臣于铁路一事，深知其利国利民，可大可久。假令朝廷决计创办，天下之人见闻习熟，自不至更有疑虑。

然臣不敢谓其事之必成者，以集款之非易，而筹借洋债亦难就绪也。果使巨款可集，而防弊之法又悉能如臣所拟，则此等大事固当力排浮议，破除积习而为之。若洋债未能多借，商股未能骤集，则虽欲举办一时，亦尚无其力。臣因张家骧所虑而遵旨妥筹，略抒管见如此，谨附片具陈，是否有当，伏乞圣鉴训示。[1]

将李鸿章对刘铭传奏折的复奏与对张家骧奏折的复片相对比，不难发

---

[1] 李鸿章. 妥议铁路事宜折[M]//《续修四库全书》编委会. 续修四库全书：507册. 上海：上海古籍出版社，2002：344.

现，李鸿章之复奏条分缕析，详细生动，甚至是不厌其烦，赞同肯定之意溢于言表，而对张家骧的复奏虽是较为简单，但是驳斥之意不一而足。李鸿章此种鲜明的态度，在当时议论汹汹的大环境下，既显得难能可贵，又显得有点儿孤单，李鸿章很快招致了反对者的打击。反对者大多明白刘铭传的背后主谋就是李鸿章本人，立即以铁路问题为借口，将原本针对刘铭传的矛头转移到了李鸿章的身上。其中，充当急先锋的就是曾经充任驻英国使臣郭嵩焘副手的刘锡鸿。

第七节　刘锡鸿的反对意见

光绪七年（1881年）正月，刘锡鸿向朝廷递交了《缕陈中西情形种种不同火车铁路势不可行疏》，在其中列举了铁路势之不可行者八、无利者八、有害者九。据其疏记：

> 窃闻近有建议仿造火车铁路者，此等创举，朝廷自必深思博访，确见妥善，然后施行，决无徒听数人私言，遽兴大工之理。然臣顾亟亟言之者，无事生事，人心惶惑，物议沸腾，甚非国家之福。臣尝奉使西洋，讲求其事，既有所见，不敢不即陈明，以期早日罢论，息此纷纭也。
>
> 夫火车之利于遄行，速者一昼夜三千里，缓亦一千数百里。而且一机器居前，能缀十数车于后。每车上下兼坐，可容百数十人，行不至颠簸，亦不晕眩，虽崇山峻岭，巨壑深泽，穴以通车，则翻成平地而无攀跻跋涉之苦，此实古今之奇观，绝世之巧术。臣虽迂拙，亦乐其便，冀以施诸中华。是以驻英、驻德使事余暇，即遍览其纵横之道，亲履其制造之局，与其巨商老匠悉心推求，而又博考诸各国豪酋，及波斯、日本、土耳其等国，非西洋而效为西洋火车者。朝夕以思，如此者两年，乃叹火车实西洋利器，而断非中国所能仿行也。臣窃计势之不可行者八、无利者八、有害者九，敢请为皇太后、皇上详细言之。

西洋人于各货总汇行店，皆名曰公司。火车铁路，特公司为之，无关国帑。盖其人豪富既众，机变又多，闲暇无事，则相聚为奇巧，以炫奇能。迨既成而势可行，冀以图利者遂群然酿资，俾之益大其事耳，不知有同伙吞饵之虑者。每国铁路公司约数家，每公司所集资本约金七八十兆至百余兆，每百兆金钱计值中国银三万五千万两，用能养盈万工匠，岁成铁辙数千万丈，火车三百余具以应用，而常不穷，所谓众擎易举如此。若中国，则商民决无约伙为此者。倘以官领之，而招民凑股，则近年百姓受欺于官屡矣。开轮船招商局，尝集股银七千余万，初时以三四分息许之，嗣因浇裹不敷，仅给息五厘而止，人皆怨悔，深以为惩，岂复肯蹈覆辙？况此时民力大困，即网罗天下富室，亦未易集西洋一公司之巨资也。其不可行者一也。

无已，则动公帑为之。夫帑藏不充久矣，上而宿卫军士，且乏衣食而无以肃威严，下而调饥黎民，且倾仓廪而无以普赈恤，百废不举，类皆以财力未裕而苟安之。乃筹款项以事此不急之务，其于政体亦似略乖矣。然姑勿论此，洋人之论谓铁路必多，然后商货周流而无滞。计英国三岛南北不及三千里，东西仅及千里，其为铁路共十七道，所费金钱六百三十兆之多。我中国地舆数十倍于英，据西洋匠师言，由广州、潮州、长沙、岳州、汉口沿大江东折至南京，北而淮扬，取道临清、天津以达京师，为铁路一道，需银七千万两。夫一道即七千万，若仿英国十七道之制，则十二万万矣。地舆远过于英，十七道必仍不足，则且数十万万矣，我国家经费有常，何处筹此巨款？抑此仅就初造言之耳，以铁轮辗铁路，两铁易于进伤，机器板屋亦易震坏，每岁必须修而茸之，每五年即复易而新之。修茸之费，或可取偿于度载人货之资，更新之费，将安所出？其不可行者二也。

西洋专奉天主耶稣，不知山川之神。每造铁路而阻于山，则火药焚石而裂之，洞穿山腹如城阙，或数里，或数十里，不以陵阜变迁、鬼神呵谴为虞。阻于江海，则凿水底而镕巨铁其中，如盘石形，以为铁桥基址，亦不信有龙王之官、河伯之宅者。我中国名山大川，历古沿为祀典，明禋既久，神斯凭焉。倘骤加焚凿，恐惊耳骇目，群视为不祥。山川之灵不安，即旱潦之灾易召。其不可行者三也。

西洋铁路既由商民凑股为之，则在事之人莫非自治。其事之人修涂造车，在在结实，与中国之付诸委员吏役，视为官事，而徒存其状貌者不同。溯自军兴以来，法令稍弛矣。在下者知侵冒不足以干典刑，遂相习以自肥其囊橐。在上者知徇庇不足以获重咎，因相率而见好于属僚。凡百施为，类皆虚伪。工料之给发，十每不得五矣。价值之浮销，一或竟报三矣。矧火车机器购自外洋，道远而无从稽核。其不以一报十者，几何？苟一切薄料减工，更从以补旧刷新之机器，则有形而亡其实，势不可以久支。即监之以洋人，亦岂能直发其覆？如福建船厂所造轮船，举不堪用。美国暨日本人谈及有责洋监督日意格之无良，有为日意格原谅其难者，盖方今所谓制造若此其不足恃也。岂火车铁路一事，独能有实际乎？其不可行者四也。

火车飞行，其势最猛，路稍不平，则或激轮，而全车皆碎，或陷轮而人力难施，故经由之处，每十里置一亭舍，为修道者所居，以便随时葺治。凡火车之过，咸棒锹挺立伺候道旁，否则责治其人，使终身无复可图差使。西洋之法，人苟失职有据，官绅亲见闻者，皆可惩究其罪，不以非所属而远嫌，故耳目多而人不敢犯令。若中国则官各有职界限划，然苟无营辖其人之责，即不能斥治其人之非。汛兵而离汛，堡夫而离堡，众几视为固然，惟伺其本管官出巡，一与之面，即复他去，况办理火车委员初无刑赏之柄，自鲜巡行之时，修道者或贻误覆车，必待送诸地方官，传质纷纭，然后施之薄责，而仍无补于其事，人何所畏而谨守职役。其不可行者五也。

西洋各国收养孤穷，禁治匪类，其事最实，其法最周。城市乡间，罕见有鼠窃狗偷者。我则军兴以来，国初教养之政尚未暇举，攘窃之风盛行。物值一钱，即不可道上须臾置，矧此铁路之铁延长数千里，势难节节严守，窃失实在意中。曩年吴淞买回洋人铁路，甫及一月，即被人截去铁段，火车不复能驰，此其明证。其不可行者六也。

西洋各国惟界口设有税关，火车至此仅停一刻查验，即便启行，故无碍其往来之期限。我则各省各属关卡不一，而人心之贪诈亦不可胜穷。若照寻常关榷之法，逐细严查，则每关停留时刻无定。若虑其行期延误而稍示宽大，则走私漏税之弊百出，国课益以不供。其不可行者七也。

西洋各国客店最多，每室咸备衾裯，事事整洁，而其人终岁裋褐，又复身无重衣，故常万里远行而不携一物。我中国行李筒篋担负累累，以十洋人所坐之火车，受五华人，而或虞不足。车价少索，则我不敷出，多索则人莫能堪。若以载兵言之，洋兵水瓢药袋与其所持器械，旦晚恒附于身，虽家居寝食而不废，此外无所谓军装，即远出战攻亦露处而无须帐幄，是以一火车辄度百余人。华兵固不能如其简便也。其不可行者八也。

有此八不可行，而利或寓焉，犹曰殚心并力以务成之，不可因咽废食也。然而利果安在哉？

或曰英国自造铁路，货物流通，各行贸易皆比前繁闹十数倍，国之益富职是之由，得非利乎？夫由西洋而迄地中海，凡数十国，壤地均可相接。自铁路盛行，火车互为递送，英商之货直达欧洲而外，其所得皆他国之利也。若中国则虽造铁路，不过周于两京十七省而止，以彼一省之货易此一省之财，是犹一家如男子以孟仲之财，易叔季之货耳。孟仲得货而失其财，叔季得货而失其财，专以叔季言之，诚加富矣。统一家言之，则毫末殊未有增，是安可以为利？

或曰火车行则各乡货物皆可集于口岸，不亦得他国之利乎？不知中国食用之物类皆不宜于西洋，所销大宗惟丝茶耳。近年各路通商沿江沿海沿边诸马头岁额均各有定数，多寡不甚相悬。华商既恃为洋装以待销，洋商亦预计华工以采买。倘丝茶所集逾额，甚远则有挤拥跌价之虞。盖专用中国茶者惟俄人，专用中国茶与丝者惟英人法人奥人，其余则辄图贱价杂收诸印度东洋等处。英法俄奥四国之人岁不加多，故丝茶之市岁不加旺。至于他货，除瓷器、白糖、毛羽、药材、草鞭而外，西洋只视为珍玩异物，以供陈设，以新见闻，均不能多售。火车运赴口岸，不过徒便洋人，未足利中国也。抑英国商贾之富，由其商会头目随时访取各国诸器，取合用之式，归示百工，使照式制造，以便营销，故其货所及为最远。若德国则劝工之法，实不能然，故火车铁路虽与英同，而无所得乎厚利。今我各省各属民多旷业，董劝无人，制造更鲜知洋式。车虽疾驰，何所载以远服贾哉？

或曰火车行则千里，若近邻凡夫探望戚友、寻赏幽胜者，无跋涉之劳，自必咸乐远出。往来人众、沿途之饮食住宿、船马剥戴、土物购带，生理自然增多，其为利于民不少也。不知此惟洋人好游为然耳。洋俗妇女不喜家居，每出则夫必随行，并挟子女，故游人多而火车之价、客店之费皆易取盈。我中国民习勤俭，安居乐业者多。苟非仕宦、兵役、游募、经商，几终身不出里门。至于女妇，则尤以踰阈为戒，安所得乎游人？且西洋火车所经生理畅茂所利者，亦在远客耳。若就国人而论，虽商贾得利，何异乎夺此民以予彼民？尝闻英人之有识者言及其国习俗奢华宴游为乐，今日甫得工资，明日即空诸所有，今年甫构庐舍，明日即授诸他人，贫富无常，比比皆是。倘国势稍减，商务稍衰，不三五年，即恐坍塌不可撑拄等语。我中国方当禁民惰游，何为利此？

或曰西洋铁路公司皆获赢余，苟中国官借洋债为之经理精密，亦裕饷之一法也。夫圣朝之生财自有大道，岂效商贾所为，且亦思洋商利此果何故哉？洋俗以洋行息皆只一二厘，多者三厘而止，惟铁路股分可得四厘。臣尝查问数处公司皆是此数，故其人谓此为裕财善术。今中国借银外洋，动经数年，委员取增其一，经纪增取其一，洋人汇票行又增取其一，于是三厘之息变而八厘矣，且变而一分矣。臣驻德国时，闻有借银五百万，加息至一分一厘者。夫洋人合众伙以治铁路之事，所得息犹止四厘，况我中国视为官事而苟且将之，承充委办之员难期殷实，苟非奸商驵侩，即是白手棍徒，浮冒侵吞，弊端百出，岂能获利在四厘之外者？以一分重息筹借，所办之事获利仅及四厘，亏绌且无以补，安望其藉以裕饷？

或曰中国幅员太广，恒有鞭长莫及之虞，有火车则巡察易周，官吏不敢踰法，是则有裨政治矣。不知察吏之昏明在精神，不在形迹。人之所治莫近于身心，官之所治莫近于衙署，此固不烦车马而可到者。然而身心且不自察，故衙署以角欺之，衙署且不自察，故同城属吏欺之。嚣矜暗昧之身，虽日驾火车以周巡，其受蔽被惑益不可解。若其治身心以治左右，则无私足以普照临虚，衷足以广视听，有日坐幽斋而万里无殊一室者。康熙、乾隆之世，凡夫遐方军务、边徼民情、各省官吏之贤否及其措置得失，无大无小，皆归圣人洞鉴之中，岂其时已有火车哉？有火车而大吏遂不怀宴安，不耽戏豫，只身遍历所部，如洋商之简质而耐劳，臣恐未必能然也，第借以快邀游则有耳。

或曰中国置兵防，各省饷糈所费太多，有火车则惟练数万于京师，察事变而驰以剿洗，疾风扫叶，祸乱立平，省饷不甚巨欤？此其说近似有理。然臣观西洋诸国各部均设防兵，未尝以有火车而径撤，盖身习于其地，然后山林溪谷形势了然，无迷途入坎之虑。且君人者于其国百姓，非欲俟其逆谋既成而尽诛之，将镇以兵威，使之积畏而不萌异志。就令宵小间作，而兵就近则逻察易，及于其初起，擒治一二，即可露释冰销，无兴动大兵，致百姓罹池鱼之祸。此其心固华夷如一也。又况兵易增不易减，自昔为然。每闻裁兵则营员煽使鼓噪，以挟制疆吏，疆吏籍口鼓噪，以恐吓廷臣。陋习相沿，视若秘诀。即如同治间裁兵加饷、选练新军之议，发自疆臣矣，迫饷已加，军已练，而各省经制旧兵亦只少减其数以塞责，无有肯任劳怨认真为之裁汰者。闻旧兵之饷，湖北尚发八成，他省则二成以至五成不等，兵不哗闹，大率空籍之由营员乐得此空籍以饱其身家，疆吏亦乐得此空籍以弥缝其市惠冗员花销浪费之缺。新军既已加饷，旧兵又减饷无多，近年各省报销较诸道光以前其数不啻逾倍，国计之万难充裕，盖以此。今若信其可以裁兵而开铁路，他时铁路既造，必争起而言兵之不可裁。省饷之说，夫谁欺？

或曰中国业已开矿，无火车则搬运艰难，罔以济用，盍谋所以便之？不知中国开矿非自今始也。《周官》：卝人掌金玉石锡之地，而为厉禁，以时取之。汉有铁官者凡四十郡。唐初金冶五十八家。宋初金冶十有一，银冶八十有四。明代陕西、浙江、福建、湖广、云贵皆有炉冶矿场。我朝《会典》所载广西、云南、贵州产黄金、白金、赤金、锡、铅、铁、水银、丹砂、雄黄，山西、四川、广东产赤金、锡、铅，湖广产赤金、锡、铅、铁、水银、丹砂、雄黄，皆召商试采，矿旺则开，竭则闭，货不弃地，今古同，然未尝籍火车以运之也。使因开矿而造火车，则是耗无穷之帑财，博有限之矿课，其利安在？臣窃以五金之产只宜谨遵会典载，至行店如何运赴他方，民既取之，自知所以销流之。民既贩之，自知所以转输之，不必官为经营，致滋他弊。至于煤铁为轮船枪炮所需，即剥运艰难，亦断不至如云南铜差之苦。行迟而计期先发，可与行速者之到境同时。倘以脚夫价重为嫌，岂惜脚价之费，独不惜铁路之费乎？又况产此之山随在皆是，就近挹注，何待火车？闻英国煤铁之产业将不继，深冀中国采此以火车运送口岸，便其取求。其于煤尤为切要。煤易出口，则彼国兵商各船来集，久暂可以无忧，是亦彼之利而已，我利则非所知矣。

或曰漕河淤塞，惟恃海运以济京师，他时或有海氛，运道阻绝，百官万民何所取给？今先事于清江浦以北造铁路以代漕，固思患预防之至计也。臣亦间尝筹及之。山东之漕业由运河抵通矣，事至不得已，则移漕运总督于济宁，令南漕秋初皆集清江浦起岸，由宿迁取道滕峄以达济宁而下河道，仅五六百里耳。先期由地方大吏预防，沿路州县会营督率汛兵堡夫分段平治道路，各于站次造大邸舍，多为房屋庌庑，以容粮车。漕粮所过，州县官咸出站次派押照料，转相受给，严定该州县赏罚，责以升斗无缺。既下河，乃由运粮委员接运至通，如此未尝不可以达。我朝征准噶尔厄鲁特，戡定回疆，沙漠迢遥，兵粮且陆运而无匮，况腹地数百里之近，而谓必须火车乎？火车办不得人，则偷盗短欠弊亦相等。京仓惟足接济而已，不以一昼夜驶至为益也。夫不可行而无利如此，则事当勿议矣。然使无利而亦无害，犹姑备其物以娱耳目也。臣请更言其害：

西洋各国之田，统归近地豪富雇佃以耕，无以贫民而仰给于十亩者。铁路之造，惟富者彼此商允让地，即不至纷扰闾阎。我中国则官道而外，莫非民田。官道为寻常舆马所经，不得不买取民田以开铁路。无论官中发价获领甚难，即领价弗亏，民之失地者究无从遽得可购之地，银一到手，坐食寻空，此后谋生伤哉奚恃？斯冻馁者众矣。就谓官荒可拨补民田，而官荒所在之处，未必即民庐所在之处，纷纷徙就载道，流离情形不深可悯哉？其害一。

铁路之造，填沙杵土可以华民为之。若其筑路之法，则非洋匠而莫得平适。至于大车事件与垫路之铁条、脂轮之油水，中国皆无由制造，一概须请外洋。无其铁条，则泥涂足以胶轮而车窒矣；无其油水，则钢轮易于生火而车且焚矣。故不为则已，为则不能不付诸洋匠者，势也。为铁路一道，银之出洋者数千万；为铁路数道，银之出洋者即数万万。烟土之来，犹多以货相易，兴此工作，则辇出无非实银，难望有珠还之一日，即谓借诸彼人，实与司库无与，然负此巨债，果能脱然无累乎？土耳其，回回大国也。其地七千余里，抚有黑海、地中海及阿非利加州诸回部，以为其藩属。自仿西洋造火车，借英、德等国金钱一千九百余兆，无由归还，诸强邻遂相凌逼，几至亡国。借货，固自穷之道也。其害二。

乡僻小民，百亩之入以养十数口，犹有余财。其居近城市者，则所入倍而莫能如之。通都大邑则所入数倍而亦莫能如之。何者？商贾所不到，嗜欲无自生。粝食粗衣，此外更无他求也。今行火车则货物流通，取携皆便，人心必增奢侈，财产日以虚靡。臣尝闻土耳其西国使臣之驻德者言，土国风俗向系慕效中华，以俭为宝，自火车既行，西洋各货流入，内地人虽知其无当日用而心好之，遂以穷匮。是通商之弊得铁路而益助以为虐。其害三。

英人每谓搭载火车货物不能增贵，臣尝疑之，迨驻德国，因其国相之请，至细根部游历，令该部酋长调取各商总行册卷，查其目前货价较诸火车未行时腾贵若干。旋据查明报称，米面、牛羊肉等俱约四成增一，余物则有十成而增三四者。西洋金银流溢，人易营生，故米面之价虽四成增一，而不以为贵。若中国廿钱觕粝昂起至念五钱之多，则贫民或有饥色矣。火车铁路承本如此其重，工食、煤火、岁修日给各费又如此，其浩繁而均以加诸货价之内，未有不令军民度日倍艰者。其害四。

守国之道，人和而外，兼重地形，兵力苟不如人，则握险凭高亦足自固。王公所为设险以守也，若造铁路，则不惟不设险，而且自平其险，山川关塞悉成驰骤之坦途，重门洞开，屏障悉撤，一夫奋臂，可直入室矣。西洋人尝言中国之地崎岖盘曲，不足以骋炮车，故攻战恒较费力。然我中国不能以炮车往，人亦不能以炮车来，则陆守得宜，犹可补水战之不足。曩者英法构衅，屡获逞志于海隅，然而未敢深入者，则以道途阻修，运炮、运粮两皆窒碍之故。今奈何自失其险以延敌哉？其害五。

故列圣之德泽湛深人心，历久而益固。然生齿既众，良莠自不能齐，闻咸丰十年大沽之役，英国惟募闽粤沿海无赖以当前驱，故其人常谓寇犯中国，可即率中国人为之。今犹幸各属各乡地势民情彼尚未能窥透耳。民富则不生外心，民穷则易萌他志。西洋各国内地咸听远客往来，不立界限，我则势不能然。若火车既行他族，难禁其附载，则洋人踪迹自必遍及里闾，以利啖人，材愚尤易为惑，即不至交通勾结内溃为虞，然使百姓之视洋人无异其视华人，则他时和局或更，民情已不可尽恃。其害六。

铁路之利于行兵，实视乎兵力之强弱。兵力强则我可速以挫人，兵力弱则人亦因以蹙我。光绪二年，西印度之俾鲁芝国降于英，英人即许助以金钱，使开铁路。四年，英人占据地中海之西奔岛，即派大酋赍金钱二百二十万以开铁路，盖其借以驭人久矣。今若贷洋人以为此，彼必乐从，既贷而无力遽偿，必索铁路以为质，负欠既重，既坚拒之而无词，则全局在其掌握矣。或谓扣留火车、掘断铁路即遏截，其兵讵知枪炮所指？我虽掘断，彼固能填之乎？洋人畚土机器最捷，掘之者堑未及工成，填之者道已如砥也。火车铁辙皆其国公司素所多备，千万如同一式，何虑乎我之扣留？此举若成，徒代人布置耳。其害七。

然虑及外洋或以为迂，则且言土贼。西洋各国地狭而分治者众，莽无伏戎，故火车之行无他虞耳。我则山林丛箐常有盘踞，行旅被劫视为等闲。火车所经，势不能遍布兵勇，倘其于空僻所在，设法梗道夺车，而胁司火者以驰之袭邑攻城，随其所指，俄顷即至，则不可守矣。烽烟之告警，羽书之驰报，无有能捷于火车者，岂及断铁路以遏之？其害八。

由是有请先为铁路之造，以运货兵为要议，若造一道，则火车所到者十之一，不能到者十之九，各处商货依然不能周通直指，兵威依然不能骤至。尔时见为无益，废之，则前功尽弃，行之，则浩费难供。曩此七千万借款，又不知何所设措而可释重累，是无端作法以自困矣。其害九。

夫无利而有此九害，势又不可行，而犹有建为此议者，盖由火车洋匠之觅生理者立说相煽，而洋匪之怀叵测心者布散之，华人之好奇喜新，不读诗书而读新闻纸者附和之，洋楼之走卒、沿海之黠商、捐官谋利者见此可图长差，以攘莫大之财也，遂鼓其簧舌，投上司所好而怂恿之，辗转相感，以致上闻也。不然，西洋之政如教艺课工、矜孤济贫、禁匪捕盗、恤刑狱严、军令饬官、守达民情等类，与我中国致治之道多有暗合者，何以悉屏置弗道，而惟火车铁路是务哉？

　　臣尝譬之西洋如豪商大贾金宝充盈，挥霍恣肆，凡其举止应酬，役使僮仆动用器具，皆为诗书世家所未经见。当其势焰炽发，纵彼呵叱而莫之敢仇，然一时采烈兴高，终不如诗书遗泽之远。使为世家者督课其子弟，各自治其职业，以肃其家政，彼豪商亦不敢轻视。若欣羡华侈，舍己事而效其所为，则一餐之费即足自荡其产。我朝乾隆之世，非有火车，然而廪溢库充，民丰物阜，鞭挞直及五印度，西洋亦效贡而称臣。今之大势弗及者，以刑政不修，民事不勤耳。稽列圣之所以明赏罚、劝农工者，饬令诸臣屏除阿私逸欲，实力举行之，即可复臻极盛，亦何事效中国所不能效哉？臣以事关全局安危，不避烦赘之罪，逐细条析陈明，伏乞皇太后、皇上圣鉴。[1]

刘锡鸿的此份奏疏引起了朝野上下的高度重视，比张家骧的奏折更具影响力。一方面，刘锡鸿与张家骧不同，与其他的反对修建铁路者亦不同，因为刘锡鸿在光绪二年（1876年）曾经作为郭嵩焘的副手随同出使英国，而英国恰恰是火车的诞生地。刘锡鸿在英国时对火车和铁路多有接触和了解，所以其所陈述的诸项问题，对于一般官员、民众而言更具有说服力。另一方面，刘锡鸿是当时朝中北派领袖军机大臣李鸿藻的亲信之一，而李鸿藻是反对修建铁路的。如果进一步分析刘锡鸿呈递此份奏疏的前后背景，不难发现，该问题已经不仅仅是铁路之争，其背后还有着不同派系、势力的政见和意气、利益之争。李鸿藻等保守派朝廷重臣，应该是刘锡鸿敢于呈递反对修建铁路奏疏，并且在呈递后产生巨大影响的幕后推手。一份小小的奏疏背后，事实上至少牵扯了郭嵩焘、李鸿章等洋务派官员和刘锡鸿、李鸿藻等保守派官员之间的巨大纷争。李鸿藻的背后又站着当时的清流派，执掌着朝野

　　[1]刘锡鸿.缕陈中西情形种种不同火车铁路势不可行疏[M]//沈云龙.近代中国史料丛刊：第一辑第0741册.台北：文海出版社，1966：2688.

上下舆论的牛耳，所以一时之间，反对铁路修建的意见声势浩大，直接淹没了李鸿章等人主张修建铁路的呼吁。

明白了这些，也就理解了上述薛福成后来回忆的情形："于是都中议论汹汹，若大敌之将至者。斯时主持清议者，如南皮张庶子之洞、丰润张侍讲佩纶，虽心知其有益，亦未敢昌言于众，遂作罢论。"[1]

最终，慈禧太后和光绪皇帝权衡利弊之后，也站到了反对铁路修建者的一边。光绪七年（1881年）正月十六日，慈禧太后和光绪皇帝谕令军机大臣等："前因刘铭传奏请筹造铁路，当谕令李鸿章、刘坤一等筹商妥议。兹据先后覆奏，李鸿章以经费不赀，若借洋款，有不可不慎者三端。刘坤一则以有妨民间生计，且恐于税厘有碍，所奏均系为慎重起见。铁路火车为外洋所盛行。中国若拟创办，无论利少害多，且需费至数千万，安得有此钜款？若借用洋债，流弊尤多。叠据廷臣陈奏，佥以铁路断不宜开，不为无见。刘铭传所奏著毋庸议。将此各谕令知之。"[2]

慈禧太后和光绪皇帝的定调，让李鸿章此次企图通过刘铭传的奏折拉开帷幕，进而引发朝野上下尤其是封疆大吏展开一场铁路大讨论，以便催生中国第一条铁路的梦想彻底流产。但是，李鸿章的铁路追求并未因此而止步，只不过是进入了暂时的修整、静待时机阶段。其间，李鸿章对铁路问题进行了再思考，进一步深化其铁路认识。

[1] 薛福成. 代李伯相议请试办铁路疏[M]//《清代诗文集汇编》编纂委员会. 清代诗文集汇编：第738册. 上海：上海古籍出版社，2010：119.
[2] 清实录馆. 清德宗实录：卷一二六（光绪七年正月己卯）[M]. 北京：中华书局，1987.

第 五 章

李鸿章的铁路外债观

铁路引入近代中国的历程之艰难，其原因是多方面的，其中当时清政府缺少足够的财力、物力和人力来修建铁路是一个不容忽视的因素。从根本上讲，清朝朝野上下大量的官员、百姓之所以会站出来反对修建铁路，都是源于当时的国库空虚、财力不足，根本无法支撑铁路的修建。

第一节　官办铁路与商办铁路的对比、选择

在是否应该修建铁路的问题解决后，如何修建铁路则成了另一重要议题。在当时的情形下，对于清朝而言，由国家出资官办铁路的模式自然不是一个最佳选择。退而言之，清朝即使是将铁路修建的权力下放给各省，由各省自行筹集资金建造，也很难行得通：一方面，当时各省自身经济发展和财政状况都不容乐观，地方政府普遍缺乏充足的资金来修建铁路；另一方面，在长期以来的皇帝集权和中央集权管理运作模式影响下，晚清最高统治者也很难立即将此种权力下放给地方督抚。

既然如此，就只能是选择商办了。而商办又分为三种：第一种是当时洋务运动中普遍存在的官督商办，第二种是官商合办，第三种是纯粹的商办。三者各有利弊，而核心皆在于由商人出资。

一、官督商办

自19世纪60年代兴起的洋务运动，证明了官督商办具有不容否定的有利之处，但是其中夹杂的弊端亦不胜枚举，如企业最终都变成了衙门，外行领

导内行的现象比比皆是；办事人员贪污受贿的问题严重；企业产品生产成本过高，造成企业入不敷出、缺乏生机，等等。一般商人、百姓对于官督商办谈虎色变，缺乏信心。

对此，连梁启超也认为："李鸿章所办商务，亦无一成效可观者，无他，官督商办一语，累之而已。……今每举一商务，辄为之奏请焉，为之派大臣督办焉，即使所用得人，而代大臣断者，固未有不伤其手矣。况乃奸吏舞文，视为利薮，凭挟狐威，把持局务，其已入股者安得不寒心，其未来者安得不裹足耶？"[1]

二、官商合办

官商合办较官督商办更为有利，商人的地位较高，与政府是一种商业合作关系，而不必隶属于官方，时时刻刻受到官员的牵制；同时，又能够像官督商办一样，可以享受到官方的保护和特殊照顾，无论是在铁路的修建过程中，还是在之后的铁路运营中，都能够比较稳定，有保障。但是，既然是与官方打交道，商人天生的身份限制，令其与政府官员之间又难免存在一定的隔阂，会受到一些不良官员的刁难和打压，因而商人在准备投资入股之前，又不得不仔细思考其合作官员的个人官声、信誉、权威，以及相关投资的预期收益等因素，择善而从，反之则绝对不愿轻易伸手。

1886年台湾巡抚刘铭传创建台湾铁路时，原议由商招股银100万两，各商人始终持观望态度。后虽然经官方一再催促，少数商人认购了30余万两白银，但是其余款项则是始终无人认购，拖延日久，已交的30余万两也陆续撤出。刘铭传恼怒不已，只好奏请改为官办，陆续筹措闽省协济银、海关洋药厘金及其他官款，才勉强由基隆修至新竹。总计不到100千米的铁路，修建过程却历时7年之久。

同年，李鸿章在准备创建唐胥铁路之初，也曾设想采取官商合办的模式，计划由开平铁路公司招集商股银25万两。或许是因为李鸿章的个人信誉

[1]梁启超. 李鸿章传[M]. 武汉：武汉出版社，2013：49.

较高，或者是唐胥铁路里程较短，而且是专门运输煤炭，收益比较可靠，所以此次集资还算顺利，令李鸿章颇感惊喜。然而，当稍后准备将唐胥铁路进行扩展，由阎庄经大沽延长至天津，总长度达到90余千米时，大多数商人却不肯再慷慨解囊。虽然由李鸿章极力号召，但是仅仅招到商股银十余万两。李鸿章迫于无奈，只好向天津支应等局借银16万两，又向英国怡和洋行借银63万余两，向德国华泰银行借银42万余两，是为清朝第一次铁路借款，然后方才成事。

三、纯粹商办

至于纯粹商办的模式，在当时的情形下，显然不太可能。一方面，商人当时是否具备如此的财力、物力和人力，无法预知；另一方面，当时之商人与其他阶层、群体一样，对于铁路之认识并未先进多少，对于投资铁路能否获利亦不确定。此外，即使商人具备充足的财力、物力和人力，也意识到铁路的重要性并且愿意投资修建铁路，以当时的政治背景和社会形势考虑，清朝也绝不可能完全交由商人办理。既然如此，纯粹商办的路子也就注定了在当时难以走通。

商办铁路的三种模式既然都难以实现，而清朝又无力由国家自行出资建设铁路，那么就只有向列强举借外债一条道路可以选择了。

第二节　李鸿章借债修路思想的萌生

李鸿章的铁路外债观萌生极早。同治六年（1867年），总理衙门为预筹修约事宜，请旨饬令海滨沿江通商口岸地方将军、督抚大臣各抒所见时，李鸿章即提及："铁路工本动费千数百万，即各国商众集资，亦非咄嗟能办，或谓用洋法雇洋人，自我兴办，彼所得之利我先得之，但公家无此财力，华商无此巨资，官与商情易隔阂，势尤涣散，一时断难成议，或待承平数十年以后。然与其任洋人在内地开设铁路电线，又不若中国自行仿办，权自我操，彼亦无可置喙耳。"[1]

此时的李鸿章虽然尚未提出举债修路的问题，但是已经明确提到了铁路修建的资金问题，表达了对于国力匮乏而民间资本又不愿投资入股的忧虑，所以只好寄希望于数十年后，等到国家财力充沛之时再将铁路修建事宜提上议事日程。李鸿章还表达了强烈的利权思想，认为应该自行开办铁路、电报等，以免列强趁火打劫。此种自主意识，虽然表明了李鸿章的爱国思想和民族主义思想，但是以清朝当时的实际国力考量，亦表明此时的李鸿章对于铁路的认识仍然未能跳出传统的思想樊笼，仍是囿于相对保守的"师夷长技以制夷"的思维框架之内。

时隔10年，李鸿章的思想发生了巨大转变。1876年吴淞铁路被拆毁之后，李鸿章拟将铁轨等运至台湾重建。当时，虽然在中枢有恭亲王奕䜣，在地方有丁日昌、刘铭传等封疆大吏的支持，皆积极主张修筑铁路，但是资金问题仍是一个巨大的障碍。李鸿章就明确向朝廷提出了举借外债以修建铁路的想法。光绪三年（1877年）三月二十一日，李鸿章在答复丁日昌的书札中写道："部署皆不以借洋债为然。惟开办铁路，定购轮船，一时难有此钜款。或者通融准行，惟各关无力分年认还，当于海防应拨四成半分之半项下按结抵扣，为数无几。若仅借二百万，分十年归楚，尚不致误。但此后解款愈少，幸预筹之。"[2]

使得李鸿章的思想发生如此转变的原因有很多，除了其个人随着阅历的增长，对西方的了解日多，愈发意识到中西方之间的差距，以及修建铁路的迫切性等原因，从根本上上讲，则是此10年中，清朝江河日下，而再无承平之时，令其最初的由清朝自行修建铁路的主观愿望注定无法实现，而内忧外患的日益加重让铁路的兴办迫不及待，所以李鸿章不得不认真思考举借外债

---

[1]宝鋆，等.筹办夷务始末（同治朝）：卷五十五[M].影印内务府钞本.北京：故宫博物院，1930：47.

[2]李鸿章.李文忠公朋僚函稿[M]//《续修四库全书》编委会.续修四库全书：第1554册.上海：上海古籍出版社，2002：3.

以修建铁路的方式。

第三节 刘铭传奏折中的借债修路表述

刘铭传的铁路奏折中，除提出国家铁路干线的规划构想，在经费问题上，亦直接提出了举借外债以修建铁路的建议。据其奏称："或者以铁路经费难筹，无力举办为疑。窃谓议及商股，犹恐散漫难成，今欲乘时立办，莫如议借洋债。洋债以济国用，断断不可；若以之开利源，则款归有著，洋商乐于称贷，国家有所取偿，息可从轻，期可从缓；且彼国惯修铁路之匠，亦自愿效能于天朝，此诚不可失之机会也。"[1]

刘铭传之建议是洋务派第一次较为完整地亮出其外债观。"刘铭传此议，除提出不可借外债用于一般性行政开支的原则，实际提出以路利归款的方针，从而奠定了路债路还，以防止路债祸及国家财政大局的重要原则。他显然已经认识到铁路外债的特殊性质，由于国家可操纵取偿，在使外商有利可图的前提下，有可能获取息轻、期缓的优惠。由于内资无望已成定局，似此当然是一种解决问题的可行选择。"[2]但是，刘铭传借债修路的建议很快就受到内阁学士张家骧等人的驳斥。张家骧所奏铁路三大弊，其中之一即"耗钜资以求不可必得之利，虚縻帑项，赔累无穷"，要求将刘铭传之奏置之不议，以防弊而杜莠言。清朝最高统治者无法决定，只好命令各地督抚、将军等各抒己见，以供决策。

与此同时，针对刘铭传借债修路的建议，当时的新闻媒体抢先发表了大量的文章进行阐述，赞同者有之，反对者亦有之，甚至反对者更多于赞同者。光绪六年十二月十七日（1881年1月16日），《申报》刊文《借洋债以筑铁路说》称：

[1]刘铭传.筹造铁路以图自强折[M]//沈云龙.近代中国史料丛刊：第一辑第0196册.台北：文海出版社，1966：211.

[2]魏丽英.论中国铁路外债的早期认识[J].上海铁道大学学报，1999（7）

　　昨日本报述及刘省三爵帅于觐见时曾请广开铁路，其论铁路之利益可谓洞见时势者矣。本报于铁路一事，年来屡次论及，人微言轻，不能陈其说于当道而请试行之，徒为是空言，以为愚者千虑之一得而已。虽然当道诸公亦未尝无人不深知铁路之可筑，特以工程浩大，当此时事多艰之际，安有此巨款以济筑铁路之用哉？……或曰借洋债实为筹款之后路，西征大军初则出关转战，饷不可以不继，今则整饬善后，费亦可以不筹借洋债以供其用矣。若云铁路又何尝不可借洋债哉，然借洋债以资西边善后之用，事之所难已者也，业已费尽千万之财，恢复此土，假令得之而无所守，或守之而无所藉，则戍者终于懈弛，而叛者又复发，其若之何？是以屯田不可不办也，城郭官署不可不设也，桥梁道路不可不修也，种种布置，非钱不行。本省无所出，京库无所拨，他省无所济，则除借洋债一法，无他法也。若夫借洋债以开铁路，此犹可得已之事也。……若铁路则且留其未泄之奇，待后日为之，何必于无款可集之时，更借洋债以事此缓图也？此则当道所以未言之故，而中国畏难苟安之习又有以中之也。而省三爵帅乃独能于觐见之顷，请事及此，呜呼！铁路之举自此可望有成矣。

光绪七年二月初二日（1881年3月1日），《申报》刊文《通财论》称：

　　刘省三爵帅言铁路之利，谓借洋价以开铁路则可，借洋债以济国用则不可，诚以铁路等事一经兴办，必经筹划妥当，使今日用财于地上，将来亦取利于地上，较之寻常例定各事用而不能还者有间，是以知其可不可也。然此论虽确，究亦以洋债为可借，与当道诸公所见不相甚悬也。窃谓中国近时大局，国家与民间皆处于计穷力绝之地。论者谓银钱　出于外洋之故，若洋布、鸦片烟两项已可概见。然此说止见其小，未见其大也。……今朝廷若下一令与官商通财，而民亦参与其中明定章程，以利相交，不若开捐之给以官、助赈之奖以匾者实利而不事虚名，有借贷而仍定归期，则所聚于官商者，上足以裕国，下足以便民，虽不借洋债而有大兴作，集巨款如反掌矣。夫中国之不通财，以国家之财不如商贾之资之银，不必借洋债也。

光绪七年四月十三日（1881年5月10日），《申报》刊文《论日本国债》称：

> 去岁刘省三爵帅入觐时，陈奏铁路之利，因言及借洋债一事，谓现在中国局势，若借洋债以济国用则不可，借洋债以造铁路则可行。斯言盖专为中国言之也。以愚度之，斯言实凡有国者之通论也，不特中国为然，即他国何尝不然。且特铁路为然，即凡仿学西人之法之事亦莫不皆然。

> 前日译述日本国债数目，以十年之久而增多者几至百倍，而国家且日形贫瘠，民生且日益困穷，然则何必多负此债乎？……吾实不知其为国者何以出此下策也。夫日本壤地虽小，建国亦云古矣，前史近事，岂皆无征？乃竟无人焉如刘省三爵帅之所见，以此数语告之政府，而共商其可不可也。

如上数文对于举债以修建铁路的建议褒贬不一，其原因和心态也是不一而足。其中，受传统的天朝上国思想影响，始终自大自傲而不屑于向洋人低头者，固然有之；因为列强坚船利炮的吊打而心生畏惧，进而不敢接触洋人的一切新鲜玩意儿者亦有之。然而，更多的还是担心世上没有免费的午餐，担心列强的资本输入。想要修建铁路，以当时清朝的国力而言，就必须要举借外债。而举借外债，还必须是大举借债，方能满足铁路修建的需要。而大举借债，又必须要接受列强的苛刻条件，割让部分主权或者以境内的一些权利作为抵押。而割让主权或者抵押，又会让列强有机可乘，得以名正言顺地将触角伸到中国更大的范围之内，进一步扩大其在华侵略权益，导致清朝陷入更深的半殖民地半封建深渊。

当时的清朝内忧外患严重，国内经济残破不堪，加以统治腐朽、官贪吏虐，已经是日薄西山、无力回天。举借外债后，能够力挽狂澜、九死一生的可能性亦是微乎其微。换言之，真的举债之后，恐怕是铁路未能修好，将来连本金亦无法偿还，国破家亡，沦为列强案上鱼肉的悲剧似乎已经是注定的。而不借外债，犹如百足之虫，死而不僵，尚且有可能苟延残喘，强撑片刻。所以，大多数官员、百姓对于举债修建铁路的做法一直犹豫不决，瞻前顾后。

第四节　李鸿章对刘铭传的支持及其铁路外债观的直接提出

刘铭传之铁路奏折，本就是在李鸿章的授意下呈递上去的，是以对于刘铭传的借债修路建议，李鸿章不同于常人，率先在其议复中表示了支持态度。在致张佩纶的书札中，李鸿章即写道："省三回津日，趣复奏铁路事，此乃鄙意所欲言而久未敢言，幸于吾党发其端。闻都人士近日讲求洋务者多亦不甚以为秕缪，殆国运中兴之几耶！惟事体重大，非独绵力不能胜，即省三慨然自任，亦恐穷年毕世不易卒业。时政苦文法拘束甚矣。庙堂内外议论人心皆难画一，无真能主持之权，即断无通力合作之日，以是徘徊审顾，未即属草，少迟，姑就事理略一敷陈耳。尊论南北铁路成，招商局利必大减，似无足虑，商局生意在各口，原不专恃津局，且由南而北铁道，须过津门，江海客货仍多由轮舶达津以就铁轨也。"[1]

不仅如此，在其光绪六年（1880年）十二月初一日的复奏中，李鸿章对刘铭传之借债修路建议进行了更详细的阐述和补充，提出著名的"铁路外债三原则"，即所谓"不可不慎者三端"：

> 刘铭传剿捻数年，于中原地势民情固亲历稔知者也。惟是事端宏大，经始之初，宜审之又审，俾日后勿滋流弊，始足资程序而行久远。臣尝博采众议，外洋造路有坚窳久暂之不同，其价亦相去悬殊，每里需银自数千两至数万两不等。清江浦至京最为冲要之衢，造路须坚实耐

[1] 李鸿章. 李文忠公朋僚函稿·十一月十九日复张幼樵侍讲[M] // 《续修四库全书》编委会. 续修四库全书：第1554册. 上海：上海古籍出版社，2002：58.

久，所需经费虽未能豫定，为数自必不赀。现值帑项支绌之时，此宗巨费，欲筹之官则挪凑无从，欲筹之商则散涣难集。刘铭传所拟暂借洋债，亦系不得已之办法。从前中国曾借洋债数次，议者恐各省纷纷援例，致受洋人盘剥之累，经户部奏明停止。顾借债以兴大利，与借债以济军饷不同。盖铁路既开，则本息有所取偿，而国家所获之利又在久远也。

惟是借债之法，有不可不慎者三端：

恐洋人之把持而铁路不能自主也，宜与明立禁约，不得干预吾事，但使息银有着，期限无误，一切招工购料与经理铁路事宜，由我自主，借债之人毋得过问。不如是则勿借也。

又恐洋人之诡谋而铁路为所占据也，宜仿招商局之例，不准洋人附股。设立铁路公司以后，可由华商承办，而其政令须官为督理。所借之债，议定章程，由该公司分年抽缴，期于本利不至亏短。万一偶有亏短，由官着追。只准以铁路为质信，不得将铁路抵交洋人。界限既明，弊端自绝。不如是则勿借也。

又恐因铁路之债或妨中国财用也，往时所借洋款，皆指定关税归偿。近则各关拨款愈繁，需用方急，宜议明借款与各海关无涉，但由国家指定日后所收铁路之利陆续分还，可迟至一二十年缴清，庶于各项财用无所牵掣。不如是则勿借也。

凡此数端，关系较巨。闻洋人于债项出纳之间，向最慎重，若尽照所拟办法，或恐未必肯借。彼若肯借，方可兴办。与其速办而滋弊端，不如徐议而免后悔。又闻各国铁路无一非借债以成，但恃素有名望之监工，踏勘估工之清单，与日后运载之利益，足以取信于人。中国南北铁路行之日久，必可多获盈余。诚设立公司名目，延一精练监工，细为勘估，由总理衙门暨臣等核明，妥立凭单，西洋富商或有愿为称贷者。

至铁路应试造若干里，如何选料募匠，如何费省工坚，非悉心考究，无由握其要领。一切度地用人、招商借债，事务繁赜，非有特派督办之大员，呼应断不能灵。查刘铭传年力尚强，英气迈往，曾膺艰巨，近见各国环侮，亟思转弱为强，颇以此事自任。惟造端不易，收效较迟，倘值外患方殷，朝廷或畀以军旅之寄，自应稍从缓议。现既乞假养疴，别无所事，若蒙圣主授以督办铁路公司之任，先令将此中窾要专精考校，从容商榷，即俄、日各国骤闻中国于多事之秋，尚有余力及此，所以示之不测，未始非先声后实之妙用。且以其暇招设公司，商借洋债，虽能否借到巨款尚无把握，然以刘铭传之勋望，中外合力维持措注较易于他人。其旧部驻防直、苏两省不下万余人，将来讲求愈精，或另得造路省便之法，或以勇丁帮同修筑，或招华商巨股可以设法腾挪，当与随时酌度妥办。盖刘铭传以原议之人始终经理，即待其效于十年以后，尤属责无旁贷。倘更有要任相需，仍可闻命即行，独当一面也。

再中国既造铁路，必须自开煤铁，庶免厚费漏于外洋。山西泽潞一带，煤铁矿产甚富，苦无殷商以巨本经理。若铁路既有开办之资，可于此中腾出十分之一，仿用机器洋法开采煤铁，即以所得专供铁路之用，是矿务因铁路而益旺，铁路因矿务而益修，二者又相济为功矣。[1]

两年以后，1882年3月，李鸿章在致醇亲王奕譞的书札中，再次表达了同样的主张："鸿章所举宜慎者三端，固关系紧要之件，也实夫洋人最重借款，有此三端，必多顾望。深虑时势有所窒碍，而徐议以免后悔，适与钧旨相合也。"

客观而论，李鸿章的举债三原则是有其合理性的。19世纪60年代以来，列强竭力向中国推介铁路，其用意绝非良善。铁路输出是列强对华资本输出的重要一环。李鸿章对于列强的侵略性深有了解，虽然他不排斥举债修路，

---

[1]李鸿章.妥议铁路事宜折[M]//《续修四库全书》编委会.续修四库全书：507册.上海：上海古籍出版社，2002：344.

但是仍然倾向于由清朝自行筹集资金修建铁路，希望能够防止、防范中国利权的丧失。同治初年，李鸿章即反对将筑路权让与外国人，认为只有中国人自己创办和管理铁路，才会对中国人有利。[1]直至1881年，在致黎昌庶的书札中，李鸿章仍然表示，借资筑路"此在西国为常有之事，惟授柄外人，中国向务谨慎，决不敢掷其孤注。且成本既巨，非行之三四十年，不能偿清本利，为期稍久。设届时照约收回，有不如志，关系非轻，是此暂难办到"[2]。

李鸿章的铁路利权思想是值得充分肯定的，然而主张中国人自己创办铁路，就势必面临一个难以解决的问题，即资金问题。当时清朝国库匮乏，根本无力承担大规模铁路的修建；民间资本显然亦无法承担这一历史使命。而列强的步步进逼和日益严重的内忧外患，让铁路的修建越发显得刻不容缓，举借外债以修建铁路就成了无法回避的一条路子。

李鸿章从最初的倾向于自行创办铁路，到主张大规模借债修路，这一转变，是其经过了长时间的深入思考和无数次的实践经验得出来的。光绪二十四年（1898年），在致盛宣怀的电报中，李鸿章便说道："或以何国承办，疆土将归何国，乃系瞎话，所贵在有人有法以维持之耳。各国用他商办路，限满款清，即交还者多矣。中国不自强，即不办路，亦日蹙，自强则何虑？"[3]

李鸿章会有如此转变和认识，原因应该包括以下几点：

第一，外国成功的先例。

第二，"同光中兴"时期的清朝国力有好转迹象。

第三，其举债修路只是其系列改革中的一环，换言之，借债是为了修路，修路可以为开矿提供便利，而开矿所得又可以用来还债。

[1]肯特.中国铁路发展史[M].李抱宏，等，译.北京：生活·读书·新知三联书店，1958：4.

[2]薛福成.庸庵文别集[M].上海：上海古籍出版社，1985：117.

[3]盛宣怀.愚斋存稿[M]//沈云龙.近代中国史料丛刊：第二辑第0122册.台北：文海出版社，1975：768.

第四，各国争相对华资本输出，势必不敢对清朝逼迫太甚，清朝可以在其间巧妙斡旋，令列强相互制衡，并以最小的代价获得最多的贷款，以修建铁路和维护清朝之根本权益。

尽管如此，以后人的眼光来看，李鸿章的铁路外债观，在当时的国际国内情势下，又多少夹杂着一些理想的成分。一方面，"同光中兴"只是昙花一现，并未维持太久，统治集团自上而下的奢侈腐朽和保守思想，令清朝根本就无力承担修建铁路的巨额资金。另一方面，也是最致命的一点，即李鸿章低估了列强之间的关系，在对华资本输出上，他们不仅有相互间的明争暗斗，还有彼此勾结、狼狈为奸，而最终的结果就是清朝被迫付出更多的权益。

举借外债以修建铁路，说起来容易，实际操作起来却是非常困难的一件事。想要借多少外债，向谁借债，谁去借债，债务折扣多少，拿什么做债务抵押，借债回来了怎么使用，用完了怎么还债，还不上债怎么办……这些都是任何拟修建铁路者不得不认真考虑解决的问题。以向谁借债来说，当时列强争着对华进行资本输出，彼此之间的明争暗斗异常激烈。清朝如果向沙俄借债，则很可能会招致英、法的不满，英、法既然不满，势必会借口其他事情寻衅滋事，而清朝无力对抗，只得在其他方面做出妥协，割让部分权益以满足英法的贪欲。英法既然获利，又难免会招致德、日的眼红，亦纷纷前来提出各种各样的无理要求，令清朝无力招架。最可怕的，还有根据片面最惠国待遇，列强之中任何一国在华所获得权利，其他各国都会同样享有。

例如，1898年3月，因获知清朝拟修建沪宁铁路，德国德华银行抢先与清政府商谈借债事宜。消息传出，英国驻华公使立即致电督办铁路大臣盛宣怀，声称："俄、法、德美办中国铁路，英独向隅，实不甘心。英公司必欲承办自沪至宁铁路。"[1]德国奋起急追，其外交大臣布洛夫致电德国驻英大使，宣称："我们有伟大的利益阻止我们把扬子江完全放给英国。德国

---

[1] 许毅. 清代外债史资料：中册，北京：中国财政经济出版社，1993：65.

一个大银公司已经兜揽建筑该铁路。"[1] "英国把比、法、俄集团此举看作是一种反对英国在长江流域利益的政治活动。"[2]加之因俄阻挠英国对关内外铁路借款，英国先是由驻华公使窦纳乐在北京力阻批准合同，继又以炮舰横行于中国海上示威。最后，作为补偿，清政府将关内外、长江流域津镇等五路投资权让与英国公司。

实践证明，清朝如果被迫从自己身上割下一块肉来借债，操刀时的血腥味儿势必引来一大群鬣狗的垂涎，清朝必须做好给每条鬣狗一块肉的准备，结局必然是自己的血肉模糊一片。所以，任何借债以修铁路的做法都必须慎之又慎。而无论如何谨慎，清朝始终都无法避免被剥削、掠夺的悲剧命运。

第五节 举债修路模式的重提及其反对的声音

1881年李鸿章铁路外债观的提出，因为当时朝野上下所争论的重心在于是否应该修建铁路，而尚未涉及修建资金的筹集问题，所以并未形成太大影响。事情的转机是在1884年中法之战后，中国不败而败的屈辱，让清朝统治集团中的大多数人痛定思痛，纷纷呼吁加强海防及广开利源。在此种情形下，李鸿章趁机重提修建铁路以加强国防的建议。在致醇亲王奕譞的书札中，李鸿章即写道："火车铁路利益甚大，东西洋均已盛行，中国阻于浮议，至今未能试办。将来欲求富强制敌之策，舍此莫由。海多战舰，陆有铁道，此乃真实声威，外人断不敢称兵恫吓。"其中，李鸿章不可避免地提到了铁路经费的筹集和举借外债的问题。

李鸿章借债修路的设想受到一些封疆大吏的支持。例如刘坤一即言："值此库帑支绌之时，无从筹此巨款，即令分年筹划，事难逆料，中缀堪虞。纵使有成，而旷日持久，计利亦不合算，……中国富商较少，刻难集腋

---

[1]许毅.清代外债史资料：中册，北京：中国财政经济出版社，1993：69.
[2]宓汝成.帝国主义与中国铁路（1847—1949）[M].上海：上海人民出版社，1980：74.

成裘，非借款外洋，焉能创此非常之业？"[1]

尽管如此，李鸿章借债修路的设想却也再次招致大量反对者的抨击。如内阁学士徐致祥便奏称铁路具有八大害，"借夷之款，以增夷之利，用夷之法，以遂夷之计，实与汉奸无异"。太仆寺少卿延茂奏称"借洋款筑路，必遭祸患"。黄体芳两次上奏专止洋债。黄彭年也告诫清政府勿借外资，免失大国之体。

迟至1889年8月，张之洞调任湖广总督后，仍然明确表示反对借债修路，提出要自筹建路用款，自制铁轨，奏称："度支虽细，断无合天下全力不能岁筹二百余万之理；中国铁虽不精，断无各省之铁无一处可炼之理。……筹款如能至三百万，即期以七年，如款少，即十二三年，如再少，即十五六年，断无不敷矣。有志竟成，此无可游移者也。"[2]

不仅如此，作为李鸿章亲信之一的盛宣怀，此时竟然也站到张之洞一边，认为"不借洋债，不买洋铁"，中国自建铁路"八年亦可一气呵成"[3]。最终，反对借债修路的奏请获得批准，1889年12月6日，"总理海军事务衙门奏开办铁路，请饬部岁拨的款二百万，不借洋债，不购洋铁，用葳全工。如所请行"[4]。清政府在允许铁路修建的重大决策后，再次确立了自筹资金修建铁路的政策，反对借债修路。

第六节　向商办铁路模式的回归及其弊端

在清政府确定了自筹资金自办铁路的政策后，实际的修路过程却并未能够如其所愿的那样顺利和高效。原定由户部银库每年划拨120万两，直隶各

［1］宓汝成.中国近代铁路史料：第1册，北京：中华书局，1963：203.

［2］张之洞.张文襄公奏稿：卷一三三［M］.北京：中国书店，1990：18.

［3］盛宣怀.盛道致调鄂督张（光绪十五年八月十九日）［M］//夏东元.盛宣怀年谱长编：上册，上海：上海交通大学出版社，2004：314.

［4］清实录馆.清德宗实录：卷二七六（光绪十五年十一月丙辰）［M］.北京：中华书局，1987.

省每年协拨5万两，但是各省自顾不暇，又焉肯助人为乐，大多采取了拖延观望的态度，或者蜻蜓点水，虚于应付。虽经清政府一再下令督促，但是各省仍然充耳不闻或者百般狡辩，清政府亦无可奈何，只能听之任之。不久，为筹备慈禧太后六十大寿，户部资金短缺，也将铁路经费暂停拨付，铁路修建因资金匮乏，进度大大受阻。1889—1894年，清政府仅建成唐山至山海关152.2千米的铁路，其间还向英国汇丰银行和德国德华银行借贷了部分资金（数目不详）。

甲午战争之后，中外形势发生巨变，清朝所面临的内忧外患也愈发严重，铁路的快速大规模修建被提上议事日程。清政府既然无法依靠国库财力，只好另辟蹊径，又一度转回商办铁路模式。究其原因，"一是甲午战后财政拮据，入不敷出，无力承办，试图藉商办兴筑铁路，抵制西方列强对中国路权的占夺。二是甲午战后官办企业的各种弊端暴露无遗，信誉扫地，清朝中央政府也相信官办不如商办"[1]。

此种转变亦受到当时一般百姓、商人之欢迎，（甲午战争后的民族危机让国人的救亡图存意识愈发强烈，争夺路权即保家卫国，因而国人对于铁路修建之态度逐渐发生转变，对于商办铁路之模式亦更感兴趣。）因而各地纷纷掀起商办铁路之高潮。此时期的商办铁路思潮高涨，其原因主要是源于以下两点：第一是铁路修建后所带来的巨大效益，使国内一般商人、百姓印象深刻，令其对此充满渴望。第二是日益严重的内忧外患，让举国上下救亡图存的思想愈发强烈。

光绪二十三年（1897年），直隶总督王文韶、湖广总督张之洞奏称："现据湘粤鄂三省绅商公呈总公司，吁请会奏立案，由三省绅商自行承办，仍归总公司综其纲领。除批准，一面即日具折会奏外，如果目前各国有以粤汉铁路为请者，应即告以三省绅民先已递呈议定合立公司准归自办，藉杜其口。现在沿海沿边无以自保，要在保我腹心，徐图补救。若使英人占造粤汉

---

[1]崔志海.论清末铁路政策的演变[J].近代史研究，1993（3）.

轨道，既扼我沿海咽喉，复贯我内地腹心，以后虽有智勇，无所复施，中国不能自立矣。事机万分危迫，用敢先行据实电陈，伏祈饬总署预为防范。此事关系大局安危，不仅铁路一端也请代奏。"[1]

但是，商办铁路的模式亦遭遇许多问题。一方面，商人信心不足，资金来源不稳定，资金总额不足，技术力量薄弱，组织管理混乱，线路规划各自为政，缺少统筹规划。这些问题加在一起，又必然导致商办铁路的浪费情况十分惊人，且进展缓慢，成效不高。另一方面，因为当时的中国工商阶层经济实力尚比较弱小，根本无力承担大规模铁路的修建，而且大多与外资存在千丝万缕的联系，所以所谓商人入股，更多的成了挂羊头卖狗肉，名义上是中国商人出资入股，实际上是外国资本、外国势力真正掌握着铁路的大量股份。

此种弊端明显地体现在芦汉铁路的筹备修建过程中。光绪二十一年（1895年）十月二十日上谕称："芦汉道里较长，经费亦钜，各省官商如能集股至千万两以上者，著准其设立公司，实力兴筑。事归商办，一切赢绌，官不舆闻。"[2]次年（1896年）三月十二日，再次谕称："芦汉铁路，关系重要。提款官办，万不能行，惟有商人承办，官为督率，以冀速成。"[3]

尽管上谕一再保证，上海、广东等地的商人仍然心怀观望，积极响应者寥寥无几。1896年2月13日，黄遵宪等向张之洞禀报："铁路招股，遵谕宣布，沪商尚无入股。电询粤商，亦无应者。察访商情，意谓官商颇难合办"[4]。此后不久，却有广东在籍道员许应锵、候补知府刘鹗、广东商人

　　[1]盛宣怀.愚斋存稿[M]∥沈云龙.近代中国史料丛刊：第二辑第0122册.台北：文海出版社，1975：555.
　　[2]清实录馆.清德宗实录：卷三七八（光绪二十一年十月二十日丁亥）[M].北京：中华书局，1987.
　　[3]清实录馆.清德宗实录：卷三八七（光绪二十二年三月十二日丁未）[M].北京：中华书局，1987.
　　[4]张之洞.张文襄公全集[M]∥沈云龙.近代中国史料丛刊：第一辑第0463册.台北：文海出版社，1966：10773.

方培垚、监生吕庆麟，"均称集有股分千万，先后具呈，各愿承办"[1]。情形十分可疑。张之洞、王文韶等怀疑其中有假，而如果放任外国资本进入中国铁路，尤其是在无法确定其具体数额的情况下，一旦有变，后果将不堪设想。因此，光绪二十二年三月二十六日张之洞在致王文韶的电报中即嘱令秘密派人调查诸人资金来源。据称："十二日寄谕已到，原折注意华商承办，不得以洋商入股。试想粤商四起，各称集股千万，岂华商具此大力耶？有银行具保者，岂外国银行肯保华商千万巨款耶？吕庆麟粘有银行保单，其为银行招洋股无疑。刘鹗无银行作保，其为不正派之洋人招揽洋股无疑。朝廷欲令详加体察，似亦见及此。又谓许应锵等分办地段准其自行承认，毋稍掣肘，若又信其数千万皆属华股。总之事既责成直鄂，必当遵旨，不令洋商入股，以绝无穷后患，关系太巨，万不敢稍有含糊。弟与盛道熟商，官款难拨而注意商办，洋股不准而注意华商，华商无此大力，无此远识，如轮船、电报初招商股甚难，及见成效，股票原本一百两者，群起加数十两，争购其票。以此类推，路未成，华股必少，路既成，华股必多。穷思利害，莫如仰承意旨，先举商务总办，设立芦汉铁路招商总局，一面招集华股，一面责成商务总办，由商筹借洋债先行举办，奏明即以芦汉铁路作保，分作二三十年归还，路成，招到华股分还洋债，收到车费抵付洋息，厘定官督商办章程，虽借资洋款，雇用洋匠，权利仍在中国，不致喧宾夺主，否则终属空谈，坐延岁月，必不能克期而成。阁下通达时务，谅有同心，但不揭破粤商认股影射之弊，政府之误信莫解，办事之良策难进。原奏将许应锵、武勤等发交任用，刘鹗、吕庆麟交查，自应电请督办军务处迅速饬令诸人即行赴鄂，由鄂赴津，公与弟会同考察，面询实在股分是否悉属华商，如何承认分办，自能水落石出，揭破之后，再行会奏真实办法。附拟电稿，即请核定，如无更动，即请由津径发。如有改正之处，示复商妥后，仍由尊处发。尊意不分南北，通力合作。鄙见但求速成，无分畛域，可谓两心相印。昨招盛道来鄂商

[1]盛宣怀.愚斋存稿[M]//沈云龙.近代中国史料丛刊：第二辑第0122册.台北：文海出版社，1975：1850.

办铁厂，连日与议芦汉路事极为透澈，环顾四方，官不通商情，商不顾大局，或知洋务而不明中国政体，或易为洋人所欺，或任事锐而鲜阅历，或敢为欺谩，但图包揽而不能践言，皆不足任此事。该道无此六病，若令随同我两人总理此局，承上注下，可联南北，可联中外，可联官商。拟俟许武等到后，察出实情，即行会奏，一面饬令该道由津禀承尊指入都面谒军务处，凡奏中所不及者，可详细商酌，俾免隔阂，庶可速成。此系预筹大概，尊意然否，祈先密示。"[1]

秘密调查的结果令人大吃一惊：吕庆麟在京汉开一货栈、一饭庄，其称已有千万两巨款，自认确系洋商维立森之股。刘鄂所称已有巨款，并呈验上海履祥洋行凭单，但向上海查明全是虚妄，即洋股亦不可靠。方培世派商呈验麦加利银行凭单，但无洋人签名，经查非实。麦加利银行承认并无存款。许应锵于验资时称病不到，却报在旧金山、新加坡已招有华股七百万。经电告新加坡领事及驻美使馆代查，回电均是无华商招股事。[2]以后，又查实多起华商、官吏等结伙虚捏资本，勾结外商诈骗承揽铁路事件。

光绪二十三年（1897年）三月二十四日，盛宣怀在致李鸿章电报中即声称："陈季同、洪熙串同林昆等请办苏宁铁路，江南督抚皆未批准，擅自设立大中公司，哄骗招摇，搅乱大局。中有京官在沪隐为谋主，声言日内回京，必设法倾轧总公司，而助大中公司，以致碍难查禁。路事处处棘手，极愿让贤。尚有此辈混闹，更难抵制，乞密告虞山（翁同穌），可否于李福明拏办案内，明降谕旨，以垂厉禁，庶可消弭。"[3]

在此种情形之下，清朝所选择的铁路商办模式在事实上已经走样、变形，也为后来的保路运动埋下伏笔。

---

[1]盛宣怀.愚斋存稿[M]//沈云龙.近代中国史料丛刊：第二辑第0122册.台北：文海出版社，1975：1851.

[2]盛宣怀.愚斋存稿[M]//沈云龙.近代中国史料丛刊：第二辑第0122册.台北：文海出版社，1975：1864.

[3]盛宣怀.愚斋存稿[M]//沈云龙.近代中国史料丛刊：第二辑第0122册.台北：文海出版社，1975：664.

第七节　再次向举债修路模式的转变与铁路国有政策的出台

因为商办铁路存在如此众多的问题，清政府一方面无法忍受商办铁路模式的缓不济急，另一方面亦无法坐视铁路股份被列强暗中蚕食而无所举措，因此迫不及待地忍不住插手进来，希望对其整顿，再次改为举债官办的模式。

光绪三十三年（1907年）底，邮传部完成对全国官办铁路的整顿与控制。

第二年4月，清政府宣布铁路政策，"干路均归国有，枝路准商民量力酌行，从前批准铁路各案一律取销，如有抵抗，即照违制论"[1]。

消息传出，舆论哗然。"直省人民以铁路商办已奉有成案，拟各举代表赴京抗议"，"湘、粤、川汉各省士民皆谓粤汉铁路始由盛宣怀私售美商合兴公司，光绪二十八年各省人民争之不惜竭血汗之资惨淡经营，仅得收回集股商办，今政府乃以国有政策与民争利，是不啻夺我生命财产付诸外人，于是联会抗争"，"湖南京官奏请停止因路抽收之米盐捐及房捐"，"湖南巡抚杨文鼎代咨议局奏称湘路力能自办，不甘借债"，"署四川总督王人文代咨议局奏称铁路改为国有，请饬暂缓接收"，"川路公司得湘鄂争路函电，全体赞成，川省京官复再三集议，坚持反对国有及收回股本之说，日本留学界又力主路存与存，路亡与亡之议，川人议以不输租税为抗制，人文亦以政府显拂舆情，慨充代表"[2]。而清政府在盛宣怀等人的怂恿下，一意孤行，最终导致保路运动的爆发。

[1]黄鸿寿.清史纪事本末：卷七十九[M].上海：上海文明书局，1925.
[2]黄鸿寿.清史纪事本末：卷七十九[M].上海：上海文明书局，1925.

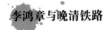

第八节　李鸿章发售洋股以替代洋债的尝试

举借外债不但十分麻烦，而且利息沉重，令清政府在外交、财政上均需承担极大的压力。所以，上至慈禧太后、光绪皇帝，下至普通官员，甚至一般士绅、百姓等，不到万不得已，都不主张举借外债。

光绪二十二年（1896年）七月初十日，盛宣怀在致王文韶、张之洞的电报中说道："此事有三难：商借洋债无的款指还，恐洋人做不到，难一；洋债条款要国家核准，恐政府做不到，难二；华商先收现银二成，方能借债，以后八成须华商按期归还，恐华商做不到，难三。以位卑望浅之人，破此三难，尚无把握，可否请先令赴京，逐节面商，如做得到，再行派定，免得进场后交白卷，致损中国体面。"[1]

作为封疆大吏的李鸿章虽然对外债持有比较客观、理性的认识，但是亦同样对举借外债的问题十分头疼，不愿轻易触碰。因为当时的内外形势又决定了中国铁路的发展，根本无法避开外国资本，所以李鸿章与张之洞、王文韶等人在不得不举借外债的同时，也开始逐渐探索外债之外的方式，包括：

一是发行洋股，即绕过各国政府，直接向列强本国的民间开放，发行铁路股票，吸收外国民间资本入股。

二是成立铁路银行，吸收中国商人入股，由铁路银行直接参与督办铁路。

三是鼓励商人成立铁路公司，再由商人以公司董事身份举借外债或吸收股份。

光绪二十二年六月十七日，盛宣怀在致王文韶、张之洞电报中即声称："华商股分先收二成，其余八成由公司先借洋债，分年收股还债，或可办得到。但铁路之利远而薄，银行之利近而厚，华商必欲银行、铁路并举方有把

---

[1]盛宣怀.愚斋存稿[M]//沈云龙.近代中国史料丛刊：第二辑第0122册.台北：文海出版社，1975：635.

握，如银行权属洋人，则路股必无成。"[1]

十九日，张之洞复电称："铣电所论银行、铁路之利，自以兼营并举为最善。尊处前拟银行全归商办，赫必取资官本，利权旁落，甚非所宜。惟铁路银行究属创举，措词必须斟酌，利弊尤当揭明，即请拟一电稿见示，当与夔帅商定，预致总署。"[2]

二十日，盛宣怀答复张之洞电报称："效电饬拟电署，谨略云铁政，奉旨招商逾年无效，推原其故，华商无银行，商民之财无所依附，散而难聚。现与熟悉商务员绅筹议，铁路收利远而薄，银行收利近而厚，若使银行权属洋人，则铁路欲招华股更无办法。国家本有开银行之议，钧电铁路既以集华股归商办为主，银行似亦应一气呵成，交相附丽，集华股则利不外溢，归商办则弊不中生。如钧意许可，当再酌议章程具奏云。"[3]

二十一日，盛宣怀又分别致电张之洞、王文韶两人，内容相同，其中致王文韶电称："张振勋可充一总董，责成外埠招股。若借洋款，与美国密议，商借商还，以路作保。必要国家核准而后可，因路非商人所有，消纳不易办到，折内似须说破。公司商股如一时招不足，准其暂借洋债，须力言洋债与洋股不同，必无流弊，但将作保一层含浑略过，将来公司呈送合同，自可核准。除电商香帅外，乞备钧裁。"[4]

对于盛宣怀、张之洞和王文韶之间的电报往还，李鸿章显然是知情的，同年九月十七日，盛宣怀在致张之洞电报中写道："咸电备蒙奖借，弥深感悚。圣意欲速成，必须两头并举。目前要务约举数端：一订洋债，一延洋工，一勘路，一造轨，一招商股，一设学堂。拟与译户商订妥当，月

[1]盛宣怀.愚斋存稿[M]//沈云龙.近代中国史料丛刊：第二辑第0122册.台北：文海出版社，1975：634.

[2]盛宣怀.愚斋存稿[M]//沈云龙.近代中国史料丛刊：第二辑第0122册.台北：文海出版社，1975：634.

[3]盛宣怀.愚斋存稿[M]//沈云龙.近代中国史料丛刊：第二辑第0122册.台北：文海出版社，1975：634.

[4]盛宣怀.愚斋存稿[M]//沈云龙.近代中国史料丛刊：第二辑第0122册.台北：文海出版社，1975：635.

杪出京，到津禀商夔帅，即返沪。各项章程必俟到鄂面禀，再行奏定。傅相以洋债不及洋股容易，诚然。宣面谈尚融洽。铁税请免，详文到否乞速奏。"[1]

又，十月初五日，盛宣怀致王文韶、张之洞两人电报中称："钧电询及银行一节，日前连练兵理财，遵旨陈奏，已交军机处、总署、户部会议。恭、庆两邸、常熟、高阳、合肥均欲议准开办，并拟并交宣怀招商督理。"[2]

李鸿章认为举借洋债不如直接募集洋股容易，显然是对盛宣怀等曾有表述，而盛宣怀作为其亲信，对此也是了若指掌。只不过因为此时的李鸿章正任职于总理衙门，无法直接出面插手举借洋债、募集洋股和组织铁路银行等事，所以只能幕后遥控，指使盛宣怀出面，与直隶总督王文韶、湖广总督张之洞进行联系，共同商议诸事。

光绪二十二年十一月二十七日，盛宣怀直接致电李鸿章，禀告事情办理情形。据其禀称："华士宾、坎理等两次晤商，先请中美国同售股票，包利之外，公分余利，继请借款包造工程。告以奉旨不搭洋股，且分余利、包工程沾利过大，各国不服，只能议借债购料得用钱而已。华士宾气概尤大，谓债利甚轻，料多自备，美不愿做，与柏许议不同。德璀琳面商英、法、德三国银行公借一万万两，国家给五厘息，……德议如确，能否允行，乞速电示。因华坎不能久留，须速筹变通之法。"[3]次日，又电称："沁电属摩勿进京，以中国作主，摩参赞，为是须设矿务公司，而华商附股必鲜，全是洋股，何能做主？可否援中俄银行附官股一半，余一半招各国股分，舍此无两全策。徐州铁矿如可招洋股，何不合力，先将大冶荆门办好？铁路附近但

[1] 盛宣怀. 愚斋存稿 [M] // 沈云龙. 近代中国史料丛刊: 第二辑第0122册. 台北: 文海出版社，1975: 636.

[2] 盛宣怀. 愚斋存稿 [M] // 沈云龙. 近代中国史料丛刊: 第二辑第0122册. 台北: 文海出版社，1975: 637.

[3] 盛宣怀. 愚斋存稿 [M] // 沈云龙. 近代中国史料丛刊: 第二辑第0122册. 台北: 文海出版社，1975: 644.

知怀庆有煤，究竟准用洋股与否，应请中堂速与各堂议定，方可与摩商酌。摩志在金矿，中堂复摩电言已有一处可用水力开采，询在何处，伊欲往勘，乞示。"[1]

李鸿章、张之洞和王文韶等人试图在直接由国家出面向列强举借外债以修建铁路的模式之外，另辟蹊径，可谓煞费苦心，然而，实践并未能够如人所愿。

一方面，各国商人不愿也不敢直接对华投资，必须有清政府出面担保，方能出资入股，而清政府已经确定不再举债修路，自然不会为之担保，李鸿章、张之洞和王文韶等人直接吸收外国资本入股的想法注定落空。退而言之，即使各国商人愿意前来入股，而洋股一旦过多，股权辗转经手，更换频繁，清政府亦很容易对铁路失控。

光绪二十四年（1898年），因传闻容闳呈请造镇江至天津的铁路，且报效百万资本，张之洞在致总理衙门的电报中即明白表示："容闳来自美国，且事前即报效巨款，必系洋股无疑，即使间有华商，而在美之华商财产多与洋人合伙，物业归洋人保护，仍与洋股无异，且不仅美商铁路股票辗转售卖，各国洋人皆有，虽容闳本无他意，但关涉洋股，容闳将来亦不能自主。"[2]

另一方面，列强对清朝虎视眈眈，加紧争夺在华利益，趁机以铁路贷款相要挟，企图获得铁路沿线的矿产等资源，甚至附加一些令清政府无法接受的条件。例如，英国福公司在光绪二十四年与河南签订矿务合同时，其第十七条即规定："各矿遇有修路造桥，开浚河港或添造分支铁道，接至干路，或河口，以为转运该省煤铁与各种矿产出境者，准福公司禀明该省巡抚

[1]盛宣怀.愚斋存稿[M]//沈云龙.近代中国史料丛刊：第二辑第0122册.台北：文海出版社，1975：645.

[2]张之洞.张文襄公奏议[M]//《续修四库全书》编委会.续修四库全书：511册.上海：上海古籍出版社，2002：586.

自备款项修理，不请公款，其支路应订章程，届时另议。"[1]

对此，清政府自然是不愿任人宰割，牺牲更多的主权和利益，不愿继续大规模向列强借债。在此种情形下，李鸿章、张之洞、王文韶等人实际上陷入了两难的尴尬境地：一方面，清朝要求其尽快大规模修建铁路，严重的内忧外患亦迫使其不得不大规模推行铁路；另一方面，清朝又不愿举借外债，担心召集洋股过多，导致铁路名存实亡，利权尽失。李鸿章、张之洞、王文韶等人被逼无奈，只能苦苦支持，想方设法在中国商人和成立铁路公司、银行的大方向上做文章，以便曲线救国，能够引入外资（实际上就是举借外债或吸收洋股），以推动铁路之建设，其最终成效自然可想而知。

第九节　李鸿章铁路外债观形成过程中的外界因素

李鸿章由倡导自行修路到支持举债修路的转变，除了晚清朝所面临的日益严重的内忧外患和日益匮乏的财政问题等因素影响，尚有其他一些方面，包括以下几点。

一、新闻媒体的宣传

同治十三年十月二十二日（1874年11月30日），《申报》刊文《论告贷》称：

> 迩来中华国家向西人告贷一事，系属古所未有，今日创始之举也。而中国于此行究亦不过取法于欧洲及亚麦利加南北两洲之成规也。……今中国始创告贷之举，其数虽细微，然此法既以始立，或日后必能增，亦未可知。吾乃总论曰：中国若以构兵无利之事迫于告贷，积成大债，而不兼行振兴民间各正经之利薮，则每年或筹还此项，或措给利银，必致大觉其困。中国于今将日后所收国税押贷今日之需，则未免

---

[1] "中央研究院近代史研究所". 中国近代史资料汇编（矿务档）·山西河南甘肃江苏浙江[M]. 台北："中央研究院近代史研究所"，1960：1640.

为后日之累，故愿中国节省其岁用，不以为现银之易得，而轻用于边外喀什噶尔等处地方耗费银两。假使中国所以借银者仅欲开设火车铁路，挖开煤铁诸矿，则借数虽至数千万之多，而我犹不虑也，盖此举国家既可得各矿及火车之利，而民人为之又必臻于富足也。

《申报》率先刊文讨论借债修建铁路、开挖煤铁事宜，并持肯定态度，在当时来讲，确实是一种敢为天下先的做法，无论其时一般读者的反应如何，对于当时正在努力学习西方的李鸿章等封疆大吏肯定或多或少有一定的影响。

光绪十年闰五月初四日（1884年6月26日），《申报》再次刊文《论借洋债利弊》，讨论举借外债之利弊，文称：

今者中国铁路之举渐有成议，闻朝廷已有允许兴办之说。虽其始谅必小试其端，所费尚不甚巨，然既有所创，而知其为益滋大，则必渐推渐广，将使铁路火车遍行于各省，亦如电线之无远弗届。其地愈广，其费愈巨，国家岁入有限，安得有此闲款以兴巨工？即使听民间自行开办，而有几处不得不由官办者，必费国家之帑银。窃以为此举既经开办，扩充愈广则获利愈丰，国家而苟虑经费不敷，则不如借资于外国外洋。闻中国告借，投股极为踊跃，盖以中国借贷必有抵押，其抵押之件又皆十分可靠，如前四次皆以海关为抵，最足取信。若今次闻中国开办铁路，更为乐于借助，即以铁路为抵，而外洋之银断无吝借之理。仆前论曾言外洋借款止需五厘息银，定必乐于相借，此说实有所见而云，然非虚言也。第中国苟欲告贷于外洋，必当悉反乎前辙，辗转经手，虽无私弊，而染指者众，所费必多，计不如径直商议，毋使多人参预，则耗费省而厥事有成。泰西各国之开办铁路，无不先贷国债而后成，日后陆续归还，自无窒碍之处。况现在中国钦使四出，欧洲各国皆有驻节之大员，如由总理衙门咨请驻扎各国之钦差径与其国相商，言定数目，议妥息银，限定作何归还、日期，则不但息银可以大减于前，即与各国言明照中国银数，而不问外洋磅数，度外洋各国亦决无不可之事。若此则大工可以广开，大业可以早定，于中国有万世无疆之利，而又无一毫耗损之端，为中国计，当无有善于此者矣。非然者，有此美举，而因经费不数而中止，则殊为可惜。若贷于外洋而辗转经手，致多耗费，则又不甚合算。中国倘鉴于前此之弊而因噎废食，则不敢复行告贷，而铁路永无开办之期，富强之基将何所倚赖哉！仆深望此事之有成，而又深恐中国之仍前受亏，故特历陈利弊，俾惩于前此之弊，而或有以收今日之利，此则区区之志也夫。

二、列强主动向清朝提供铁路借款的助力

光绪七年（1881年）十月，英国驻华公使威妥玛曾向李鸿章提出，中国如有借款创办铁路、整备水师等事，委托英人办理，则猜疑可释。[1]光绪十年（1884年）六月，美国公使致函总理衙门，要求"奏明中国现造铁路，拟向美商总借库平足银二千万两，每年不得过五厘起息，按年将利息交清……至二十年全行还清"[2]。中法之战谈判之际，亦议及中国向法国借银2000万两，以1000万两购法船械及铁路材料，1000万两现银借作整备海陆军及造铁路，限40年分批还本息。光绪十一年（1885年）秋，德国公使亦表示愿借银2000万两与中国建设铁路。

这些国家争先恐后地向中国提供贷款的行径，虽然其用心不言而喻，但是对于当时的清政府来说，也在无形中渗透影响了其中绝大多数人的思想认识，或接受、或反对，无论如何，最终都开始慢慢思考举借外债以修建铁路的问题。

[1]李鸿章. 李文忠公全集[M]//沈云龙. 近代中国史料丛刊：第二辑第0691册. 台北：文海出版社，1975：3142.

[2]宓汝成. 中国近代铁路史料：第1册[M]. 北京：中华书局，1963：64.

第 六 章

李鸿章传播其铁路思想的努力

第一节　长期以来排斥、反对铁路的声音和思想

在光绪二年（1876年）吴淞铁路修建之前，清朝朝野上下大多对铁路一无所知，而无知会引发畏惧，畏惧又会导致排斥，所以大多数人，无论是达官贵人还是贩夫走卒，对铁路都有一种莫名的拒绝心理。

例如，同治五年（1866年）前后，海关总税务司赫德、英国驻华使馆参赞威妥玛都曾建议清朝引入和修建铁路，但是一律遭到总理衙门的拒绝。不仅如此，就连正在大肆兴办洋务企业的曾国藩、沈葆桢、左宗棠等，也都持反对意见或者主张暂时从缓修建态度。[1]

同治六年（1867年），曾国藩在其《预筹修约事宜疏》中就疏称：

　　窃臣于九月二十三日承准军机大臣密寄，同治六年九月十五日奉上谕：总理各国事务衙门奏预筹修约事宜，请饬海滨沿江通商口岸地方将军、督抚大臣各抒所见一折。……其来中国也，广设埠头，贩运百货，亦欲逞彼朘削之诡谋，隘我商民之生计。军兴以来，中国之民久已痛深水火，加以三口五口通商、长江通商，生计日蹙。小民困苦无告，迫乎倒悬。今若听洋人引盐，则场商贩运之生路穷矣；听洋人设栈，则行店屯积之生路穷矣；听小轮船入内湖，则大小舟航水手舵工之生路穷矣；听其创置电线铁路，则车骡任辇旅店脚夫之生路穷矣。就彼所要求各事言之，惟挖煤一事，借外国开挖之器，兴中国永远之利，似尚可以试办。应宝时条议册内以为可行，臣亦加签，从而韪之。其余如小轮、

[1] 熊月之. 略论同光之际铁路问题的复杂性 [J]. 历史教学，2014（10下）

铁路等事，自洋人行之，则以外国而占夺内地之利；自华人附和洋商者行之，亦豪强而占夺贫民之利，皆不可行。[1]

李鸿章虽然并未直接表态否定铁路，但是亦主张暂缓修建。据其复奏称：

> 议铜线铁路一条，此两事有大利于彼，有大害于我，而铁路比铜线尤甚。臣与总理衙门尝论及之，各省官民皆以为不便，洋人贪利无厌，志在必行，数年以来，总未得逞，固由内外通商衙门合力坚拒，彼亦明知民情，不愿势难强偪也，换约时若再议及，只有仍执前说，凿我山川，害我田庐，碍我风水，占我商民生计，百姓必群起抗争拆毁，官不能治其罪，亦不能责令赔偿，致激民变。彼若以自能劝导防守为词，欲增约内，我则必以百姓抗争拆毁官不能治罪赔偿等语载入约内。彼族最多疑虑，当必废然思返。民实不愿，彼实欲藉官以制民。彼之权力何能劝导许多，防守许多，此固不禁阻之禁阻矣。[2]

李鸿章比其师曾国藩开明一些，虽然他在如何预防英法趁换约之际要求修建铁路的问题上献计献策，向朝廷表达了自己的忠心耿耿，但是在条奏的最后委婉地表达了自己对于铁路、电报等事物的真实态度，认为中国迟早还是要接受铁路、电报等，只不过要将修筑权掌握在清朝自己手中而已。据其奏称：

> 凡事穷则变，变则通，将来通商各口洋商私设电线在所不免，但由此口至彼口，官不允行，总做不到，铁路工本动费千数百万，即各国商众集赀，亦非咄嗟能办，或谓用洋法雇洋人，自我兴办，彼所得之利我先得之，但公家无此财力，华商无此巨赀，官与商情易隔阂，势尤涣散，一时断难成议，或待承平数十年以后。然与其任洋人在内地开设铁路电线，又不若中国自行仿办，权自我操，彼亦无可置喙耳。[3]

[1]陈忠倚.皇朝经世文三编[M]//沈云龙.近代中国史料丛刊：第一辑第0751册.台北：文海出版社，1966：621.

[2]文庆，等.筹办夷务始末（道光朝）[M].内府钞本，1856：9059.

[3]文庆，等.筹办夷务始末[M].内府钞本，1856：9059.

数年以后，尽管朝野上下对于铁路已经有了一定的认识，但是对于铁路的反对、排斥态度依然存在。例如，光绪七年（1881年）正月十六日，慈禧太后、光绪帝即谕军机大臣等：

> 前因刘铭传奏请筹造铁路，当谕令李鸿章、刘坤一等筹商妥议。兹据先后覆奏，李鸿章以经费不赀，若借洋款，有不可不慎者三端。刘坤一则以有妨民间生计，且恐于税厘有碍，所奏均系为慎重起见。铁路火车为外洋所盛行，中国若拟创办，无论利少害多，且需费至数千万，安得有此钜款？若借用洋债，流弊尤多。叠据廷臣陈奏，佥以铁路断不宜开，不为无见。刘铭传所奏著毋庸议。将此各谕令知之。[1]

稍后，长江水师提督彭玉麟亦奏称：

> 今如购铁甲船，造火轮路，尤糜费之至钜者。查自古祇有海防，并无海战，不防海口，以固门户，欲以铁甲争胜于大洋，果确有把握乎？再以铁路言之，夫造铁路者无非欲求自便也，不知便于己者，亦便于人。我于此铁路往来，能禁彼不于此铁路往来乎？洋人海口通商而不及腹内者，以不便于转运耳，铁路开则轮车可达。倘我倡之于前，而洋人复于轮车所不能至之处以铁路为请，不许则失好，许之则损威，彼时将何以处？往年云南之衅为铁路也，上海吴淞之费亦为铁路也，岂有不准洋人开铁路而永禁在案者？今乃可以自相矛盾耶？夫长江万里之险，天所以限南北也。铁路开则天险失。王营至京千五百里，供行李往来为生者数十万人，铁路开则生计绝，况饥寒所迫，为盗为乱，俱在意中。密迩京畿，尤深惕惕，是言铁路能获大利者，臣恐大利未获而大害已随之也。为今之计，莫如节此巨费以增防费，海口有备，内地自可从容以图富强，反是而作，无益害有益。以臣之愚，未见其可，应请皇太后皇上睿谋独断，永不准开铁路，可免日后若干枝节。[2]

[1]清实录馆.清德宗实录：卷一二六（光绪七年正月己卯）[M].北京：中华书局，1987.

[2]平步青.霞外攟屑[M]//《续修四库全书》编委会.续修四库全书：1163册.上海：上海古籍出版社，2002：439.

李鸿章与晚清铁路

光绪十年（1884年），内阁学士徐致祥，"时议筑铁路，致祥闻而恶之，痛陈八害，并请力辟邪说，亟修河工。上责其诞妄，镌三级。越二年，铁路议再起，又再阻止之，先后封事十数上，而倦倦于抑奄寺、治河工，为时论所美"[1]。

而国子监祭酒盛昱更是奇葩，在光绪末年铁路已经大规模修建成功后，仍然信誓旦旦地预测铁路将来必然失败。在其《书〈铁路述略〉后》，盛昱写道："吾反复此书而后知铁路决不可行也。生财有大道，生之者众，食之者寡，国以民为本，民以食为天。耕牧者，本富也。商工者，末富也。西人铁路，商工之事也。铁路公司，是以商工而夺耕牧之具也。毁铁路者众矣，徒计其利害，未知大本也。西人自言曰铁路公司，为众毁所集之的。又言曰铁路流弊虽多，尚便宜于马车轮船，是已自知之矣，而其所为毁、所为弊，彼亦不察其本也。本富则乡与国均，均则国势可久。末富则聚之一隅，侈侈隆盛，不久替矣。西人自言曰，未开铁路之城镇减色衰落，景况萧条，宛非世间。又言曰，伦敦东城减去万余丁口，西城亦减去，而城外环居甚多。又言伦敦人数昔时九十六万，今有铁路，增至三百四十六万。呜呼！此西人之所以弊也。天下之人只有此数，此增则彼减，埠头之民增则食德服畴之人减。今聚此不耕不牧之民于京城，而使耕牧之地减色衰落，景况萧条，宛非世间，则食之者众，生之者寡，富于一时，贫将万禩。西人又言曰，英国锯垫铁路木之工已居国人五十分之一，幸也支路不尽开，支路尽开，则尽驱耕牧之民为工商矣。既无民，何有国耶？国中之人三百余万矣，各埠头及护路、造车、铸铁、锯木者以倍计之，则七百万矣。以此七百万不耕而食、不蚕而衣之人，日游荡于花天酒地之中，而所腴者皆向所谓景况萧条、宛非人间民之膏脂也。路少害轻，路多害重，吾不知西人税驾之何所也。陈涉之徒散在山泽间者，其少也耶？彼都人士犹且厚自封殖焉。今铁路已开六十年，再阅六十年必败，吾已死，不及见。吾此字必不灭，或有人收拾之，将服我

---

[1]赵尔巽，等．清史稿[M]．北京：中华书局，1977：12459．

之先见也。"[1]

此种情形的出现，究其原因，除了众所周知的国库匮乏、经费难筹、危害国防、毁坏坟墓等，最重要的一点就是当时统治集团，尤其是最高统治者普遍对于铁路知识的缺乏了解以及由此产生的畏惧、排斥心理。

鉴于此，在19世纪七八十年代，李鸿章通过一系列手段和措施，努力向中央政府、地方督抚和一般百姓等宣传、渗透铁路知识，借以影响、改变其思想认识。

第二节 李鸿章推介铁路的策略

为了向朝野上下，尤其是统治集团和最高统治者推介铁路，李鸿章采取了诸多举措，其正面措施主要是借由刘铭传之手呈递铁路奏折，进而发动了3次铁路大讨论，将朝野上下广泛地卷入讨论之中。此外，则是通过一些小小的手段，坚持不懈地引导、转变最高统治者和中央政府一些高级官员的思想认识。这些手段具体如下。

一、修建唐胥铁路，谎称是马拉火车

光绪七年（1881年），修建唐胥铁路时，为了避开反对派的锋芒，并争取最高统治者的默许，李鸿章成功地抄袭了此前修建吴淞铁路时英国怡和洋行的做法，坚持宣称唐胥铁路为快车路、硬路或马路等，甚至因为反对派的攻击而一度改为马拉火车在铁轨上运行。虽然此种做法在今天看起来无比的滑稽可笑，但是在当时却是有其先例可循的。如前所述，早在蒸汽机车出现之前，英国曾使用马车运输煤炭。据清人陈澹然撰《权制》记载："火轮车之兴在轮船之后，初康熙间英人罗哲尔诺尔德著书，谓英北境煤窑用马车行运，可随轮安木，俾与土齐，作木轨以约车轮，轮之四周镶以铁瓦，合木轨

---

[1] 盛昱. 意园文略[M]//《续修四库全书》编委会. 续修四库全书: 1567册. 上海: 上海古籍出版社, 2002: 246.

以利其行，用之而运煤果便，后复于近窑之地兼用铁木以为坦途，多铸铁条镶于轨道，而其法始兴。道光五年，始设公司议行铁路，十年，路成，车行愈驶，旅客愈多，人始知铁路火车之利。"[1]法国情形相似，为了方便运输煤炭而铺设短程铁轨，亦由马匹牵引前进。1827—1830年，美国修建的第一条铁路——巴尔的摩至俄亥俄州铁路，其机车亦是由马牵引前进。李鸿章借鉴英、法、美先例，以马拉火车的模式来搪塞反对者的攻击，在万般无奈之中，又充分表现出其随机应变、善于妥协，懂得以退为进的办事思想，充分体现了其求真务实、精明干练的形象。

二、向慈禧进献小火车，争取慈禧太后的支持

在晚清的政治舞台上，真正能够决定并影响铁路的引入和修建的，恐怕只有慈禧太后，尤其是在慈安太后死了之后。所以，要想成功引入和修建铁路，只能努力争取慈禧太后的支持。对此，李鸿章心知肚明。在经历了一系列的反对势力的攻击后，李鸿章依然能够屹立不倒，究其原因，就在于李鸿章始终争取到了慈禧太后的信任和支持，至少是不反对。无论如何，慈禧太后对李鸿章个人没有成见。

对此，美国学者K.E.福尔索姆指出："虽然慈禧和李鸿章二人方法各异，但他们的目的是相同的——保全中国、保全皇室。正由于此，二人相互尊重对方，慈禧虽然骨子里是个保守派，但仍能对李鸿章的许多自强措施予以支持并就国事征询他的意见。"[2]

同治十三年（1874年），因左中允崔国因奏请修建铁路，6月8日，慈禧太后谕称："铁路一事，前经李鸿章等会议，以需费至钜，未即兴办。惟此等创举之事，或可因地制宜，酌量试办。著总理各国事务衙门会商李鸿章详加酌复，妥筹具奏。"[3]

---

[1]陈澹然. 权制: 卷四[M]. 光绪二十六年徐崇立刻本，1900: 14.
[2]K.E.福尔索姆. 朋友·客人·同事——晚清的幕府制度[M]. 刘悦斌，刘兰芝，译. 北京: 中国社会科学出版社，2002: 164.
[3]窦宗一. 李鸿章年（日）谱[M]. 台北: 文海出版社，1969: 4919.

光绪三年（1887年）试办津沽铁路时，为进一步促使慈禧太后改变对于修建铁路的态度，坚定其修建铁路的决心，李鸿章采取了挪用部分海军经费，分别在颐和园昆明湖畔和北海中海西侧各修建一条铁路，以供慈禧赏玩的策略。

颐和园铁路，据该年十一月初七日（12月21日）《申报》报道："近由天津呈进轮船二只、火轮车一辆，仍照今春成案，自通州迄海淀，以活铁道更递运往送入昆明湖，交海部验收。沿途护送官兵及搬运铁路夫役约有数千人，都人往观者亦繁有徒也。"

中海铁路，据《翁同龢日记》是年12月8日记载："合肥以六火轮车进呈，五进上，一进邸。今日皇太后御览，紫光阁铁路已成，未知可试否也。"12月13日记载："至军器库收工，因观新进之火轮车，约长三四丈，狭长，对面两列可容二十八人，凡三辆。又观机器车，不过丈余，此天津所进，三辆留西苑，三辆交火器营收，昨日甫到也。"[1]

李鸿章进献的两辆小火车深得慈禧太后的欢心。12月16日，李鸿章在致海军衙门的书札中写道："德威尼所办铁车到京，业经呈验进御，尚惬慈怀，蒙询工价及如何给奖之处。"[2]通过进献的小火车，李鸿章成功地向慈禧太后推介了铁路有关知识，让慈禧太后亲眼看到了铁路的模样，对铁路有了更为直观的感受，从而逐渐改变了其对铁路的态度，更加愿意接纳铁路，更加理解李鸿章，并支持其修建铁路的事业。

在稍后1888年底至次年初的铁路大讨论中，尽管仍然有许多官员强烈反对修建铁路，但是在1889年2月14日的懿旨中，慈禧太后便明确表明了其认同和支持修建铁路的态度，认为海军衙门的会奏，"所陈各节辩驳精详，敷

---

　　[1]翁同龢.翁同龢日记：第4册[M].陈义杰，校.北京：中华书局，1992：2236.

　　[2]中国史学会.洋务运动（六）[M].上海：上海人民出版社，上海书店出版社，1961：221.

陈剀切，其于条陈各折内似是而非之论，实能剖析无遗"[1]。为了让更多的官员认识和了解铁路，慈禧太后还同意将有关奏折发交各地督抚、将军等讨论复奏，各抒己见。

最终，张之洞等封疆大吏纷纷表态支持铁路的修建，慈禧太后因势利导，于 1889 年 5 月 5 日，发布懿旨称"但冀有益于国，无损于民，定一至当不易之策，即可毅然兴办，毋庸筑室道谋"[2]。稍后，又在 8 月 27 日谕令"李鸿章、张之洞会同海军衙门，将一切应行事宜，妥筹开办；并派直隶按察使周馥、清河道潘骏德随同办理，以资熟手"[3]。

三、亲近和拉拢恭亲王奕诉、醇亲王奕譞，争取强有力的支持

无论是恭亲王奕诉，还是醇亲王奕譞，就铁路问题而言，他们对于李鸿章的作用和帮助都是巨大的。

美国学者K.E.福尔索姆在其著作中写道："李鸿章在兴办经营自强事业的过程中，还得到了两位最重要的满洲亲王的支持，这就是恭亲王和醇亲王。……他（恭亲王）对自强措施和外交事务的兴趣使他与李鸿章走到了一起。……李鸿章与醇亲王结交甚密，并竭力引起他对国防事务的关注，通过这一途径，李鸿章在地方上实行的措施便能成为国家的事情。通过醇亲王，李鸿章得以在相当程度上用自己的思想影响朝廷，使朝廷相信，采用外国长技对中国没有危害。"[4]

恭亲王奕诉和醇亲王奕譞对李鸿章的帮助主要表现在如下几个方面：

第一，他们作为中枢首脑，以自身的身份、地位和权力为李鸿章修建铁路提供了强有力的支持。有时候仅仅是他们的一个态度，便能在政治上影响

[1] 清实录馆.清德宗实录：卷二六四（光绪十五年正月辛酉）[M].北京：中华书局，1987.

[2] 宓汝成.中国近代铁路史资料(1863—1911)：第 1 册[M].北京：中华书局，1963：170.

[3] 中国史学会.洋务运动（六）[M].上海：上海人民出版社，上海书店出版社，1961：262.

[4] K.E.福尔索姆.朋友·客人·同事——晚清的幕府制度[M].刘悦斌，刘兰芝，译.北京：中国社会科学出版社，2002：165.

一大批人，遑论其利用自身权力帮助李鸿章。

在光绪七年（1881年）的第一次铁路大讨论中，李鸿章提出"亟宜试办"的设想，醇亲王奕譞立即表示赞同，两人一拍即合，随即开始了唐胥铁路的兴建。当时的西报报道说："据称，醇邸在津时，先与傅相谈及铁路一事，思得一计，曰：'如建造铁路，必须由许郭庄一路造起，方免从前梗议之辈复滋议论，盖许郭庄建筑铁路系为开平运煤起见，无甚关系，事尚可行。'云云。嗣后醇邸回京，即将此议面奏皇太后、皇上，已蒙谕允，故现在设法招商集股，以成此举。查此事从前议论纷如，未有定说，今一旦克抵于成，岂不快哉，我西人无不拭目俟之。"[1]

光绪九年（1883年）7月25日，因反对修建铁路的舆论压力极大，李鸿章曾致函恭亲王奕䜣，恳请其出面予以支持，函中称："火车铁路利益甚大，东西洋均已盛行，中国阻于浮议，至今未能试办。将来欲求富强制敌之策，舍此莫由。倘海多铁舰，陆有铁道，此乃真实声威，外人断不敢轻于称兵恫喝，尚祈主持大计为幸。"[2]

无疑，在当时的政治舞台上，除了慈禧太后和光绪帝，醇亲王奕譞和恭亲王奕䜣具有不可估量的影响力，无人可及。李鸿章巧妙地拉拢，争取到了两人的认同和支持态度，再加上太后和皇帝对于铁路态度的逐渐倾斜，尽管朝野上下仍然有不少人站出来表示反对，但是从事实上来看，铁路的修建已经是势不可挡、指日可待了。

第二，他们将李鸿章的许多无法直接表述的铁路思想和意图，转达给了慈禧太后和光绪帝，并渐渐影响、改变了两人的铁路认识。

中法战争后不久，美国工程师詹姆士·威尔逊来华，向李鸿章展示并赠送了其特意从美国带来的全套能够运转的铁路模型。稍后，李鸿章又将模型送给了醇亲王奕譞。两天后，醇亲王奕譞将模型送进了皇宫，引起了慈禧太

[1]宓汝成.中国近代铁路史资料（1863—1911）：第1册[M].北京：中华书局，1963：125.

[2]李鸿章.李鸿章全集：第6册[M].海口：海南出版社，1997：3260.

后和光绪皇帝的极大兴趣。[1]

将铁路模型送至慈禧太后和光绪皇帝的面前并非难事，以李鸿章个人之力亦可以做到，只是这样去做无疑会让李鸿章本人招致更多的非议和攻击，让其直接置身于众多反对者的唇枪舌剑之下。而中间稍微转圜一下，借醇亲王奕譞之手完成此事，巧妙地利用奕譞的醇亲王身份，以及光绪帝生父的第二重特殊身份，就将原本政治意图明显的进贡铁路模型一事，变成了看起来微不足道且让外人无法插嘴的家人父子之间的亲昵举动，让反对者明知道李鸿章的司马昭之心，却又无可奈何。而李鸿章则通过这种看似不上台面的小手段，一次又一次地冲刷、影响和改变了慈禧太后和光绪帝对于铁路的态度。这一过程中，恭亲王奕䜣、醇亲王奕譞穿针引线的作用虽然似乎是举手之劳，但是是无人可以代替的。

光绪十年（1884年），《北华捷报》刊文称："在中国兴建铁路这件事，在原则上已被（清政府）接受了。我们现在尚无更详尽的报道，但可下结论说，上述新闻体现了德璀琳先生、直隶总督（李鸿章）和在醇亲王支配下的总理衙门最近一次磋商的结果。据说天津和北京间的路线，可能在几天内即加规划云。"[2]

第三，他们帮助李鸿章将其个人的铁路思想和意图，变成了海军衙门或者总理衙门的意见，再上奏给慈禧太后和光绪皇帝，进而成为国家的意志。

光绪十二年（1886年），李鸿章拟扩建唐胥铁路，消息传出，顿时哗然，反对的声音震耳欲聋。对此，《清史稿》记载："会粤商陈承德请接造天津至通州铁路，略言现造铁路其所入不敷养路之用，如接造此路，既可抽还造路借本，并可报效海军经费。直督李鸿章以闻，已如所请矣，于时举朝骇然，尚书翁同龢、奎润，阁学文治，学士徐会沣，御史余联沅、洪良品、屠仁守交章谏阻，其大端不外资敌、扰民、失业三者，亦有言宜于边地及设

---

[1] 宓汝成.中国近代铁路史资料（1863—1911）：第1册[M].北京：中华书局，1963：65.

[2] 宓汝成.中国近代铁路史资料（1863—1911）：第1册[M].北京：中华书局，1963：129.

于德州、济宁以通河运者。"[1]

鉴于反对者的势力庞大，10月26日，慈禧太后发布懿旨，着总理海军事务衙门查明具复，并由军机处恭录函知李鸿章一体钦遵查照。

11月11日，李鸿章致函醇亲王奕譞，阐述了扩建唐胥铁路的缘由，并请其支持。函称："试办铁路一节，前数年内外臣工，屡有条陈。去岁左相遗疏，复痛切言之，钧指亦有试行渐开风气之说，无如各省疆吏畏难因循，又虑为清议所阻，无敢创举&鸿章忧时感事，亦未能冒大諴以独伸己见。……适开平矿局禀请绅商集股接修胥各庄至阎庄六十余里铁路，运煤便商，于民间庐墓、耕作毫无妨碍，批准试办，殊与洋人无涉，亦欲藉此渐开风气也。"[2]

随后奕譞以加强海防名义，由总理衙门奏请扩建唐胥铁路。奏称：

窃查铁路之议，历有年所，毁誉纷纭，莫衷一是。臣奕譞向亦习闻陈言，尝持偏论，自经前岁战事，复亲历北洋海口，始悉局外空谈与局中实济判然两途，当与臣李鸿章、臣善庆巡阅之际，屡经讲求。臣奕譞管理各国事务衙门，见闻亲切，思补时艰。臣曾纪泽出使八年，亲见西洋各国轮车铁路，于调兵运饷、利商便民诸大端为益甚多，而于边疆之防务、小民之生计实无危险窒碍之处。近在总理各国事务衙门行走，于此事更加留意探究，所闻相同。现在公同酌核，华洋规制自古不同，铁路利益虽多，若如外洋之遍地皆设，纵横如织，不惟经费难筹，抑亦成何景象？至调兵运械贵在便捷，自当择要而图，未可执一而论。正商榷间，据天津司道营员联衔禀称，直隶海岸五七百里，虽多浅滩沙碛，然小舟可处处登岸，轮船可以泊岸之处，除大沽、北塘两口外，其山海关至洋河口一带沿河百数十里，无不水深浪阔。大沽口距山海关约五百余里，夏秋海滨水阻泥淖，炮车日行不过二三十里，且有旱道不通之处，猝然有警，深虞缓不济急，且南北防营太远，势难随机援应，不得

[1] 赵尔巽，等．清史稿[M]．北京：中华书局，1977：4427．
[2] 李鸿章．李鸿章全集：第5册[M]．海口：海南出版社，1997：2865．

不择要害各宿重兵，先据所必争之地，以张国家阃外之威。然近畿海岸自大沽、北塘迤北五百余里之间防营太少，究嫌空虚。如有铁路相通，遇警则朝发夕至，屯一路之兵能抵数路之用，而养兵之费亦因之节省。

今开平矿务局于光绪七年创造铁路二十里，复因兵船运煤不便，复接造铁路六十里，南抵蓟河边阎庄为止，此即北塘至山海关中段之路运兵必经之地。若将此铁路南接至大沽北岸，北接至山海关，则提督周盛波所部盛军万人在此数十里间驰骋援应，不啻数万人之用。若虑工程浩大，集资不易，请将阎庄至大沽北岸八十余里铁路先行接造，再将由大沽至天津百余里之铁路逐渐兴办。若能集款百余万两，自可分起告成。津沽铁路办妥，再将开平迤北至山海关之路接续筹办。

此事有关海防要工，即或商股一时不能多集，似应官为筹措，并调兵勇帮同工作，以期速成。且北洋兵船用煤全恃开平，矿产尤为水师命脉所系。开平铁路若接至大沽北岸，则出矿之煤半日可上兵船。若将铁路由大沽接至天津，商人运货最便，可收取洋商运货之赀，藉充养铁路之费。如蒙奏准，拟归开平铁路公司一手经理，以期价廉工省，并请奏派公正大员主持其事等情会禀前来。

臣等查核司道营员等所请由阎庄接修铁路至大沽北岸八十余里，均在大沽北塘之后，距海岸尚数十里，实无危险之虑，惟须筹出养铁路经费，庶可持久。所请由大沽至天津百余里之铁路逐渐兴造，洵足为把注良法，于军旅、商贾两有裨益。平日藉资拱卫，遇事便于援应，即战阵偶不得力，只须收回轮车，折断铁路，埋伏火器，自不虞其冲突。臣等会同商酌，拟请照依该司道营局各员所请举办，仍交开平铁路公司一手经理，并拟派奏留北洋差委、前福建布政使沈葆靖、署长芦盐运使直隶津海关道周馥督率官商妥为办理，计今夏英德两国订造战舰可以来华，臣奕譞明年当再赴海口，与臣李鸿章编立海军第一枝，即就便查看铁路，如果合用无弊，拟将京外开矿各处均次第仿照兴办。[1]

与此同时，醇亲王奕譞还以海军衙门之名义，奏请将扩建唐胥铁路之事下发沿海沿江各省督抚、将军等集体讨论复奏，获准施行。各封疆大吏因为身处地方，大多早已对铁路有了较为深入的了解，皆持支持态度，例如张之洞、刘坤一等，皆纷纷复奏表示赞同。所以，李鸿章扩建唐胥铁路的奏请很快获得批准。1888年10月，津沽铁路建成。

第三节 1884年的"甲申政潮"与最高统治集团铁路思想的第一次转变

光绪十年（1884年）三月，因为中法战争进展不利，慈禧太后将之归咎于恭亲王奕䜣为首的军机处诸人，趁机发动了"甲申政潮"，罢免了诸人，命令醇亲王奕譞代替恭亲王奕䜣等执政。[2]

恭亲王奕䜣虽然在其执政早期曾经积极推动洋务运动，但是中期以后，确实如慈禧太后所言："始尚小心匡弼，继则委蛇保荣。近年爵禄日崇，因循日甚，每于朝廷振作求治之意，谬执成见，不肯实力奉行。屡经言者论列，或目为壅蔽，或劾其委靡，或谓簠簋不饬，或谓昧于知人。本朝家法綦严，若谓其如前代之窃权乱政，不惟居心所不敢，亦实法律所不容。只以上数端，贻误已非浅鲜。"

慈禧所言虽然未免有所夸大，但是无论如何，光绪十年前后的恭亲王奕䜣已经远没有咸丰、同治时期那样积极进取却是真的。而在光绪十年前后，因为中法战争的爆发，内忧外患日益严重，清朝若想振作，必须得对自身进行一番大换血，因此慈禧太后发动了"甲申政潮"。政潮虽然发动得有点儿突然，但又是在意料之中的，并不能一味地认为是慈禧太后仅仅是为了争夺

[1] 葛士浚. 皇朝经世文续编[M]// 沈云龙. 近代中国史料丛刊：第一辑第0741册. 台北：文海出版社，1966：2924.

[2] 清实录馆. 清德宗实录：卷一七九（光绪十年三月戊子）[M]. 北京：中华书局，1987.

权力而打压恭亲王奕訢的政治阴谋。事实上，因为慈安太后在光绪七年突然病逝，加上年幼的光绪皇帝与慈禧太后自身的血缘关系，光绪十年的慈禧太后已经是大权在握，无人能够撼动其最高统治地位，包括奕訢。

在以醇亲王奕譞代替了恭亲王奕訢之后，因为年轻的奕譞急于证明自己，加上慈禧太后和光绪皇帝的支持，所以当时的最高统治集团事实上形成了空前的团结，并且十分积极进取。李鸿章在致曾国荃的书札中即说："大抵禧圣与醇邸锐意图政，欲力变从前婰婀虚饰之习，而诸臣墨守旧规。"[1] 所以，在稍后我们看到，一方面，清朝不惜忍辱负重，尽快结束了中法战争，以便从危机四伏的内外局势中摆脱出来；另一方面，清朝开始积极发展国防，开始筹建海军，在台湾设立行省，等等。

而在光绪十年"甲申政潮"爆发不久，为了更好地弥补奕譞刚刚执政，经验不足，不太熟悉洋务和中外交涉的缺点，慈禧太后和光绪皇帝随即下令让李鸿章进京陛见，以备咨询。[2] 而这一举措，直接导致了铁路问题的往事重提。

五月，左中允崔国因奏请修建铁路，认为："建设铁路，则调兵、转饷、运漕均可迅速。且通商惠工，可夺外洋之利等。"崔国因对铁路早有关注，其后来曾自述："因于轮船、铁路二事考究二十年，决为富强之本。自出使后，频于美之官绅延访其老成练达者，皆言美国富强之骤，实由铁路之多，且有比较各国铁路之多寡有无以知其国之强弱贫富者。若美若英若德若法若俄，所谓头等之国者，其铁路之多亦居头等；……盖各国之强弱贫富不可掩者也，铁路轮船之多寡有无尤不可掩者也，亦如中国孔子之道得全者昌，失全者亡，捷于影响耳。"[3]

---

[1]李鸿章.李文忠公朋僚函稿[M]//《续修四库全书》编委会.续修四库全书：第1554册.上海：上海古籍出版社，2002：88.

[2]清实录馆.清德宗实录：卷一八〇（光绪十年三月丁酉）[M].北京：中华书局，1987.

[3]崔国因.出使美日秘国日记[M]//《续修四库全书》编委会.续修四库全书：第578册.上海：上海古籍出版社，2002：336.

因此，崔国因对铁路有着较为深刻的认识。据其追述："自火车创行后，各大国无不以此为裕国通商之先务。有疑之者，或以两国交兵，利于攻而不利于守为言。不知铁路之于行军，利于主而不利于客。盖自炸药兴而铁路随处皆陷阱，主国可步步为之，而客军不能也。俄君亚林三德之事可证矣。"[1]

该奏请受到了慈禧太后和光绪帝的高度赞赏，立即命令将其奏折交总理衙门与李鸿章等会商办理。

据记，光绪十年五月，慈禧太后和光绪皇帝谕令军机大臣等："铁路一事，前经谕令李鸿章等会议，以需费至钜，未即兴办。惟此等创举之事，或可因地制宜，酌量试办。现在云南广开矿务，山西采运铁斤，转运艰难，旷时糜费。如可各就开采之地，量为创造，以省运费而裕利源，亦属自强之一策。是否可行，著总理各国事务衙门会商李鸿章详加酌核，妥筹具奏。原折均著摘钞给与阅看。将此谕知总理各国事务衙门，并谕令李鸿章知之。"[2]

崔国因奏请修建铁路的奏请，貌似与李鸿章没有关系，实则不然。如果我们从崔国因与李鸿章两人的私人关系方面来考察，就会发现，崔国因的奏请，很可能亦如之前丁汝昌的奏请一样，背后都有李鸿章的影子。原因如下：

一是崔国因是同治十年（1871年）辛未科进士，安徽太平人，与李鸿章为同乡。[3]

二是光绪四年（1878年）正月晦日，李鸿章在《复洪琴西观察》书中写

[1] 崔国因. 出使美日秘国日记[M]//《续修四库全书》编委会. 续修四库全书：第578册. 上海：上海古籍出版社，2002：296.

[2] 清实录馆. 清德宗实录：卷一八〇（光绪十年五月辛卯）[M]. 北京：中华书局，1987.

[3] 王家相. 清秘述闻续[M]//《续修四库全书》编委会. 续修四库全书：第1178册. 上海：上海古籍出版社，2002：331.

道："适崔惠人由京来晤，与琴生亦系至交，渠并专函敦促。"[1]则光绪初年，崔国因就与李鸿章熟识。

三是崔国因在光绪十五年（1889年），因为李鸿章的秘密保举，得以出任驻美国、西班牙、秘鲁等国公使。

崔国因的奏折，依照惯例，招致了许多人的反对。光绪十年闰五月，据光绪皇帝谕旨："内阁学士尚贤奏，时局艰难，度支奇绌，铁路之举无益于民，有损于国，请饬妥筹久远，并机器、船政各局应从实核减，以节浮费。著该衙门议奏。"[2]

但是，亦有一些官员开始对铁路的修建持肯定态度。例如，曾国荃、黄彭年等人。是年，据曾国荃复李鸿章书札记："奉三月初十日赐函，知二月初十、二十、二十三日所上三函均登签掌。子寿（黄彭年）覆陈铁路一疏，议论博大，剀切详明，知必为邸意所许。国荃仅就管见所及，据实上陈，铮铮细响，何足仰备采择？乃荷贤王元辅勖勉，祗聆之下，惭感交萦。各省覆陈之疏刻下计将到齐。香帅胸罗全局，必有至当不易之论。窃观天下大势，风气已开，诚如钧谕，五十年后此路定遍九州，南朔东西，气脉贯注，呼应灵而缓急可恃，征调便而财力愈充。此时先立始基，渐推渐广，经营缔造，仰赖元老担当之神勇，下怀实钦佩不已耳。"[3]又，另札记："四月二十一日肃布一函，计可上登签阁。顷奉十七日钧示，祗悉种切。铁路各疏，省三主必办之说，香帅别开生面，分作四段，需款二千余万，胸罗全局，议论博大，自是一篇绝好文字，惟是合抱之木生于毫末，九层之台起于参土。铁路开创之初，诚如钧谕，积珠累寸，步步艰难，先立始基，方可渐推渐满。现已将苏奥各疏交议，伏想贤王元辅经猷默运，必可斟酌尽善，因

[1]李鸿章.李文忠公朋僚函稿[M]//《续修四库全书》编委会.续修四库全书：第1554册.上海：上海古籍出版社，2002：25.

[2]清实录馆.清德宗实录：卷一八五（光绪十年闰五月庚戌）[M].北京：中华书局，1987.

[3]曾国荃.曾忠襄公书札[M]//《续修四库全书》编委会.续修四库全书：第1555册.上海：上海古籍出版社，2002：364.

时制宜耳。"[1]

此时的慈禧太后、光绪皇帝及新上台执政的醇亲王奕譞，已经共同下定决心修建铁路，在接下来的数月中，慈禧太后和光绪皇帝对待两份有关铁路的奏折的处理方式，便明显体现出了其对铁路态度的转变和支持。光绪十年七月，据慈禧太后和光绪皇帝谕旨："御史刘恩溥奏，清江浦到京，若用外洋铁路以运兵载粮，费省工速，请饬筹办等语。著醇亲王奕譞会同总理各国事务衙门，妥议具奏。"稍后，醇亲王奕譞奏称："事属创始，一切办理章程，无从悬拟。请饬北洋大臣李鸿章详细筹度，妥议具奏。"慈禧太后和光绪皇帝从之。[2]

十一月，慈禧太后和光绪皇帝谕旨："内阁学士徐致祥奏请罢开铁路，急修河工一折。朝廷广开言路，原期拾遗补阙，实事求是，以臻上理。言事诸臣，自当于政治得失，据实直陈。若妄逞臆见，信口诋讦，此风断不可长。徐致祥此奏并不平心论事，辄敢肆行訾诋，殊属诞妄。著交部议处。"稍后，内阁议降三级调用，不准抵销。[3]

在光绪十年，面对有关铁路问题的四份奏折，从对崔国因奏请修建铁路奏折的"亦属自强之一策"，到对尚贤反对修建铁路奏折的"著该衙门议奏"，再到对刘恩溥奏请修建铁路奏折的"饬北洋大臣李鸿章详细筹度"，到最后徐致祥因奏请罢开铁路而被"降三级调用，不准抵销"，慈禧太后和光绪皇帝、醇亲王奕譞对铁路问题的态度已经不言而喻。形势开始有利于主张修建铁路者一方。

在此种情形之下，李鸿章立即抓住时机，趁热打铁，在次年九月，递交了自陶城埠至临清议办漕运铁路图说一份。据光绪十一年九月，慈禧太后和

[1]曾国荃.曾忠襄公书札[M]//《续修四库全书》编委会.续修四库全书：第1555册.上海：上海古籍出版社，2002：366.

[2]清实录馆.清德宗实录：卷一八九（光绪十年七月癸丑）[M].北京：中华书局，1987.

[3]清实录馆.清德宗实录：卷一九八（光绪十年十一月乙丑）[M].北京：中华书局，1987.

光绪皇帝谕旨："据军机大臣呈递李鸿章交到陶城埠至临清议办漕运铁路图说一分，据称河运漕粮南自清江至陶城埠，北自临清至天津，设法浚导，尚可通行。独自陶城埠至临清二百余里河身淤高，难于疏治。莫如试办阿城至临清铁路，为南北大道枢纽。阿城、临清二处，各造仓厫数所，以备储米候运等语。所陈系为粮运起见，不无可采。惟阿城一带距黄河甚近，傥遇河水漫决，向北冲刷，于铁路有无妨碍，不可不豫为筹计。著崧骏、成孚、陈士杰派员前往该处，详加查看，据实覆奏。其建设仓厫及转运应办事宜，并著按照所陈各节，悉心会商，妥为筹议，一并迅速奏闻。其洋匠测量地段并原节略二件，均著钞给阅看。将此由五百里各谕令知之。"[1]

稍后，在九月二十九日致漕运总督崧骏的书札中，李鸿章又特意提及铁路事宜，力图说服崧骏。据李鸿章《复崧镇青漕帅》记："临清至阿城建造铁路运漕一节，兄在京时，适有延京卿茂条陈漕务，请于黄水穿运处修坝建闸。奉懿旨饬与王大臣等一并会议。稔知坝闸均无把握，因将盛道铁路接运说帖进呈。圣意及醇邸深以为然，故饬尊处与成、陈二帅查勘定议。将来果能兴办，兄自应力为主持，派杏荪督筹办理。部存洋款除购船外，无二百万之多，可由外设法另借。至各省运四十万石，似不可少，苏、宁三十万，当能如数。浙江无折色，恐难遵筹。湖广、江西能凑足否？若无四十万，铁路必亏本息，是须先定米数及每石给路费三钱，乃可议造铁道。仓厫须在路旁，临清旧厫断难合用，似须在估费二百万内核办，无庸另筹。由临至通船只，东省必难独任，须直东合力筹雇。天津剥船尚可匀济，此尚小节目也。寄谕中河水漫溢，恐有冲决妨碍，系孙莱山侍郎过虑。告以洋匠节略言明近河处筑基六尺，未有漫水能至六尺以上者。第恐隽臣少见多怪，以舆情不顺阻之。其实此小铁路能兴，南北运货必旺，地方必有起色。尚祈大才通筹全局，赞成斯举，亦百世之利也。克斋何日北来？如有成议，当派西洋妥干监

---

[1] 清实录馆. 清德宗实录：卷二一五（光绪十一年九月壬寅）[M]. 北京：中华书局，1987.

工再往覆估。"[1]

十月二十五日，在《复崧镇青漕帅》书中，李鸿章再次说道："陶城埠至阿城河身十八里，填实筑高建路，即以东堤为铁路座身，似尚直捷。临黄坚筑码头工程必大，惟虑淤沙太深，根柢不坚，未能经久。黄流变迁无定，亦须随时迁移。应俟王道查勘议覆，再由台端咨覆会奏，请饬委员带同洋匠覆勘定议，始可兴办。将来覆勘，祗须敝处遴派员匠前往，与东省印委酌议可耳。至铁路准造后，除江南北漕数外，如有不足，另请湖广、江西凑集成数，届时由执事斟酌挈衔会奏，似又在后着矣。"[2]

然而，崧骏最终让李鸿章失望了。十一月，崧骏复奏铁路事宜，认为黄河迁徙无定，能否不至冲决，尚无把握。可能是认为崧骏所奏情形符实，并考虑到财政紧张，而修建铁路事属创始，一切办理章程，无从悬拟，慈禧太后和光绪皇帝谕令暂缓议办。[3] 修建铁路之事被暂时搁置。然而，经过光绪十年和十一年的努力试探，李鸿章等人已经成功地扭转了慈禧太后、光绪皇帝及醇亲王奕譞等人对于铁路的态度，争取到了大多数社会舆论的支持，虽然限于暂时的困难，无法立即将铁路的修建付诸实施，但是从后来的进展情形不难发现，铁路的修建事宜已经是被提上议事日程，指日可待、呼之欲出了。

第四节　1894年的甲午战争与最高统治集团铁路思想的第二次转变

中法战争之后至甲午战争之前，虽然李鸿章、左宗棠、张之洞、刘坤

---

[1] 李鸿章. 李文忠公朋僚函稿[M]// 《续修四库全书》编委会. 续修四库全书：第1554册. 上海：上海古籍出版社，2002：88.

[2] 李鸿章. 李文忠公朋僚函稿[M]// 《续修四库全书》编委会. 续修四库全书：第1554册. 上海：上海古籍出版社，2002：89.

[3] 清实录馆. 清德宗实录：卷二一九（光绪十一年十一月丙申）[M]. 北京：中华书局，1987.

李鸿章与晚清铁路

一、刘铭传等封疆大吏纷纷奏请兴建铁路，但是清政府或准或不准，全凭最高统治者的喜好、反对派的声音大小以及拟修建铁路者的个人手腕和影响力来决定。例如，同样是修建铁路，李鸿章奏请了，没准儿就被批准了，而换成左宗棠，则可能被否决。《清史稿》记载，光绪"十一年，既与法国议和，朝廷念海防不可弛，诏各臣工切筹善后。李鸿章言法事起后，借洋债累二千万，十年分起筹还，更无力筹水师之岁需，开源之道当效西法采煤铁、造铁路、兴商政。矿藏固为美富，铁路实有远利。……大学士左宗棠条上七事，一言宜仿造铁路，外国以经商为本，因商造路，因路治兵，转运灵通，无往不利。其未建以前，阻挠固甚，一经告成，民因而富，国因而强，人物因而倍盛，有利无害，固有明征。电报轮船，中国所无，一日有之，则为不可少之物。倘铁路造成，其利尤溥。清江至通州宜先设立铁路，以通南北之枢，一便于转漕而商务必有起色，一便于征调而额兵即可多裁，且为费仅数百万，由官招商股试办，即可举行，且与地方民生并无妨碍，迨办有成效，再添设分支，至推广西北一路尤为日后必然之势。疏下王大臣议，虽善其言，而不能用也。是年冬，鸿章复言陶城临清间二百余里运道淤垫，请试办铁道为南北大道枢纽。上用漕督崧骏等言，格不行"[1]。

此种情形，从根本上来说，就是因为清朝的最高统治者对于铁路的认识尚未透彻，修建铁路的决心尚且不够；而朝野上下在是否修建铁路的问题上亦尚未能够统一认识，达成共识。

但是，在甲午战争失败后，清朝所面临的内忧外患愈发严重，已经到了亡国亡种的边缘。一方面，日本强迫清朝签订的《马关条约》诱发了列强瓜分中国的狂潮，纷纷在中国抢占殖民地或者势力范围，争夺铁路的修筑权，并侵占铁路沿线的矿产资源；另一方面，中国周边原有的藩属体系遭到严重破坏，渐渐面临被包围、蚕食的趋势。崔国因即说："英、法逼于南，俄人

---

[1] 赵尔巽，等．清史稿[M]．北京：中华书局，1977：4430．

逼于北，事虽未动，机则已形，彼族皆借口通商也，果仅通商哉？"[1]

签订一系列丧权辱国的不平等条约的苦果和岌岌可危的内外形势，让中国绝大多数的人都开始清醒，逐渐理性地认识到中日力量的对比悬殊以及中国的落后，从而促使社会舆论随之发生了根本性改变。

光绪二十三年（1896年），陈炽写道："中国之铁路，在天下各国为最少，当日阻挠铁路如刘锡鸿者，此阴袒西人，以阻我中国四万万商民之生路者也。自去岁中倭一段，成败利钝，较然可睹，二十年迂拘之议，渐化浮云。"[2]

在此种舆论呼吁下，作为最高统治者的慈禧太后和光绪皇帝亦认识到铁路的大规模修建已经刻不容缓。光绪二十一年（1895年）十月二十一日上谕即称："督办军务王大臣奏请简派大员督办铁路一折，铁路为通商惠工要务，朝廷定议，必欲举行。前谕王大臣等，令将近畿一带先拟办法。当经该王大臣选派广西臬司胡燏棻前往查勘。兹据奏称，自天津起，循运河西岸迤逦而北，绕越南苑，以达卢沟桥，计二百一十六里，估需工料银二百四十余万两，并绘图贴说，请派员督办等语。夫创举之端，难于虑始，任用之际，要在不疑。胡燏棻既经条奏于先，又复履勘于后，津卢一路，著即派该臬司督率兴办，以专责成。所需经费，著户部及北洋大臣合力筹拨。至由卢沟南抵汉口干路一条，道里较长，经费亦钜，各省富商如有能集股至千万两以上者，著准其设立公司，实力兴筑，事归商办，一切赢绌官不与闻。如成效可观，必当加以奖励。将此宣谕中外知之。"[3]

不难发现，在甲午战争以后，应不应该修建铁路已经不再是一个有争议的问题；究竟是应该缓修，还是快速大规模修建铁路，也不再存在争议，大规模快速修建铁路逐渐占据上风；究竟是应该自行筹集资金修建铁路，还是

---

［1］崔国因．出使美日秘国日记[M]//《续修四库全书》编委会．续修四库全书：第578册．上海：上海古籍出版社，2002：208．

［2］陈炽．续富国策[M]．北京：朝华出版社，2018：11．

［3］清实录馆．清德宗实录：卷三七八（光绪二十一年十月丁亥）[M]．北京：中华书局，1987．

借用外资修建铁路，也没有太多异议；仍然存在一定争议的问题主要集中在究竟应该采用何种模式修建铁路，即是直接举借外债比较合算，还是发行洋股更为合适。例如，张之洞在甲午战争之前曾经一度坚决反对举债修路，而在甲午战争后则发生明显转变，认为："洋债与洋股迥然不同，路归洋股，则路权倒持于彼；款归借债，则路权仍属于我。"[1]"修造铁路，借用外资，环球多有，其利害只在合同权限。权限不清，则不论何国，皆属有害；权限若清，则不论何国，皆属无害。"[2]

不但慈禧太后、光绪皇帝、张之洞等统治者认识到了修建铁路的重要意义，而且当时的一般社会民众等，经过甲午战争的沉痛教训后，也纷纷意识到铁路的重要性，思想认识发生了迅速的转变。如孙宝瑄在其日记中便详细记载了其对铁路看法的转变。他在光绪二十七年四月二十日记："余当甲午、乙未之交，始谈变法，今越四五年矣。论议盖凡数变，初则注意于学堂、报馆，继则主张民权，以为非先设议院，许公举，则一切法不可变，变之，徒滋扰。卒又知偏于民权之不能无弊也，遂主持立宪政体，纳君权民权于法之中，而君民共治，为数年立论之归束。至于铁路、矿务诸端，视为末节，不稍措意也。乃今读严译《原富》一书，始知富国之道在流通物产，欲物产之流通，无铁路，其奚望耶？于是乃叹铁路之有益如此。夫铁路之益，人人知之，今举其大有功于国民者有数端焉：一曰便商贩，货产易销，无粟红贯朽之弊；一曰通声气，消息灵捷，无闻见僿陋之虞；一曰利转输，有无相通，无水旱饥馑之忧；一曰便征调，援救既易，无供亿滋扰之苦，盖货产销则农利兴矣，闻见捷则民智开矣，有无通则救灾易矣，援救速则寇乱不起矣。由是观之，便国利民莫大于铁路者也，固当与学堂、报馆、议院并重而

[1]张之洞. 张文襄公全集[M]//沈云龙. 近代中国史料丛刊：第一辑第0452册. 台北：文海出版社，1966：3209.

[2]张之洞. 张文襄公全集[M]//沈云龙. 近代中国史料丛刊：第一辑第0452册. 台北：文海出版社，1966：4495.

不可轻视也。"[1]

又，唐才常记："同治年间，铁路议起，刘锡鸿抗疏力争，当时以其归自海外，必实谙其利病之原，而讵知其懵然也。又或谓其徇朝士心，故为曲说以市重清流。二者有一于此，皆孤恩负国之尤也。故使臣苟未尝学问，虽置之庄岳数年，而迅雷不闻，咫尺不见，徒耗廪饷以豢圈豚而已矣。"[2]

其中，最具代表性的当属时任上海格致书院教习的钟天纬。钟氏于同治十一年（1872年）入上海广方言馆攻读英语，为该校第一期学生。光绪五年（1879年），他跟随出使德国大臣李凤苞游历欧洲各国。光绪七年回国，受聘于江南制造局翻译馆，与英国人罗亨利、傅兰雅合译了《西国近事类编》《工程致富》《英美水师表》《铸钱说略》《考工纪要》等书。结合其自身的阅历，钟天纬旧事重提，对光绪六年的刘锡鸿铁路奏折进行了系统的驳斥和批判。在其《中国创设铁路利弊论》中，钟天纬即声称：

> 我皇上御极之六年，因与俄罗斯争伊犁之约，海内戒严，诏起宿将于田间，垂询方略。其时刘省三爵帅首上请开铁路一疏，海内诵之，而北洋李傅相覆奏亦深言其利，乃刘云生参议方自出使日耳曼还朝，抗疏力争，而铁路之议遂罢。间尝取其疏稿读之，作而叹曰，古所谓辩言乱政者，其谓此欤！夫刘公久历外洋，其于铁路利弊当必深知确见，孰知其言皆似是而非耶！向尝设为问答以破其谬，辱承明问，谨胪举以对。

> 或谓西洋铁路皆创自公司，无关国帑，并无同伙侵吞之虑，中国商民决无约伙为之者。倘以官领之，而招民凑股，则近年百姓受欺于官屡矣，谁肯复蹈其覆辙？即网罗天下富室，亦不足集西洋之巨贾。此言似矣。但考外洋铁路，其初无不创自公司，其后始有买归国家公用者。若开办之始即归官办者，或因军务急迫，或因商务本稀，而事又为不得

[1] 孙宝瑄. 忘山庐日记[M]//《续修四库全书》编委会. 续修四库全书：第580册. 上海：上海古籍出版社，2002：85.

[2] 唐才常. 觉颠冥斋内言[M]//《续修四库全书》编委会. 续修四库全书：第1568册. 上海：上海古籍出版社，2002：417.

不办之举，国家始出帑金以营之，然大半仍令公司包办，而许以格外之利权。若中国于官办一层，非特力有未逮，抑且百弊丛生，无庸置喙。惟商办一层，虽亦难得人人用命，事事核实，然使如外洋公司之例，总办由董事保举，董事由各股东保举，复派股东监之，层层钳制，事事秉公，何致如他局之不振？至于集股之法，第一关键须由国家保利若干，赢则归公，亏则赔补，此即官为保险也。而又无论铁路贸易之赢缩，必按期付利不爽。各股分由各海关招募，而每年即由海关官银号付息，则人皆倚信而集赀自易矣。再有不足，始将铁路作抵而借洋债，则洋人无不踊跃输金矣。此盖本洋债之章程，默寓股分之保险，而实即隐含西洋之国债，后有作者，当不易吾言。

或又谓帑藏不充，而事此不急之务，非特政体有乖，而每道铁路需银七千万两，何处筹此巨款？且每岁必须修葺，每五年必再更新，计将安出？此言则非也。天下至急之务，莫大于铁路，近则俄人逼于西北，英法逼于西南，皆迫我以不得不应之势。若无铁路控制，则鞭长不及，而边疆日蹙矣。自当先择要路开办，其余以次续开。而每造一路，则岁修之费即寓于开销之中，纵欲更新，亦不过换其铁轨，而地基无庸重购也，路面无庸重筑也，房屋与机器亦有旧可因，较原造之成本不过十中一二，且必逐段逐年轮流修之，当开办之初，无不早计及岁修重造之事，尽可行之。数年全路须缴归国家者，亦无非逐年将成本拨还，此皆商贾所能谋，何必鳃鳃过虑乎？

或又谓中国名山大川历古沿为祀典，明禋既久，神实凭焉，倘骤加焚凿，恐山川之灵不安，即旱潦之灾易召。此真妇孺之言也。西洋凿山轰洞视若寻常，镕铁镇流无碍风水，如果山川有神，曷不降祸于西洋，而独召灾于中国？且圣天子百灵效顺，如果天心克断，大工斯兴，则鬼神亦为呵护，何不祥之有？

或又谓中国委员之侵蚀，吏胥之窃盗，司事兵丁之虚冒，工料则克减，价值则浮开，凡百施为，类皆虚伪，矧火车机器购自外洋，道远而无从稽核，其不以一报十者几何？苟薄料减工，或以旧充新，则有形无实，势不可以久支。虑之诚是也。不知天下有治人，斯有治法，病有标本，则当治其本原。如西洋不得其人，其弊亦当与中国相等。若中国得人而理，何遽不敌西洋？奈何不思自强，自甘暴弃，视西国人人如夷清惠介，而视中国均如生番苗黎乎？吁！过矣！

……

综而论之，中国商务日疲，利源日竭，不出百年，必致民穷财尽。若开铁路，则以中国之财办中国之事，开华人之生计，夺洋人之利权，操纵在我，何致反利于外人？况有铁路则十八省呵成一气，通国筋摇脉动，而国势为之一振。本朝清议操权，劫持国是，故大局拘挛束缚而渐难挽回。有铁路则风气大开，士习民风立见丕变，不复如前之深惑锢蔽，譬如皎日所照而阴霾潜消，是铁路直转移国是之大关键也。迹刘公此疏一息，以官办为主，故愈说愈歧，但其笔力横恣，推阐淋漓，绰有战国策士之风，在无识者观之，鲜不为之眩惑，其实均非实在情势。在欧洲公议院，凡政事之利弊，舆论之从违，必分曹辩驳，以求折中至当。此种议论，诚不可偏废，且当泰西铁路初兴，阻之者何尝不拘执成见，迨利弊大明，始悟前日之浮议皆非确论，载在西史，班班可考。倘使天佑中国，转弱为强，俾百年后人再读此疏，当不知若何捧腹也已。[1]

钟天纬此文作于其任职上海格致书院期间，系书院课艺代作，目标明确，有的放矢，对刘锡鸿铁路奏折中的各条进行了深入的驳斥和批判，代表了当时一般知识分子在经过了严重的内忧外患，又亲自出使国外，见识了西方先进的铁路技术后，对于铁路认识的加深和修建铁路愿望的强烈。

可以说，晚清日益严重的内忧外患，加上李鸿章持之以恒的传播其铁

---

[1] 钟天纬. 中国创设铁路利弊论[M] // 沈云龙. 近代中国史料丛刊：第一辑第 0741 册. 台北：文海出版社，1966：2697.

路思想的努力，最终取得了成效，越来越多的人士认识到铁路修建的重要性和迫切性。最初是李鸿章、郭嵩焘、马建忠等先进人士，紧接着是张之洞、刘坤一、刘铭传等封疆大吏，再后是恭亲王奕䜣、醇亲王奕譞、慈禧太后和光绪皇帝，最后是一些曾经持反对态度的守旧派。李鸿章以百折不挠的精神和毅力，以高超的近乎无耻的政治手段，将铁路知识一点一点儿地传播到每个人的心中，将铁轨一节一节地慢慢铺设开来，最后以铁一般的事实证明了修建铁路有百利而无一害，让反对者瞠目结舌、哑口无言，让支持者欢欣鼓舞、拭目以待。在这一过程中，李鸿章历经艰难险阻，其所遭遇的阻力、所承受的压力都是无法想象的。

第 七 章

李鸿章的铁路实践

第一节　李鸿章与唐胥铁路的修建

唐胥铁路是中国修建的第一条铁路，对晚清中国铁路的建设而言，其重要性不言而喻，其修建代表中国真正进入铁路建设时代。唐胥铁路建设之初，面临着诸多的问题，不仅有资金、技术、人工、材料、工程管理等方面的困难，还有朝野上下对铁路的强烈反对和质疑。作为唐胥铁路建设真正幕后主持者的李鸿章，从倡议修建到争取最高统治者的支持，从派人勘查线路到购买机器，可谓是煞费苦心，呕心沥血，想方设法解决了所面临的诸多困难，最终保障了铁路的完工。

一、唐胥铁路修建的缘起

（一）修建的具体历史背景

唐胥铁路修建的具体历史背景，是刘铭传呈递铁路奏折与李鸿章等人拟将铁路引入中国的呼吁。光绪七年正月，慈禧太后和光绪皇帝下旨表示："廷臣陈奏，佥以铁路断不宜开，不为无见，而刘铭传所奏著毋庸议。"[1]但是，仔细体味这句话，可发现并未对铁路彻底地予以否定，慈禧太后和光绪皇帝不同意修建铁路的重要原因之一就是"需费至数千万，安得有此钜款？若借用洋债，流弊尤多"。换言之，如果是有了足够的经费，不需要借款，或者说修建铁路之后可以获利，那么铁路的修建未必是毫无可能。而正是在这种情形之下，当时媒体对于铁路引入和修建的报道始终不

---

[1]清实录馆. 清德宗实录：卷一二六（光绪七年正月己卯）[M]. 北京：中华书局，1987.

断。

光绪七年二月二十六日（1881年3月25日），《申报》刊载《铁路有益于民俗说》一文，称：

上年刘省三爵帅晋都陛见，传闻以中国宜造铁路上陈于天听。本报深韪其议，窃喜中国积习畏难苟安，凡事知其利而不能行者，一旦可以破除成见，所惜者择地之难，苦于无从下手，筹款之艰，又苦于无从出银，恐仍因循玩愒，徒废议论而不得见诸实事也，故曾一再着论，择地则务得其要，筹款则不惮其费，此外用人选材以及督理经事，如何责成，如何分派，略举所见，以冀鼓动当事者之心，庶几大功可以坐待其成。

前日得都中消息，知此事之举行已有十之七八，不特省三爵帅倡建是谋，即李伯相亦曾缕述其利，而左侯相入赞枢廷，首先拟议此事，已定于天津至北京一路先行造筑，不日即将兴工。噫！此万世之利也，何期今日竟能破除成见，汲汲焉仿效泰西至于此极哉！闻前日北藉利轮船北上，已载有造筑铁路应用之器具多件，然则此事之成可以决矣。

夫轮船驶行北洋甫十余年，自十三口换约之后，旗昌首先开驶，获利甚巨，南北经商藉此往来，颇称利便。从来以进京为畏途，三千里风尘，十八站蹄辙，劳顿不堪，一旦航海至津，由津达京，减三十余日之程而为七八日，亦可谓开中国未有之奇矣。继而招商局兴办轮船，谋夺西人之利，又四五年而旗昌让之专利，现除怡和、太古数船来去之外，几乎北洋揽载之利独归招商局，以中国之利归诸中国，此正国家盛衰之一大转机。若再造成铁路，使由津至京半日可达，则便利岂不更大乎？

夫行路之难，人生同慨。帝都所在，率土来归。说者谓北京地处沙漠，出产甚稀，故旅食京华者恒有薪桂米珠之苦，设非建都，则四方商旅行将裹足不前矣。乃自有轮船达乎天津，而行者便之，南方物产四五日可致，已不如前日之难。所惜由津至都尚须三日陆程，轮辕捆载，不及舟行之安耳。今此举果成，则不过半日而火车往返，物之能致于津者即不难致于京，是何异吾侪之居上海者，当今春分前后，得食粤中豆荚瓜茄之类，岂不快哉？盖中国南北风气判然不同，正以民间之起居饮食各有异趣耳。泰西欧洲全境止及中国小半，而列国分疆而治，政令各殊，惟民闻风气大致相同者，无他，火船、火车往来便利，此方之民出入于彼国之间，无异中国百数十里之邻封，以其所见闻者相合而化，不觉其风俗之同也。

中国若盛开铁路，先试办于京津之间，然后由京而东达奉天，西通甘肃，再由清江而至北京，由陕西而至汉口，将此四路照议兴办，渐而各省自择其陆道可通者次第为之，使每一省之中郡至省、县至郡，纵横灿列，脉络贯通，一日之中，凡易数车而可以周历十数处，久之，穷乡僻壤亦不难舒壮游之志，而见闻开拓，则蠢陋之习可除，道路不遐则扞格之势自化，又何至南人自南，北人自北，一国之中而风气大相悬绝乎？区区起居饮食之便利，尤其小焉者也。

李伯相谓铁路之利有九，一便于商贾。夫懋迁有无，水陆并进，从此无难致之物，固也。然使推广既久，其利正不止在商而在于民，在商者不过获利倍蓰，在民者正可一道同风，数十年之后，尚有不肯轻弃其乡而安土重迁者乎？吾知于彼于此之畛域不分矣。所最可幸者，中国人情拘墟，南方生齿繁衍，常有地不足耕之势，而惮于远行，宁终贫而老死故乡，不冒险而谋生异地。若版图之内新疆广漠之地，人居稀少，地利不兴，虽欲设法招募，而无人肯往。今能以铁路通甘肃而内地次第举行，道里相接，则将来西北旷土开辟，不患无人，而南方人浮于地之处，可无游手无业之民，渐至市井滋事、闾巷小窃之风不禁而自绝矣。

近来闽粤一带习见外洋情形者，往他国各埠佣工，实繁有徒，而于本国荒漠之地反无人去者，以海滨之民见航海如履坦途，而又皆有轮船以济之，而西北一带动须一岁数月之程也。若内地皆设铁路，以火车往来，吾知断不以关外沙漠为远行，见版图以内尽成富庶之邦矣。所虑者中外济济臣工容有起而梗是议者，则成否犹待踌躇也。

同日，又刊文《铁路近闻》称：

天津来信云，创造铁路一事，经李伯相覆奏，极言其利，而会议诸人颇有异议，南洋大臣又首言未便，故刻下此事暂置不议，未知何时方有兴办消息也。

光绪七年闰七月初九日（1881年9月2日），《申报》刊载《铁路传闻》称：

中国创造铁路一事，久已寂然无闻，阅西字报又提及此事云，兹李伯相前曾奏称铁路之利有九，而南洋大臣所奏则与伯相之见不同，由此中止，伯相深以为惜。刻阅敝屣与左侯相商，及铁路一节意见颇相符合，有传言云已派人丈量路基，恐铁路之兴或可望其有成，然西人究未深信云。

《申报》接连刊载的消息虽然不免有前后歧义之处，但是其所表达的对于铁路引入和修建的期盼、支持态度则是明确无疑的。其中多次提及李鸿章和刘铭传，应该是直接受到两人的奏折影响，而后相继写作了一系列相关文字。而这一系列关于铁路的文字的发表，经由《申报》传播开来，无疑又会对更多的官员、士绅和百姓等产生影响，吸引其注意，让其慢慢知道和了解铁路，从而为铁路的真正引入和修建打下社会舆论和思想基础。

（二）修建的具体原因

李鸿章筹建唐胥铁路的具体原因，也是最直接原因就是为了运输煤炭。

光绪元年（1875年），李鸿章奏请以西法开采煤铁等矿，以广利源。清朝允准先在台湾和直隶两地试行。次年，淮系将领丁日昌开始主持创办台湾基隆煤矿，并且为了将来运输方便，主持铺设了一条从海岸到山上井口的、使用骡马牵引的小铁路。因为台湾位置偏僻，远在海外，所以该铁路的修建并未引起太多的关注和反对。

在获准开办煤矿之后，李鸿章派人前往勘测磁州地区煤炭储量情形，后因运道艰远，又订购英商镕铁机器不全，未能成交，旋即改为勘测唐山开平镇煤炭储量情形。经过勘测，开平矿务局所属地区煤质极佳，煤炭储量极其丰富，足够60年之用。

同时，也出现两个现实的问题：第一是煤炭的产量巨大，除了足以满足天津机器局、北洋水师轮船和当地一些民用企业的用煤需求，还有大量剩余。光绪八年七月二十五日（1882年9月7日），《申报》所发《矿煤畅销》一文称：

> 昨过开平历览矿局，规模宏大，布置精详，于讲求西法之中寓参考中国之制，开四方风气，敌外国利源，富强之成效已收，创办之经营不易，叹为通商来中国所未有一大局也。并闻该局于煤务极究精微，除块煤烟盛极合轮船之用外，其余煤油、焦炭、火砖各色，皆定画一价值，货美而价平，畅销可操左券。该矿每日已出有二百数十墩，在胥各庄屯煤如山。

第二是煤炭的输出问题。开平矿务局位于直隶开平唐山，虽然靠海，但是毕竟不在海边，每次煤炭的远销都需要先将煤炭从矿上装车，然后依靠人力或者畜力运送到海边装船，笨重、缓慢而效率低下。

在此种情形之下，为了将出产的煤炭运到最近的海口装船运出，受李鸿章之命负责督办矿务的唐廷枢，于光绪三年（1877年）六月远赴台湾，考察了基隆煤矿的马拉铁路。八月，考察结束返回唐山后，唐廷枢立即向李鸿章建议修建一条从唐山到北塘口的铁路。据其禀称："若煤铁并运，即须自筑铁路，方可大见利益，是台北矿务，煤井未开，铁路先已筑成，正此之谓。盖煤本不难取，所难者使其逐日运出费力。若能仿照台北，筑做用马拖车小铁路，非但煤铁容易运出，即熔铁锅炉、拖拉机器等重物，均无难运进矣。"[1]

煤矿利润巨大，尤其是在洋务运动大规模兴起后，各行各业对于煤炭的需求量与日俱增，当时正在开平煤矿参与相关事务的郑观应即说："闻金达矿师云，开平煤已有成效，最好就近开一铁矿，与煤矿相辅而行，煤铁两矿亟宜开采，免有事时为人掣肘，计可日出生铁二百吨，每吨价二十六七两，诚使筹款开办，不但铁器之漏卮可塞，而开平每年进款可多三四万金，铁路公司每年进项可增二十余万两。"[2]

因此，李鸿章将唐廷枢修建铁路的建议立即转奏朝廷。据光绪七年（1881年）四月二十三日李鸿章《直隶开办矿务折》奏称："由唐山至天津，必经芦台，陆路转运维艰。若夏秋山水涨发，节节阻滞，车马亦不能用。因于六年九月议定兴修水利，由芦台镇东起，至胥各庄止，挑河一道，约计七十里，为运煤之路。又由河头接筑马路十五里，直抵矿所，共需银十数万两，统归矿局筹捐。非但他日运送煤铁诸臻便利，抑且洼地水有所归，无虞积涝，而本地所出盐货可以畅销，是一举而商旅农民皆受其益。"[3]在这份奏折中，李鸿章没有使用"铁路"一词，而是使用了"马路"，采取了偷梁换柱、瞒天过海之计。

慈禧太后和光绪皇帝可能没有注意到这一故意的模糊用词，也可能是认识到了煤炭的开采一方面可以为铁路的修建提供资金来源，另一方面，也可以保证铁路修成之后的货物运输，所以同意了李鸿章的奏请。

光绪七年（1881年）初，一条从胥各庄到唐山的长为9.7千米的铁路正式开始修建，是为唐胥铁路。6月，铁路开始铺设轨道。11月8日，举行通车典礼。

[1]唐廷枢.唐廷枢开采开平煤铁并兴办铁路禀[M]//宓汝成.中国近代铁路史资料：第1册.北京：中华书局，1961：123.

[2]郑观应.盛世危言新编[M]//《续修四库全书》编委会.续修四库全书：第0953册.上海：上海古籍出版社，2002：320.

[3]李鸿章.李文忠公奏稿[M]//《续修四库全书》编委会.续修四库全书：第0507册.上海：上海古籍出版社，2002：377.

其间，因为开挖运河和修建铁路同时并举，一度资金周转困难，幸好李鸿章暗中予以支持，矿务局通过李鸿章的关系，以矿务局来年生产的烟煤焦炭为抵押，从天津机器局和海防支应局借到了白银三万两，才保证了工程的顺利开展。[1]

在铺设轨道时，李鸿章亦充分体现了其远见卓识。当时，唐廷枢等鉴于经费紧张，主张采用窄轨，但是英国工程师金达不同意，因为金达了解到必须力争这个问题的重要性。"他认为这条矿山铁路的轨距必须放宽，这条矿山铁路一定要成为他日巨大的铁路系统中的一段，而且他也认识到当时是一个紧要关头，决定的轨距和将来铁路的发展有极重要的关系。……因而他决定在他能力所能阻止的情况之下，决计不让中国人蒙受节省观念的祸害，所以力劝采取英国标准。经过一番顽强的斗争，他的意见通过了。"[2] 无疑，最终具有决定权的就是李鸿章。金达的意见在李鸿章那儿获得了通过。

稍后，随着开平矿务局煤炭的销路打开，市场需求量日益增大，马拉火车的效率明显满足不了煤炭的运输需要，而开平矿务局的经营状况也充分证明利润巨大。金达利用旧锅炉改建了一台0-3-0型号的轻型蒸汽机车，即"龙"号机车，以便替代骡马拉车。该机车的使用，大大提高了唐胥铁路的运输能力，促进了开平矿务局的进一步发展。

然而，蒸汽机车的使用也惊动了朝廷之上的一些反对者，他们立即以各种借口阻止蒸汽机车的使用。"龙"号机车被暂停使用，数十匹骡马重新上岗。李鸿章被逼无奈，只好在朝野上下极力地疏通打点，不久之后，"龙"号机车重新运转。唐胥铁路作为近代中国第一条自主修建的铁路，从此正常投入使用。

---

[1] 张国辉. 洋务运动与中国近代企业[M]. 北京：中国社会科学出版社，1979：204.

[2] 肯特. 中国铁路发展史[M]. 李抱宏，等，译. 北京：生活·读书·新知三联书店，1958：25.

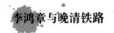

二、唐胥铁路的展修与铁路运营收支情形

中法战争的不败不败，既让清朝感到了落后就要挨打的耻辱，又让清朝看到了洋务运动的成效，看到了希望。一时之间，朝野上下要求改革自强、力图振作的呼声高涨。在这种情形之下，李鸿章趁机游说执政的醇亲王奕譞，对原有的唐胥铁路进行展修。

对此，光绪十二年六月初九日（1886年7月10日），《申报》刊载《铁路将兴》一文，报道：

> 天津将开铁路，并有物料等件来自外洋，由沪运津，一切均登前报。兹有西人来信，登诸西字报，谓此事由前此醇邸莅津与李傅相谈及，傅相盛称铁路之善。醇邸奏知皇太后，亦蒙谕允，现已派伍秩庸、吴南皋两观察为总办，业经出示招承揽铁路工程之人，惟从何处造起则尚未定局。开平向有小铁路，故窥其意旨，大约欲就开平连络天津以达大沽，究未知其是否如此也。

六月二十六日（1886年7月27日），《申报》获得了有关方面请求展修唐胥铁路的禀称，遂发文《展筑铁路禀稿》，将之公布于众，据报道称：

> 开平矿务局原有铁路长二十里许，专为运煤而设，旋因运驶灵便，附近各处搭客载货，实繁有徒。数年以来，平安无事。独惜铁路太短，过二十里即入小河，而小河时常淤浅，须候潮水方能送出。苟水涨不敷所用，或坐守月余，诸多阻滞，苦况诚难尽述。今闻该矿总办拟将运煤铁路展长六十余里，已会同津海关道禀蒙李傅相批准。

> 津海关道本有维持保护矿局之责也。查西国开设矿局，必接造铁路相助　理，故易得成效。台湾基隆煤矿开办历有年所。刘抚宪近因道路崎岖，不能速运，特饬造铁路，由基隆至淡水，为往来运煤之用。其命意固相同也。兹将禀稿刊录，以备众览。

> 敬禀者，窃职道等于光绪三年间禀蒙宪台批准，招集商股于滦州开平地方开设煤矿，仿照西法开采，并造铁路二十里，开新河六十五

里，以便运煤入蓟运河四出鬻卖。乃近年察看情形，河道春秋潮汛不大，煤船常有停棹候水之苦。河无来源，亦有岁淤岁桃之费。而兵商各轮船欲多购煤，而运不及。矿内中煤日多，欲运煤而路不畅，非所以扩利源而便公私之计也。因与众商再议熟筹，必将原有铁路照样接办，沿新开河南岸至河尾止，即芦台左近之阎庄，现储煤厂之处，阎庄外接蓟运河，大小船只终年畅行无阻，庶转运不穷，买卖均获便捷。

查南、北洋兵舰及招商局轮船、各机器局汽炉，皆赖开平五槽煤济用，所关于时局者甚大。海上万一有警，尤恃开平煤为军储第一要图，不徒以众商集资数十万，当筹所以维持而振兴之也。今经邀集众商公议，咸愿凑合股银，接办铁路六十五里，从胥各庄至阎庄止，名曰开平运煤铁路公司，以就矿局已买河边之地，填路起造，统共新旧铁路长八十五里，约共银二十五万两左右。至岁收利息，计矿局煤觔一项，岁可得运脚银三万两，以之专抵养路经费，有盈无绌，加以来往行人杂货一切连脚，每年又可得二三万两，在股之人可沾一分官利，此官商两益之举。而兴工之处俱在矿局自置地内，既无坟墓村落阻碍，亦不与他人牵涉，于该处地方亦属有益无损，似可邀准招商集资购料开办。如蒙宪台批准，应将铁路公司与开平矿局分为两事，出入银款各不相涉，其一切详细章程，及开平矿局允许每年运费三万两，如何订立合同，以保铁路工本之处，容谕饬众商会议妥协，禀候核示。

次年（1887年）二月二十二日，海军衙门正式奏请试办天津等处铁路，获准，标志着展修事宜正式提上议事日程。[1]

四月初一日（4月23日），《申报》将此消息公之于众，发文《开办铁路》，报道称：

开平铁路本从唐山起至胥各庄为止，去岁复加扩充，从胥各庄直至阎庄蓟运河边为止，计新旧铁路共长九十里，工程已竣，卓有成效。

[1]清实录馆.清德宗实录：卷二三九（光绪十三年二月庚辰）[M].北京：中华书局，1987.

今经海军衙门具奏，复由阎庄接至芦台北塘大沽北岸及天津等处，计长一百八十里，以便调兵运械，益商便民。钦奉懿旨谕准。仍由开平铁路公司经理，奏派前福建藩司沈方伯品莲、署长芦运司正任津海关道周玉山观察为督办，旧日开平铁路公司总办伍秩庸观察、副办吴南皋太守仍为该铁路正副总办，名之曰中国铁路公司，拟招股银一百万两作为资本，每股行平化宝银一百两，已由开平铁路公司布告大众，俾可从速集股也。

应该是汲取了此前唐胥铁路修建过程中经费筹集艰难的教训，此次展修采取了以公司形式，募集民间股份的模式。可以说，这是中国自行集资进行官商合办铁路的开始。

四月初四日（4月26日），《申报》刊载《铁路公司招股章程》，将中国铁路公司招股章程公布于众，报道称：

启者：

敝公司于光绪十二年承办开平铁路，集本限二千五百股，每股天津行平化宝银一百两，合二十五万两，从唐山胥各庄至阎庄蓟运河边止，新旧共长九十里，工程报竣，卓有成效。今经海军衙门具奏，由阎庄接造铁路至芦台北塘大沽北岸及天津等处，约长一百八十里，以便调兵运械，兼筹利益商贾，并由敝公司一手经理，钦奉懿旨允准在案。惟局外之人或疑开平一路获利无多，不尽放心入股，今且以开平至阎庄已成铁路言之，运煤一宗，每年准保得银三万两，有盈无绌。灰石杂货等项，可得银一二万两。搭客等费，亦得银万余两。除去二三万两作养路经费外，足有五六厘至一分之息。若推广至大沽、天津，所过盐场、乡镇及轮船码头各处客货络绎，其获利决不能较开平阎庄一路更少，是每股周年五六厘至一分之息可操券而获，再有赢余，未可量也。兹拟添增股银一百万两，作一万股，每股行平化宝银一百两，所有大略章程开列于后。敝公司办理铁路诸从节省，力求实济，固无官场排调，亦无洋商糜费，总期有利无弊，经久不懈，不至如他处公司有名无实。如诸君愿附股者，请将姓名、住址并股数若干开明函致敝公司天津总局挂号，该股银寄存天津汇丰银行，由敝公司填给股票息折。至外埠各处朋友愿附股者，即请就近到各本埠汇丰银行挂号交存股银，暂取收条，俟敝公司给发股票息折，即将收条缴销。再此次入股之银虽为做阎庄至大沽天津之路，将来铁路或有推广之处，此银亦归推广路内彼此拉抱，且先入股者自较后入股者多沾便宜。诸君愿附股者，幸勿观望迟疑。敝公司素重信实，决不食言也。光绪十三年三月十八日，开平铁路公司谨启。

一、今蒙海军衙门具奏，钦奉懿旨允准，由本公司接造铁路，从阎庄至芦台北塘大沽天津等处，计长一百八十里，凡购地办料并建车房桥梁等费约需行平化宝银一百万两，兹由本公司众股及商议添资本一万股，每股行平化宝银一百两，凡旧股友及各官绅商民均可附股，不拘多寡，听其自便。

二、本公司铁路始于开平唐山，故名为开平铁路公司，今既推至津沽，所经乡镇地名不一，若泥于开平二字，似不相称，拟彷轮船局电报局之例，不另取名目，即名为中国铁路公司。

三、此次新添各股与去岁所招股银二十五万两，均属本公司资本，自应获利同沾，无分界限。惟旧股银两系于去年收取，在前第一次分息自当按入股迟早计算，以昭公平。

四、本公司所需钢条各料应知会各商开具切实价单，以便择其最廉至精者购买，俾昭节省。至匠夫人等，可仍用唐山路工旧人及附近村民，以资熟手而洽民心。

五、现蒙海军衙门奏派前福建藩司沈品莲方伯、署长芦运司正任津海关道台周玉山都转为督办大员，凡一切维持保护之事，皆为大员是赖。如遇铁路为难之事及应与地方官商办者，统由大员随时主持。开平公司正总办伍秩庸观察、副总办吴南皋太守仍照旧为本公司正副总办，本公司所办之事，全照生意规矩，不办文移，不领关防，不请委员，不用差役，凡遇应商事件，先邀董事公议，议妥再报知大员查核，本公司决无不经董事议准而径行之事，官不勒商，商不瞒官，附股诸君可请放心。

六、本公司公举总办董事，雇用司事人等，及存放银两、获利分息、转售股票暨一切各事宜，均照西国公司通例，详载光绪十二年开平铁路章程第五、六、七、八、九、十、十一、十二、十三、十四、十五等款之内，今议照行。如章程内尚有未备述者，可取西国铁路规则于中国情形相宜而又于本公司有裨者参酌办理。

七、开办十二个月后，即将进支各数目算明，开其总结清单，分送各股友，并邀请大员及总办董事股友会议，听从查阅各账，酌定分息，以后每年聚会一次，照此仿行。

三、修建成功的内外因素

回顾唐胥铁路的修建始末，不难发现，李鸿章自始至终是其背后最强有力的支持者和推动者。没有其对铁路的充分认识，没有其辗转腾挪于清朝最高统治者和铁路反对者之间的努力，唐胥铁路的修建可能从一开始就不会被批准。退而言之，即使获得了慈禧太后和光绪皇帝的恩准，唐胥铁路可能也会长期停留在马拉火车的层面，而不会改为蒸汽机车牵引。

当然，除了李鸿章的个人作用，还有几点因素不容忽视。

一是慈禧太后和光绪皇帝的态度，尤其是慈禧太后。传统认为慈禧太后对于一切近代化的、西方的事物好像都是持一种保守的反对态度，实则不然。以唐胥铁路的修建为例，清政府自始至终不曾干涉过这条小铁路的任何事情，甚至没有注意到它的存在；至于铁路建成初期使以用骡马拉车，后行驶机车后又一度停驶，其原因亦非清政府禁驶机车之故，且马车铁路也是世界铁路史上的一种正常现象。[1]

---

[1] 潘向明. 唐胥铁路史实考辨[J]. 江海学刊，2009（4）.

此外，《清实录》中始终没有见到慈禧太后明确表态反对或者谕令禁止修建铁路的记载，可以推测，无论是光绪皇帝还是慈禧太后，两个人对待铁路的态度都是比较客观中立的。换言之，究竟是选择支持，还是暂时否定，在很大程度上都取决于当时主张修建铁路者与反对修建铁路者双方势力的对比和斗争。而慈禧太后和光绪帝两人心中并没有预存偏见。更何况两人对于铁路的认识，就当时而言，应该远远不如李鸿章等人。

二是醇亲王奕譞的支持态度。醇亲王奕譞最初时是比较主张排外的，后来随着年龄的增长、阅历的加深，奕譞愈发认识到内忧外患的严重性和推行洋务运动的迫切性，其思想认识逐渐与李鸿章等地方督抚靠近，对于后者逐渐采取支持态度。光绪七年（1881年），奕譞在与李鸿章的书信中便多次谈论铁路事宜，明确提出可以将铁路试行于"煤铁之矿、开垦之地，以及屯军设防之一二口岸，俾见闻习熟，渐推渐广"[1]。

光绪十年（1884年）代替其兄恭亲王奕䜣上台执政后，奕譞的支持态度对于李鸿章等地方督抚而言，更是具有不容忽视的作用。可以说，正是因为有了奕譞的支持态度，加上慈禧太后和光绪皇帝的客观中立，李鸿章才胆敢未经奏报便擅自修建了唐胥铁路，而在其修建完工之后，虽然遭到了一些反对，但是最终安然无恙。

三是中法战争的爆发，在客观上促成了唐胥铁路的修建。就铁路而言，中法战争的影响至少有两点：一是让清朝最高统治者意识到铁路修建的必要性。慈禧太后和光绪皇帝被逼无奈，允许唐胥铁路改为使用蒸汽机车牵引，并为了提高运输能力，又下旨从英国购买了两台3轴的水柜式蒸汽机车。从此，唐胥铁路才正式成为一条近代意义上的真正的铁路。二是让醇亲王奕譞主持的海军衙门有了修建铁路的正当理由。原本海军与铁路毫不相干，但是中法战争中海军的接连惨败和陆军的艰难狙击，都与交通运输的迟缓不无干系，这种情形让海军衙门有了充分的借口提出铁路的修建问题，而朝野上下

---

［1］李鸿章.李文忠公全集[M]∥沈云龙.近代中国史料丛刊：第二辑第0691册.台北：文海出版社，1975：3127.

亦无法再进行阻拦，否则便是阻碍国防，而阻碍国防便是不爱国，那么罪名就大了，任何人都不敢承担此项罪名。

对此，《清史稿》记载称："初，法越事起，以运输不便，军事几败。事平，执政者始知铁路关系军事至要。十三年春，海军衙门王大臣奕譞等言，铁路之议历有年所，毁誉纷纭，莫衷一是。自经前岁战事，始悉局外空谈与局中实际判然两途。……请将开平至阎庄商办铁路南接大沽北岸八十余里先行接造，再由大沽至天津百余里逐渐兴修，津沽铁路告成，续办开平迤北至山海关，则提督周盛波所部万人驰骋援应，不啻数万人之用。"[1]

四是铁路公司自身的经营管理较为完善，不再沿用传统的官本官办路子，而是率先采用了募集商股的模式，无论是公司的日常运作，还是人事的任命，无论是原料的采购，还是日常运营账目的收支，都比较清晰可靠、公开透明，在一定程度上避免了贪腐糜费等弊端，保证了公司的盈利，从而增强了一般百姓参股入股的积极性。

光绪十三年十月，鉴于招商集股者不太踊跃，铁路公司将该年度账目公开，以昭信用：

计开

四月分：

一收轮车运煤进款银三千一百四十六两三钱二分。

一收轮车运货进款银二百十元两三钱厘。

一收轮车搭客进款银四百六十八两二钱。

以上三款共收行平银三千八百二十九两八钱二分二厘。

一付养路经费各款银二千一百四十三两八钱八分一厘。

是月除付结余行平银一千六百八十五两九钱四分一厘。

---

[1] 赵尔巽，等.清史稿[M].北京：中华书局，1977：4428.

闰四月分：

一收轮车煤进款银二千八百七十二两七钱三分。

一收轮车运货进款银三百四两六钱五分三厘。

一收轮车搭客进款银六百二十五两二钱五分九厘。

以上三款共收行平银三千八百二两六钱四分二厘。

一付养路经费各款银二千二百六十七两六钱九分五厘。

是月除付结余行平银一千五百三十四两九钱四分七厘。

五月分：

一收轮车运煤进款银二千九百七十两四钱七分八厘。

一收轮车运货进款银一百九十九两六钱一分二厘。

一收轮车搭客进款银六百九十七两三钱七分九厘。

以上三款共收平银三千八百六十七两四钱六分九厘。

一付养路经费各款银二千一百七十四两二钱一分一厘。

是月除付结余行平银一千六百九十三两三钱五分八厘。

六月分：

一收轮车运煤进款银三千一百七十九两六分二厘。

一收轮车运货进款银三百十三两五钱七分三厘。

一收轮车搭客进款银五百八十七两二钱五厘。

以上三款收行平银四千七十九两八钱四分。

一付养路经费各款银二千二百两一钱三分二厘。

是月除付结余行平银一千八百七十九两七钱八厘。

七月分：

一收轮车运进款银三千四百七十二两九钱四分七厘。

一收轮车运货进款银三百四十三两四钱四分七厘。

一收轮车搭客进款银六百八十一两九钱四分四厘。

以上三款共收行平银四千四百九十八两三钱三分八厘。

一付养路经费各款银二千二百二十三两七钱七分一厘。

是月除付结余行平银二千二百七十四两五钱六分七厘。

八月分:

一收轮车运煤进款银三千五百六十六两五分一厘。

一收轮车运货进款银二百三十七两五钱六分七厘

一收轮车搭客进款银七百六十九两三钱七分七厘。

以上三款共收行平银四千五百七十一两一钱九分五厘。

一付养路经费各款银二千五百二十三两一钱九分五厘。

是月除付结余行平银二千五十两正。

九月分:

一收轮车运煤进款银三千六百五十六两七钱六厘。

一收轮车运货进款银六十八两八钱九分。

一收轮车搭客进款银八百九十五两一钱一分。

以上三款共收行平银四千六百二十两七钱六厘。

一付养路售费各款银二千六百十五两正。

是月除付结余行平银二千五两七钱六厘。

以上半年运闰七个月,统共除付过结存余利行平化宝银一万三千一百二十四两一钱二分七厘。[1]

唐胥铁路展修后仅仅6个月,公司盈利便达到13000余两,虽然总体数目

---

[1] 天津铁路公司结帐清单[N]. 申报,1888-01-20.

还不算太大，但是其成效无疑是显而易见的，由此增强了一般百姓，尤其是潜在的有参股入股意向者的信心，为下一步铁路的扩建、发展尤其是资金筹集提供了有利条件。

总体而言，唐胥铁路的建设虽然不完满，但是李鸿章等人通过唐胥铁路的建设，对铁路的认识更加深入细致，也更加全面具体，积累了宝贵的经验，包括如何修建，如何筹集资金，如何洽谈购买机器，这些都是之前从未有人真正实践过的。不仅如此，唐胥铁路的建成，还向世人表明了李鸿章修建铁路的坚定决心和毅力，表明了铁路的修建是一种历史的必然趋势，冲破了反对派的阻挠，打击了反对派的气焰，消除了心存疑虑者的怀疑，增加了更多国人对于铁路的认识和了解，增强了更多中国人的信心，从而在追求富国强兵和近代化的道路上，迈出了具有划时代意义的一步。

第二节　李鸿章与关东铁路的修建

一、关东铁路修建的历史背景——俄、朝的变化与东北边疆危急

长期以来，朝鲜一直都是清朝东北地区的屏障，中朝关系极为亲近。但是，这种关系在近代以后开始发生巧妙地转变，朝鲜摆脱传统宗藩关系束缚的渴望日益增强，其国内的亲日派为推动朝鲜独立，不惜在1884年策划了"甲申政变"，大肆屠杀了许多亲华派官员，造成了朝鲜政局的极大动荡。虽然政变很快被袁世凯等人平定，但是日本方面通过政变开始染指朝鲜事务，朝鲜对华离心离德的倾向亦是无法扭转，朝鲜地区的内外形势愈发复杂。在此种情形下，沙俄也不甘落后，积极扶植朝鲜国内的亲俄派，并且极力拉拢朝鲜高宗，企图与日本相抗衡。

早在19世纪70—80年代，沙俄即修建了从莫斯科至乌拉尔山区的铁路，并于1875年初提出了从伏尔加河修建至黑龙江铁路的计划。1887年，沙俄又

与朝鲜签订《陆路通商条约》，谋占朝鲜绝影岛和釜山等地。1890年，时任吉林将军长顺即向李鸿章禀称，朝鲜将"位于该国东北隅之庆兴府所属温海口（即图们江口以西海湾）沿岸地方租让于俄，辟为口岸，该处在我吉林省珲春府属沙草峰对岸，却不与中国商议，难保别无用意"[1]。

与此同时，一直与沙俄针锋相对的英国，一方面在阿富汗与沙俄展开激烈争夺，另一方面也不忘染指朝鲜，企图与俄国在中国东北的战场一较高低，并于1885年4月悍然抢占巨文岛。

所有种种情形，都让清朝和李鸿章等有关官员备感压力，在改善中朝关系的同时，如何加强东北地区的防务也不得不提上议事日程。

二、李鸿章加强东北边防的考虑与关东铁路的提出

面对日益严峻的东北边疆危机，李鸿章开始积极筹划应对策略。光绪十六年（1890年）闰二月，李鸿章在与醇亲王奕譞等人商议后，向朝廷提出应对朝鲜和东北局势的方案，包括精练水陆各军；兴办东三省铁路；朝鲜税司由华委派；允许朝鲜遣使欧美，但是朝鲜应当仍然遵循属国体制；阻止该国举借外债；匡正该国秕政。[2]朝廷回复："所议六条内整顿练兵、兴办铁路两条，均合机宜。惟揆之该国现在情形，必须筹　切实办法，方免延误。原拟后四条，尚近空言。著该衙门会同李鸿章再行妥筹具奏，醇亲王仍一并与议。"[3]

同月，总理衙门再次奏称："朝鲜国王暗弱，受人愚弄，举动渐不如前，不得不杜渐防微，预为之计。前议六条，以整顿武备与兴办铁路为先，果能及时认真办理，则与后四条刚柔相济。现在固可消患未萌，将来亦觉缓

[1]中国人民大学清史研究所.清史编年：第十一卷[M].北京：中国人民大学出版社，2000：542.

[2]清实录馆.清德宗实录：卷二八二（光绪十六年闰二月辛亥）[M].北京：中华书局，1987.

[3]清实录馆.清德宗实录：卷二八二（光绪十六年闰二月辛亥）[M].北京：中华书局，1987.

急可恃。"[1]由此，关东铁路的修建开始提上议事日程。

三、关东铁路的线路勘测与组织机构

在朝廷同意修筑关东铁路之后，李鸿章开始积极筹划相关事宜。

（一）勘测线路

李鸿章将关东铁路的线路分为关内、关外两部分勘查。

对于关内段，李鸿章饬令"勘地熟手从直境之林西镇至山海关止划为第一段，详细复勘"[2]。

对于关外部分，李鸿章最初派人勘查了辽宁营口至吉林段，又勘查了吉林至珲春段。结果发现吉林至珲春段沿途多山岭，施工不易，而"珲春距俄逼近，兵力单弱，尤惧不足以资保护。又谓俄人闻我将造路，猜忌滋深，与其由营口起手另开炉灶，惑人观听"。因此，改由津沽铁路之林西地方，接造出山海关至牛庄而达沈阳、吉林，并派人由林西至吉林之间进行勘估。[3]但结果仍不理想，"铁路出关以后如先至牛庄，后抵沈阳，地多洼下，有种种不便"。在此种情形下，线路遂又改为经锦州、广宁、新民厅至沈阳以达吉林，再由沈阳建枝路以至牛庄、营口。[4]为了慎重起见，李鸿章还亲自到大连湾与时任奉天将军裕禄进行磋商，"将大概情形妥晰筹议，俟关内路工就绪，再行次第商办"[5]。

（二）组建机构

为方便管理，李鸿章在山海关成立北洋官铁路局，并任命广西臬司胡

---

[1]清实录馆．清德宗实录：卷二八二（光绪十六年闰二月乙丑）[M]．北京：中华书局，1987．

[2]李鸿章．筹办关东铁路折[M]//顾廷龙，戴逸．李鸿章全集（14）．合肥：安徽教育出版社，2007：106．

[3]李鸿章．致总署复议造路借款[M]//顾廷龙，戴逸．李鸿章全集（35）．合肥：安徽教育出版社，2007：142．

[4]李鸿章．致总署论关东铁路[M]//顾廷龙，戴逸．李鸿章全集（35）．合肥：安徽教育出版社，2007：182．

[5]李鸿章．筹办关东铁路折[M]//顾廷龙，戴逸．李鸿章全集（14）．合肥：安徽教育出版社，2007：106．

燏棻为督办，金达为总工程师，记名提督周兰亭、直隶候补道李树棠为官路总办，分别负责关东铁路的具体修建。[1] 稍后，又改派伍廷芳接替李树棠。[2]

四、关东铁路修建经费的筹集

（一）举借外债的失败

在关东铁路的修建问题上，李鸿章最初设想步步为营，稳扎稳打，"每年部款二百万造二百里路，逐节前进，数年可成"[3]。

但是，醇亲王奕譞鉴于东北形势日益危急，主张快速修建，借债筑路。李鸿章遵从奕譞的意思，遂对修建整条线路所需资金进行了初步预估："曾详考其程途，据称由营口至吉林一千零十三里，由吉林至珲春约一千里，共计二千余里，若计里估费，以津沽已成铁路例之，每一里造费连杂费约用银一万两，则东路二千余里，计共需银二千余万两。惟是东路与津沽情形稍异，……鸿章愚以为由营至吉造路之费略与津沽相等，由吉至珲烦费必将加倍，开工之后，自当力求省俭。约估之先，则当宽为筹备。今造由营至珲之路，似须预筹银三千万两。现户部每年筹银二百万两，十年共拨银二千万两，除湖北炼铁用二百万外，止余一千八百万两，尚缺银一千二万，仍须由部推展年限，以足造路经费三千万两之数。"[4]

关东铁路的修建经费既然需要如此之多，以清朝当时的财力显然是无法胜任，李鸿章遂联系了举借外债以修建关东铁路的事宜。据其向总理衙门禀称："奥商愿借银款，利息较轻，我有户部拨定每年二百万可指，俟定议后再奏明推展年分，以归完此项本利为止，无须另筹巨款，尚为合算，惟洋商

[1]李鸿章.筹办关东铁路折[M]//顾廷龙，戴逸.李鸿章全集（14）.合肥：安徽教育出版社，2007：106.

[2]张云樵.伍廷芳与清末政治改革[M].台北：联经出版事业公司，1988：7.

[3]李鸿章.复醇邸[M]//顾廷龙，戴逸.李鸿章全集（23）.合肥：安徽教育出版社，2007：35.

[4]李鸿章.致总署预估关东路工[M]//顾廷龙，戴逸.李鸿章全集（35）.合肥：安徽教育出版社，2007：46.

借款，每欲久拖年限以多得息银，鄙意拟令此银交清后，即分年匀还本利，未知能遵办否？并此外防弊各端拟具条目，呈请钧核，如以为然，当即电告商办，随时奉闻。"[1]

但是，举借外债的设想最终因为奥商方面的苛索过多而未成。[2]

在此种情形下，醇亲王奕譞等只好重新采纳李鸿章当初的建议，分段修建，节节递进。至于其资金之筹集途径，经过协商，确定为如下几种：一方面是暂缓芦汉铁路的修建，将其修建经费挪用于关东铁路；另一方面则是每年由库储东北边防经费及六分平余各项下共拨银120万两，充作关东铁路修建经费，此外，则是由江西、湖北、浙江、福建等十六省每省每年拨银5万两，协助修建。[3]

（二）各省协济的模式

经户部奏请，自光绪十六年（1890年）起，由江西、湖北、浙江、福建等16个省，每省每年凑集银5万两，拨解海军衙门，充作关东铁路建设经费。

光绪十七年三月丁丑，光绪帝谕称："奕劻等会奏勘估关东铁路酌拟办法绘图呈览一折，据称查勘关东铁路以由林西现有铁路接造干路至吉林，另由沈阳造枝路至营口为便。所筹办法及宜慎宜防各节，朕详加披阅，较上年原议更为周妥，即著派李鸿章督办一切事宜，并派裕禄会同办理。所需经费著户部将原议每年筹拨之二百万两，自本年起，移作关东铁路专款。除库拨之一百二十万两可以如期应用外，其按年指拨各省之款，每省五万两，为数无多，著户部咨行各该省督抚等逐年如数解清，不准稍有延欠。至关东民情素称朴厚，惟创始之际，愚民于铁路利益未能尽晓，奸徒或藉端阻挠，应由

[1] 李鸿章. 致总署议借奥商银款[M]//顾廷龙，戴逸. 李鸿章全集（35）. 合肥：安徽教育出版社，2007：47.

[2] 李鸿章. 致李经方[M]//顾廷龙，戴逸. 李鸿章全集（35）. 合肥：安徽教育出版社，2007：45.

[3] 关赓麟. 交通史路政编：第七册. 南京：交通铁道部交通史编纂委员会，1935：6.

李鸿章、裕禄、长顺、兴升剀切出示晓谕，以释众惑而竟全功。"[1]

稍后，经户部奏请，铁路经费分为春、秋两次拨解，每年五月前解到一半，余下一半在年内解交，以缓解各省筹集之压力。又经李鸿章奏请，各省直接将此项银两拨付直隶总督李鸿章天津行署，以免周折。

光绪十七年（1891年）五月二十四日，李鸿章奏称："窃关东铁路前经臣叠商海军衙门，选派员匠，分赴关内外，度地估费，酌拟办法，由该衙门会奏。本年三月十三日钦奉上谕，派臣督办一切事宜，力小任重，惴惧莫名。臣复饬勘地熟手，从直境之林西镇至山海关止，划为第一段，详细覆勘，另绘分图呈候随时指授，遴派记名提督周兰亭、直隶候补道李树棠为官路总办，住工督率，分饬地方官妥为照料。现在由林西至山海关相度之地，业经插标钉橛，派员查照时价，公平议买。饬直隶藩运司将本年应拨银五万两就近解津，第为数无多，约计购地筑路订料等项需费浩繁，一经开工，必须拨款源源应手，断不能稍有停待。此项奉拨经费，部库每年一百二十万，已据奏明按年照数，另款存储，当可指以应用。惟部库根本重地，不妨稍缓支取，须将外省岁拨八十万先行催解，再随时赴部库请领。昨准户部将直隶、河南、陕西、山西、四川、山东、湖北、湖南、江宁、江苏、安徽、浙江、江西、广东、福建、台湾十六省应解铁路经费酌定限期欠解处分奏准通行饬遵，各省自必如期筹解。但部议限于五月以前解到一半，现将逾限，尚未闻有起解之信。部议令解交海军衙门兑收，再由臣派员赴京请领，辗转需时，实恐缓不济急。拟请自本年起，凡各省报解铁路经费，由海军衙门暨臣处随时查案咨催，径解天津以应急需而免周折，臣于验收后即分咨户部及总理海军事务衙门、总理各国事务衙门查照，每届年终，仍由臣将各省已解欠解数目开单汇咨海军衙门，按照部章核明议奏，似较直截。至关外奉省应行豫筹事宜，臣前在大连湾晤商将军臣裕禄，已将大概情形妥晰筹议，俟关内路工就绪，再行次第商办，合并陈明。所有铁路开办及催收外省拨款各缘

[1] 清实录馆. 清德宗实录：卷二九五（光绪十七年三月丁丑）[M]. 北京：中华书局，1987.

由，恭折由驿具陈。是否有当，伏乞皇上圣鉴训示。"[1]

五月二十六日奉旨获准："直隶总督李鸿章奏，关东铁路遵旨次第筹办，各省奉拨铁路经费八十万请饬先行解津，以应急需。如所请行。"[2]

稍后，各省铁路经费开始拨往天津。

光绪十九年，江西巡抚德馨片奏："查案准户部咨奏拨铁路经费，自光绪十六年起，江西等十六省每省按年筹银五万两，嗣准部咨，自十七年起，即分春秋两季报解。又准户部咨，直隶督臣李鸿章奏关东铁路次第开办各省奉拨铁路经费先行解津济用一折，奉朱批：着照所请，该衙门知道。钦此。计单内开铁路经费，部议各省限五月前解到一半，年内扫数解清，均解交海军衙门兑收，再由臣派员赴京请领，实恐缓不济急，拟请自光绪十七年起，凡各省报解铁路经费，径解天津以应急需而免周折各等因，均经行司遵照，业将光绪十六年银五万两、十七年春季银二万五千两，先后派委补用知县凌宣铎等领解，前赴海军衙门交收，并将十七年秋季银二万五千两、十八年春秋二季共银五万两、十九年春季银二万五千两，发交蔚丰厚、蔚长厚各商号，汇赴直隶督臣李鸿章天津行署投兑，随时奏咨各在案。据藩司方汝翼详称，所有光绪十九年秋季分应解铁路经费银二万五千两自应赶解，以供要需，现于司库厘金项下腾挪银二万五千两，于十九年十月初三日动放，为光绪十九年秋季分铁路经费银两，援照拨解北洋海军经费成案，发交蔚丰厚商号，限四十日汇赴直隶督臣李鸿章天津行署投兑，以招妥速，并照向章放给该商汇费银二百五十两等情，详请具奏前来。除咨户部暨总理海军事务衙门及直隶督臣查照外，所有筹拨十九年秋季分铁路经费银两京商汇解缘由，理合附片陈明，伏乞圣鉴。"[3]

光绪二十一年湖北巡抚谭继洵片奏："光绪十六年准户部咨奏拨铁路

[1]李鸿章.李文忠公奏稿[M]//《续修四库全书》编委会.续修四库全书：第0508册.上海：上海古籍出版社，2002：459.
[2]清实录馆.清德宗实录：卷二九七（光绪十七年五月己丑）[M].北京：中华书局，1987.
[3]德馨片[N].申报，1893-12-31.

经费案内，令湖北按年摊筹银五万两，当经行据司善后议拟在藩司善后局无论何款，按年各筹挪银二万两，江汉关筹挪银一万两，共凑银五万两，至如何腾挪之处，实未能指定专款，惟有临时酌量缓急办理等情，详经本任督臣张之洞咨呈海军衙门并咨报户部，旋承准海军衙门咨鄂省筹办煤铁事宜，令将自出咨明留用银五万两拨鄂应用。十七年四月间，又准户部咨，湖北每年筹拨铁路经费银五万两，除十六年指拨之款全数截留外，自光绪十七年起，遵照谕旨移作关东铁路专款，并准北洋大臣李鸿章暨承准海军衙门咨，径解天津兑收各等因，所有光绪十八、十九两年分应解关东铁路经费银五万两，业经照数筹拨汇解。光绪二十年已在藩库地丁项下拨银二万两，江汉关六成洋税项下拨银一万两，共解银三万两，均经本任督臣张之洞附片奏报在案。兹据署湖北布政使龙锡庆、善后局司道会详称，在于善后局勉凑库平银二万两，于本年二月初四日发交百川通商号，汇至北洋铁轨官路总局兑收。所有光绪二十年分湖北应解关东铁路经费银两，现已如数解清等情详请具奏前来。臣复核无异，除分咨外，谨附片具陈，伏乞圣鉴。"[1]

（三）经费筹集、拨付中的问题

1. 各省的困难

虽然规定了该项铁路经费分为春、秋两次拨解，春季限五月前拨付，但是在实际拨解过程中，各省因为筹集艰难，往往难以按时汇款。

光绪十七年五月间，李鸿章便曾接连致电醇亲王奕譞，请求海军衙门督促各省积极解款。电称："关东铁路拟自林西镇接起，至山海关划为第一段，业经派员复勘估工。关内相度之地现已插标、钉橛、照价议买，约计购地、雇匠、筑路、订料等项，需费浩繁，必须拨款接济，断难稍有停待。现计部拨各省之款，惟直隶藩、运司五万两就近解用，为数无几。……昨已奏请敕先行解津以应急需而省周折，俟奉批旨，恳由钧署专文分催，当较得劲，如有业经解京之款，即祈咨以示以便由直隶海防捐项下就近划拨，藉省

---

[1] 谭继洵片[N]. 申报, 1895-05-14.

领解之烦。至部库正当支绌，其奏定每年一百二十万，尚未敢遽行请领。倘外省协款不能应手，此间需款紧急，容再请电商拨，或由长芦应解京饷及海防新捐内随时咨商抵拨，统祈大力主持察夺为幸。"[1]尽管如此，此后各省解款仍然不无迟延。例如，光绪十九年福建省春季拨款即迟至九月初十日方起解。据该年闽浙总督谭钟麟片奏："再查闽省光绪十九年分部拨关东铁路经费银五万两，前准直隶督臣李鸿章咨，径解天津济用在案。现由司库筹银二万两，委令候补直隶州知州恒秀督同号商解赴天津投纳，定于本年九月初十日起程，尚有未解银三万两，俟秋拨核定，即当找解清款。据福建税厘局司道会同藩司具详前来。除分咨外，谨附片陈明，伏乞圣鉴。"[2]

光绪二十一年（1895年）甲午战争的失败及《马关条约》的签订，对于关东铁路的修建造成了致命打击，因为东北地区形势骤变，铁路修建日益艰难，而户部为筹集巨额赔款，不得不挪用铁路经费，所以关东铁路之修建不得不中止。

是年，据浙江巡抚廖寿丰奏称："窃查铁路经费，浙江省按年筹银五万两，业已解至二十年分止，分别奏咨在案。兹准户部咨，会奏关东铁路暂行停办，请将各省每年筹拨经费各五万两，自光绪二十一年起改解部库，以供军需等因，于光绪二十年十二月二十五日具奏，奉旨依议。钦此。钞录原奏咨浙转行遵办去后，今据署布政使聂缉规详称，现准运司解到纲票课厘银一万五千两，厘捐局解到厘金银一万五千两，再于司库光绪二十一年地丁项下动支银二万两，共合银五万两，发交日升昌号商，汇赴户部衙门投纳，守候掣批回销。所需汇费照案于耗羡项下动给造报，作为浙江省筹解光绪二十一年分铁路经费等情详请奏咨前来。臣复核无异，除咨部查照并取领汇日期咨报外，理合恭折具奏，伏乞皇上圣鉴。"[3]

---

[1]李鸿章.致庆邸[M]//顾廷龙，戴逸.李鸿章全集（35）.合肥：安徽教育出版社，2007：213.

[2]谭钟麟片[N].申报，1893-12-29.

[3]廖寿丰片[N].申报，1895-12-21.

2．慈禧太后的庆典

光绪十九年（1893年），为筹办慈禧太后的六十大寿庆典，户部奏请将该年和次年的关东铁路经费项下各划拨一百万两，以供开支。对此，李鸿章尽管非常不满，但是最终未能阻止户部的挪用，关东铁路经费一次性损失两百万两。

3．张之洞的奏留

光绪十七年前后，因湖北财政紧张，而李鸿章曾经答应关东铁路所需铁轨将自湖北汉阳铁厂采购，故而张之洞向李鸿章要求，将"鄂省应解铁路经费每年五万，十七、十八两年共十万，拟请截留，划拨轨价，俾免往返周折"[1]。此举自然未能征得李鸿章之同意。

张之洞不死心，在光绪十九年再次通过海军衙门向李鸿章提出同样要求，以湖北照例拨付铁路经费预先扣抵铁轨造价。据海军衙门致李鸿章电称："香涛此举系预支轨价，并非扣留另用，且开炼急需，势难不准。现拟照准，以观其成而免作辍，以为何如？"[2]

李鸿章仍然不为所动，明确表示拒绝。据其答复海军衙门电称："铁路已造至山海关，购地已至锦州府，需费浩繁，事难中止。前因庆典紧要，户部商借二百万，极形支绌，岁仅百万可指，实难再分，是以香涛函商借拨，未敢允行。从前电商允俟鄂厂钢轨造成，试验合用，随收随付价，庶易周转。倘预支银而轨不济用，必至贻误。"[3]

不过最终因为张之洞一再恳请，加上海军衙门的敦促，李鸿章为大局计，不得不做出些许让步，同意湖北从每年例拨铁路经费中扣留十万两以应急需。

[1]苑书义．张之洞全集：第7册，石家庄：河北人民出版社，1998：5627.
[2]李鸿章．附海署来电[M]//顾廷龙，戴逸．李鸿章全集（23）．合肥：安徽教育出版社，2007：354.
[3]李鸿章．寄译署庆邸[M]//顾廷龙，戴逸．李鸿章全集（23）．合肥：安徽教育出版社，2007：354.

4.海军衙门治理永定河的需求

光绪十九年，因永定河水患，朝廷责令海军衙门治理。海军衙门无款可筹，遂电商李鸿章，请求挪用部分铁路经费。虽然李鸿章与时任海军衙门大臣的醇亲王奕譞关系十分亲密，但是对于此事，李鸿章仍然予以拒绝，复电称："来示拟分年抽拨铁路经费。查十九、二十两年业经每年分拨百万为庆典之用，鄂中又奏留十万为铁厂之用，是每年仅余九十万，如再抽拨，便须停工。若果后效可期，则移路工以济河工，亦所不惜。傥毫无把握，徒掷巨币，坐令关外铁路要工因之停止，贻笑敌国，无补民生，必致两伤，非徒无益而已。此事必应全局通筹。"[1]

五、列强的干预

东北地区的局势原本错综复杂，日、俄、英等国争夺激烈，而朝鲜亦蠢蠢欲动。在清政府拟建关东铁路的消息传出后，各国无不侧目而视，一方面随时关注着关东铁路的修建会对东北局势可能产生的影响；另一方面亦无不企图从中分一杯羹，以扩大在华侵略权益。在此情形下，甚至是势力范围远在越南、广西、云南等地的法国政府也不甘落后，积极插手关东铁路的修建事宜，企图染指其中。

1891年5月28日和8月21日，法国驻华公使林椿接连两次向总理衙门和李鸿章等推荐法国各铁厂承办铁路相关工程。总理衙门无力抵抗法国方面的外交压力，遂将之转到李鸿章处。因为关东铁路在开始时便确定了自助办理的方针，此时如果贸然开了口子，允许法国插手进来的话，难免会引起多米诺骨牌效应，诱发其他列强纷纷加入，到时候东北地区局势将会更加复杂，令清朝无法应对，所以李鸿章思考再三，对法国方面的要求予以拒绝，在答复林椿的函件中明确表示："若果现办铁路系属创造，当事者亦可自向法国业

---

[1]李鸿章.复总署论永定河[M]//顾廷龙，戴逸.李鸿章全集（35）.合肥：安徽教育出版社，2007：574.

此之人商助，原不必由法国外部及驻京公使推荐，致涉把持。"[1]

稍后，法国方面又向总理衙门施加压力，要求承办关东铁路所需各种材料。李鸿章复函总理衙门，再次表示了明确态度："铁路应用铁桥、钢条等项，已照西国通行办法，先期出有告白，令各国厂商寄送货样、价目清单，再行订期开标，总看哪国哪厂材料坚实、工价便宜，即与定购。法商亦在应行告白之列，断不能听一国垄断，凭空议货，显违万国贸易通例。"[2]

因法国方面贼心不死，屡屡生事，李鸿章遂再次致函林椿，重申了其坚持自主修建关东铁路的立场和态度："查《中法新约》第七款声明，日后创造铁路，中国自向法国业此之人商办，又云彼此言明，不得视此条为法国一国独受之利益，是中国铁路如有借助法商之处，自可径与该商议订，不必定由贵国官员介绍。"[3]

但是，鉴于总理衙门承担了法国方面的巨大压力，为照顾总理衙门的感受，李鸿章亦对法国方面做出了些许让步，表示在采购铁路相关材料时，"如各国所议之价法商最廉，或与各商索价不相上下，均当请购法商之货"[4]。

李鸿章之所以如此，是因为关东铁路主要使用了英国方面的工程技术人员，并且采购了英国生产的钢轨。在关东铁路的修建过程中，英国一家独大，独享了太多的权益。而英国方面并不满足，胃口有愈来愈大的倾向。为了防范英国方面过多地干预关东铁路的修建事宜，并在修建成功后对铁路的运营造成牵制，李鸿章不惜铤而走险，将法国拉入东北局势之中，令英、法

[1]李鸿章.李文忠公全集·译署函稿：卷二十[M]//沈云龙.近代中国史料丛刊：第二辑第0691册.台北：文海出版社，1975：3362.
[2]李鸿章.复总署议复法人承揽铁路[M]//顾廷龙，戴逸.李鸿章全集（35）.合肥：安徽教育出版社，2007：231.
[3]李鸿章.复法国署理驻京大臣林[M]//顾廷龙，戴逸.李鸿章全集（35）.合肥：安徽教育出版社，2007：233.
[4]李鸿章.复总署议分购法商桥料[M]//顾廷龙，戴逸.李鸿章全集（35）.合肥：安徽教育出版社，2007：282.

两国相互制衡，并扼制俄、日的野心。[1]

六、甲午战争与关东铁路的修建

关东铁路自1891年5月动工兴建关内段，到1894年初关内段完工，工程进展较为快速，随后开始向关外延展。该年5月，李鸿章协同李莲英等奉旨巡视海军后，即乘坐关内段火车返回天津。据李鸿章奏称："鸿章于山海关阅毕后，乘坐火车由新造铁路回津，六百余里，半日而达，极为便速。沿途阅视所作桥轨工程均极坚稳，每里工价较之西国犹为节省。自滦州、古冶以东皆归官办，接到山海关二百余里，中多石山大涧，较古冶以西商办之路，工作倍难。中隔滦河一道，建设大铁桥一座，长至二百二十丈，工费最为艰巨。"[2]

相对于关内段的修建而言，关外段的修建则进展较为缓慢，甚至可以用一步三折来形容。其原因包括以下几点：

第一，铁路经费开始被侵蚀、挪用。（参见上文经费挪用的情形。）

第二，随着甲午战争的爆发，东北地区的形势愈发恶化，岌岌可危，导致关东铁路无法再进行施工。

在战争爆发后，一度有官员担心关东铁路会被日方抢占，反而资敌，因而建议将山海关附近铁路先行拆毁，以防止日军穿城而过。此种担忧亦引起清朝最高统治者的同感，故而在同年九月十八日，光绪帝谕令李鸿章等人认真考虑相关事宜，谕旨称："有人奏铁路开至关东，已将关门东偏平为坦途，恐倭以海轮装兵，由牛庄、金州等处乘间登陆，强劫火车驾驶，应将过关一段铁路拆卸，将关城照旧修复等语。山海关防务紧要，自应修守严整，预杜狡谋，著李鸿章按照折内所陈各节，体察情形，将如何筹备之处即行覆奏。"李鸿章随后进行了仔细查阅，并且向朝廷奏报毋庸担忧："臣查山海

[1]黄华平. 李鸿章与关东铁路的筹议和兴筑[J]. 贵州文史丛刊，2012（4）.

[2]李鸿章. 校阅海军竣事折[M]//顾廷龙，戴逸. 李鸿章全集（15）. 合肥：安徽教育出版社，2007：335.

关在今临榆县之东门，县城包跨长城一段，城南北相距里许，原各有缺口一道，为山外水道总汇之地，向无砖石基址，并非近日始行开通。关南缺口之东即为防营炮台屯扎处所，铁路取道于此，既非穿墉而出，又有炮台防护，无虑其从此入。至火车来往事前，预定时刻，临时又可电告，若有警信，道中拆去一节，则进退俱穷；车内短少一物，则顷刻成废。原折所称敌人驾驶内犯，毫无阻隔，似于铁路情事尚未深知。现在铁路仅至山海关而止，关外尚未行车，原折虑其由牛庄、金州登陆劫车，及所拟关内外行车之法，亦于现造工程未能详悉。山海关防兵云集，断无纵令敌船驶近驳渡浅滩，从容登车之理，此查明山海关铁路之情形也。"[1]甲午战争爆发后，还是对关东铁路的修建造成了不可避免地影响，导致无法施工。

第三，甲午战争失败后，中日签订《马关条约》，清政府忙于筹集3000万两"赎辽费"和2亿两赔款，铁路经费更是无法保证。

第四，依照当时内外形势，无论是清朝，还是李鸿章等人，似乎都已看出日本、沙俄侵占东北地区的野心，而清朝国势日衰，根本无力阻止这一切的发生。大厦将倾，独木难支，东北地区落入日本或者沙俄之手的悲剧命运早已注定，关东铁路的修建与否无法扭转东北地区的整个大局，与其如此，还不如暂时从缓修建，将相关经费挪作他用，剜肉补疮，以救燃眉之急。

第五，《马关条约》签订后，李鸿章声名扫地，威望一落千丈，遭到舆论的大肆攻击。清朝为安抚李鸿章，亦为平息朝野的舆论，遂将李鸿章调至广州，出任两广总督一职。李鸿章无法再组织领导关东铁路的修建，而人亡政息的悲剧自然不可避免。

---

[1]李鸿章.李文忠公奏稿[M]//《续修四库全书》编委会.续修四库全书：第0508册.上海：上海古籍出版社，2002：661.

第三节　义和团运动、八国联军侵华
与李鸿章保护铁路的努力

义和团运动的突然爆发，令清朝和列强都猝不及防。虽然不能否认义和团反帝反封建的正义性，但是亦无法回避义和团中一些成员盲目排外所造成的严重破坏，尤其是在义和团几乎遍布中国北部的情况下。

义和团所到之处，一些成员纷纷拆毁电报线路、铁路轨道等。例如，光绪二十六年（1900年）5月义和团进入直隶涿州地区后，自5月27日起的短短3天内，便拆毁了芦保铁路涿州以南至高碑店、以北至琉璃河的50多千米的铁路轨道，焚毁了高碑店、涿州、琉璃河、长辛店、卢沟桥、丰台等多处火车站。盛宣怀即奏称："宣怀二十七抵鄂，二十九晚接孙锺祥电称，琉璃河、涿州一带铁路被拳匪拆毁，电杆亦被砍断，当即驰电直督派兵保护。初一晚迭据芦保铁路各员电禀，巨马等河桥梁、道木，涿州高牌店等处车路俱毁。初一早拳匪数千人至长辛店，铁路均被拆毁，车站料厂一概焚烧，大队已趋卢沟桥，机器厂想亦被毁。保、正洋人均已赴津避乱，长辛店洋人尚无下落，全路停车停工等语。"[1]

6月26日，为阻止沙俄军队进一步侵略，东北义和团拆毁辽阳附近铁路。7月16日，据时任盛京将军增祺奏称，北至开原，南至海城，计五百里，除鞍山站外，所有俄铁路桥房均被百姓拆毁。[2]

义和团拆毁电报线路、铁路轨道的做法，尤其是拆毁铁路轨道，客观上带来的负面影响是非常严重的。一方面，直接导致了清朝自身铁路运输的能力下降，甚至是完全瘫痪，不但让清政府经济损失极大，而且削弱了清军抵抗外侮、反击侵略的力量；另一方面，清朝大多数铁路的修建都是举借外债

[1]盛宣怀.愚斋存稿：卷二十一[M]//沈云龙.近代中国史料丛刊：第二辑第0122册.台北：文海出版社，1975：558.
[2]故宫博物院明清档案部.义和团档案史料：上册，北京：中华书局，1959：221.

而成，在外债尚未还清的情况下，这些铁路的运营权尚属于各列强。而义和团大规模拆毁铁路，必定引发严重的中外交涉，为列强趁机扩大在华侵略权益提供了借口。五月初三日，盛宣怀即奏称："查高牌迤南铁路料厂尚值数百万，若再毁坏，筹款愈难。且比款合同系以北路抵借，芦汉既难中止，修复势不能缓。"[1]

义和团大规模拆毁铁路的行为，很快便引起了盛宣怀、张之洞、许景澄、李鸿章等人的高度重视。

光绪二十六年五月初二日，盛宣怀奏称："伏查芦保铁路近在京畿，猝遭匪毁，不特数百万巨款所成之工修复不易，传播外洋，尤恐借款有碍。闻直督仅派练军一营赴丰台，则芦保沿路匪徒一日不散，华洋员匠一日不能前往，桥梁轨路势必蹂躏净尽，实堪痛惜，拟请饬派聂士成亲统数营，速由天津火车驰至卢沟桥，即由卢沟桥、长辛店节节进发，并令聂军所驻保定之马队即由保定向涿州等处兜合擒拿。乌合之众必须临以纪律严明之大军方易解散了结，否则养痈成患，滋蔓难图，地方受害，何止铁路？至铁路补救愈迟愈坏，拟即飞饬各员随同所派官军，前赴各车站路厂沿路收拾余烬，查点毁失各项，再行详细具奏，设法修复。是否有当，伏乞圣鉴训示。"[2]

五月初四日，张之洞获知义和团拆毁卢沟桥一带铁路后，亦立即致电荣禄、裕禄称："叠接北路电，拳匪因闹教滋事，势甚猖獗。定兴至卢沟铁路机厂车辆料厂尽毁，实堪骇异。迤南保正铁路以及保定料厂均属可危。如进兵稍迟，必致全路俱毁，糜款数百万，如何修复？目前自以保全南路为急务。闻聂军已进长辛店，该匪必四散南窜，沿途铁路拟请速调聂军数营直抵定兴，扼其南窜之路，并在沿铁路之处择要驻守。如有乱民肆扰，即行剿办。此等匪徒抗拒官兵，戕杀武职大员，扰近都门，毁坏国家所设铁路，法所当诛。大军所至，多贴告示，声明其罪，晓谕良民勿为所惑，解散胁从，

[1] 盛宣怀. 愚斋存稿 [M] // 沈云龙. 近代中国史料丛刊：第二辑第0122册. 台北：文海出版社，1975：559.

[2] 盛宣怀. 愚斋存稿 [M] // 沈云龙. 近代中国史料丛刊：第二辑第0122册. 台北：文海出版社，1975：558.

其无知附和者自然涣散。至于动手拆路焚房之徒，按律亦当格杀勿论，应准官军开枪轰击。此乃藉闹教而作乱，专为国家挑衅。且铁路与教堂何涉，可见实系会匪，断非良民。若滋闹不已，恐豫东义和团匪徒闻风响应，剿抚均难。且各国必以保护教士教民为词，派兵自办，大局将难收拾。况近畿之地乱匪横行，尤于国威有损，于交涉他事关碍甚多。再洋人于铁路经过之地皆欲自募兵保护，蓄谋甚深，汉口至信阳一带洋人屡欲自行募兵护路，洞极力阻止，现专派勇一营保护铁路，渠始无说，然心终不愿。若直隶官兵不能保路，则湖北铁路洋人必再申前说，自行募兵，无词以拒之矣。将来自汉至卢沿路皆设洋兵，中原尚可问耶？洞为大局起见，难安缄默，故敢抒其管见，不仅为芦汉铁路也，尚祈鉴原，俯赐裁酌之。"[1]

许景澄亦奏称："涿州踞城不已，延及永清、霸州各处，涞水戕官尚未痛办，遂致匪胆愈张，甚且焚毁芦保铁路、京津铁路电杆，又毁京津至张家口电线，此皆国家派员出内帑、借洋款，集数十年之物力所经营，一旦焚毁，千数百万巨资，深堪惋惜。"[2]

此时的李鸿章虽然已经远在广州的两广总督任上，积极策划了"东南互保"运动，保护了东南地区的铁路安全，但是对于其曾经煞费心血的直隶地区仍未忘怀，通过亲信盛宣怀，对于义和团拆毁铁路的行为随时予以了关注。

五月初二日，盛宣怀通过电报向李鸿章禀报："立豫甫（立山）云，南北洋复电均到，均言宜即举办，南洋尤切实，慈圣意在必成，不久即有电催赴京开议等语。师意并征可增饷，包厘应在并征内拨补，于商无损。拳匪戕杨福同后，拆毁芦保铁路及半，法比洋人二十余名尚未出险，皆毓抚（毓

[1]盛宣怀.愚斋存稿[M]//沈云龙.近代中国史料丛刊：第二辑第0122册.台北：文海出版社，1975：830.

[2]许景澄.许文肃公遗稿[M]//《续修四库全书》编委会.续修四库全书：第1564册.上海：上海古籍出版社，2002：511.

贤）酿成也。"[1]盛宣杯又向李鸿章禀报义和团冲击芦保铁路情形，李鸿章不无忧虑地向盛宣怀表示："拳匪拆路百余里，修费何出？将来各处效尤，路恐不保，清议不以铁路为然，正快其意，时事尚可问乎？"[2]

在李鸿章、张之洞、刘坤一、王文韶等人的支持下，光绪二十六年五月初三日，盛宣怀向总理衙门呈请饬令各地方派兵保护铁路："可否请旨责令聂士成一面派兵保护高牌店迤南铁路以及保定料厂，一面将卢沟桥至高牌店沿途匪众赶紧击散，分头扼扎。宣怀以电商直督札委孙锺祥、张振荣、夏人杰等分赴各处收拾余烬，沙多亦即赴京，以图修复而安人心矣。"[3]

鉴于朝廷之上守旧派已经占据上风，而总理衙门恐怕亦心有余而力不足，盛宣怀又立即暗中联络了刘坤一和张之洞，请求两人联名上奏请旨保护铁路。五月初三日，盛宣怀《寄刘岘帅》电报称："杨福同被戕后，拳匪二十九、初一将涿州至卢沟桥丰台铁路车站机厂全行焚毁，现尚忽散忽聚，官军不能进剿。不特数百万巨款难筹修复，恐养痈成患，各国生心，何堪设想！大约朝廷姑息，成见未解，顷密电高密力陈利害，恐人微言轻，海内惟公抱忠赤，可否再电高密立定宗旨，聚众作乱者照律必诛，以杜大患，或请公与香帅（张之洞）联衔电奏。"[4]

此外，盛宣怀还单独致电荣禄，请其亦促成保护铁路之事。五月初三日，盛宣怀《寄荣中堂》电报称："高牌店至定州铁路及保定料厂亟求严饬聂军责成保护，卢沟桥迤南诸催肃清，以杜外人借口。拳匪岂足抵敌外患？昨使馆只派洋人八名持枪入围，即将被困洋人救出。借款造路本系订明由我保护，与俄路不同。此次高牌店官军袖视不救，恐后有烦言。至拆教堂，毁

[1]盛宣怀.愚斋存稿[M]//沈云龙.近代中国史料丛刊：第二辑第0122册.台北：文海出版社，1975：829.

[2]李鸿章.复盛京堂[M]//顾廷龙，戴逸.李鸿章全集（27）.合肥：安徽教育出版社，2007：46.

[3]盛宣怀.愚斋存稿·请饬聂军保护铁路料厂并相机防剿电奏[M]//沈云龙.近代中国史料丛刊：第二辑第0122册.台北：文海出版社，1975：559.

[4]盛宣怀.愚斋存稿·寄刘岘帅[M]//沈云龙.近代中国史料丛刊：第二辑第0122册.台北：文海出版社，1975：829.

铁路，仍是国家吃亏，尤恐各国藉端派兵自卫，况御外侮在练兵，不在姑息匪类。杨福同已被戕，似难不以匪论。宣怀断非因铁路请泄愤，实虑养痈成患，各国生心，大局何堪设想，务乞中堂详察奏明办理，宗社之幸。"[1]

在这场声势浩大的保路运动中，令人奇怪的一点就是始终未曾见盛宣怀恳请李鸿章向朝廷奏请降旨保护铁路的记载。事实上，李鸿章对义和团冲击铁路的情形一直了若指掌，作为其亲信的盛宣怀也一直在随时向其通报各方面的情形，但是鉴于年甲午战争惨败后，尤其是签订丧权辱国的《马关条约》后，李鸿章一夜之间威望落地，朝野上下许多不明事理之官员、百姓皆将其视为汉奸国贼，纷纷奏请将其斩首示众甚至是诛灭九族，以致连慈禧太后都无法保其安然无恙，只好将其远放两广总督以暂避风头。在此种情形之下，李鸿章为自身计，亦为保护铁路计，实在是不宜再为铁路之事而向朝廷呈递奏折，以激怒当时正执掌朝廷大权的守旧派。所以，李鸿章私下里对盛宣怀表示，当时朝廷之事"似非外臣所能匡救"[2]。

尽管如此，盛宣怀仍不断将有关情形电报李鸿章，其他北洋派系的亲信们亦不断向李鸿章定期禀报各方情形。例如，六月二十八日，因为东北义和团势头凶猛，到处破坏，沙俄心怀叵测，坐视不理，驻俄大使杨儒即致电李鸿章称："盛京有兴兵毁路之举，俄通国身家在此铁路，若满洲有警，决裂无疑，大局安危，在此一着，……力保路工。"[3]

在此种情形之下，李鸿章亦无法做到绝对置身事外而袖手旁观。所以，盛宣怀向总理衙门呈请代奏、请求张之洞和刘坤一联合奏请、转交驻外使臣有关电奏及其本人亲自向朝廷奏请，种种计策的采取，应该与李鸿章的出谋划策不无关系。只是，李鸿章限于各种因素，不敢直接站出来而已。

[1]盛宣怀.愚斋存稿·寄荣中堂[M]//沈云龙.近代中国史料丛刊：第二辑第0122册.台北：文海出版社，1975：830.

[2]李鸿章.复盛京堂[M]//顾廷龙，戴逸.李鸿章全集（27）.合肥：安徽教育出版社，2007：46.

[3]吴汝纶.李文忠公全书·电稿：卷二十三[M].光绪金陵书局刻本，1905：15.

不仅如此，与盛宣怀不同，此时的李鸿章实际上已经站得更高，看得更远。当盛宣怀还纠结于保护铁路、矿产等问题时，李鸿章实际上已经未雨绸缪，在考虑义和团的善后事宜和必然随之而来的中外交涉问题。

果不其然，在义和团运动陆续被扑灭后，因为各处铁路被拆毁严重，所以列强趁机勒索，图谋进一步扩大在华侵略权益。例如，1900年9月和10月，沙俄外交大臣乌赫托姆斯基在与李鸿章之子、清政府代表李经方交涉时，即提出要独占东北的无理要求。在遭到拒绝后，又向李鸿章提出十二条，包括：

第一条：俄主愿表友好，不念满洲开衅之事，允将满洲全行交还中国，吏治一切照旧。

第二条：东省俄路合同第六条准该公司设兵保路，现因地方未靖，该兵不敷，须留兵一股，至地方平靖及中国将本约末四款办到之日为止。

第三条：如遇变急，留驻之兵全力助中国弹压。

第四条：此次与俄攻击华兵尤甚，中国允于路工未竣及开行以前，不设兵队。他日设兵，与俄商定数目，军火禁入满洲。

第五条：中国为保安地方计，凡将军大员办事不合邦交，经俄声诉，即予革职。满洲内地可设马步巡捕，与俄商定数目，军械除炮供差，不用他国人。

第六条：中国前允成议，中国北境水陆师，不用他国人训练。

第八条：连界各处，如满蒙及新疆之塔尔巴哈台、伊犁、喀什噶尔、叶尔羌、和阗、于阗等处矿路及他项利益，非俄允许，不得让他国或他国人，非俄允许，中国不得自行造路。除牛庄外，不准将地租与他国人。

第九条：此次俄兵费，各国赔款均应清还，俄名下赔款数目期限抵押，与各国会同办理。

第十条：被毁铁路暨公司，工师被劫产业，又迟误路工贴补，均由中国与公司商赔。

第十一条：上项赔款，可与公司商定，将全数分出若干，以他项利益作抵，该利益可酌改旧合同或分让利益。

第十二条：照中国前允成议，自干路或枝路向京造一路直达长城，照现行章程办理。[1]

无疑，沙俄极力借中东路说事，项庄舞剑，意在沛公，狮口大开，妄图一举吞并整个中国东北，并独占中国北部。李鸿章虽然力图委曲求全，但是考虑到东北的军事和政治地位，始终不予松口，力图将中俄交涉由沙俄单方面的漫天要价拉回到中东路自身，就事论事，以便限制住沙俄的巨大野心，保护中国自身合法权益。

不仅东北地区的铁路交涉令人焦头烂额，义和团运动后的关内各省铁路交涉亦接连不断，令李鸿章疲于应付。光绪二十七年（1901年）五月十六日，李鸿章在其呈递的《请饬各省保护铁路电线折》中，即提到比国使臣姚士登因拳匪肇衅，曾经两次照请保护芦汉铁路。为此，李鸿章特别奏称："臣等查铁路以便转输，电线以通消息，益国便民，功效难以枚举。近十余年来，国家于铁路、电线两端，特派大臣经营缔造，动拨部帑，筹借洋款，始得具此规模。乃民间风气未开，习于锢蔽，未谙朝廷利国之远谟，视同外人经商之恒产。去年拳匪之乱，肆意拆毁，几至前功尽弃。现在事局粗定，逐渐修复，又须另筹巨款。比国使臣姚士登因芦汉铁路系借比款兴修，照会臣等奏明请旨责成保护，系为保全路工，预防变端起见，似可准行。且据照称，联军须目睹中国竭力设法保护外国人及铁路诸物方能退去，尤应实力筹办，以期大局早定。"[2]

［1］杨儒.中俄会商交收东三省电报汇钞·电庆相李相[M]//沈云龙.近代中国史料丛刊：第一辑第0339册.台北：文海出版社，1966：27.

［2］李鸿章.李文忠公奏稿·请饬各省保护铁路电线折[M]//《续修四库全书》编委会.续修四库全书：第0508册.上海：上海古籍出版社，2002：717.

次年四月二十四日，远在西安的慈禧太后和光绪皇帝亦意识到保护铁路之重要性，因此特意降旨："上谕奕劻、李鸿章奏请严饬各省保护铁路电线一折。铁路电线为国家兴利之端，十数年来经营缔造，迭费巨帑，方得粗具规模。乃上年拳匪之乱，芦汉铁路及沿途电线肆意拆毁，几致尽弃前功，殊堪痛恨。现在大局渐定，亟应及时修复。其经过地方，尤宜加意防范。著各该督抚严饬所属州县及各防营认真办理。该公司各项物料均系动用国帑购造，工艺诸人亦系国家招雇，均应一体切实保护，毋得稍有疏虞，致干参处。并著出示剀切晓谕军民人等，务各仰朝廷兴作本意，家喻户晓，悉泯猜嫌。倘有抗违，定即严拿重办，以肃政令。至沿途巡护之兵，必须得力，应如何酌量归并随时调遣之处，著督办铁路大臣妥议章程奏明办理。"[1]

---

[1] 清实录馆. 清德宗实录：卷四八二（光绪二十七年四月己未）[M]. 北京：中华书局，1987.

第 八 章

帮助李鸿章修建铁路的人

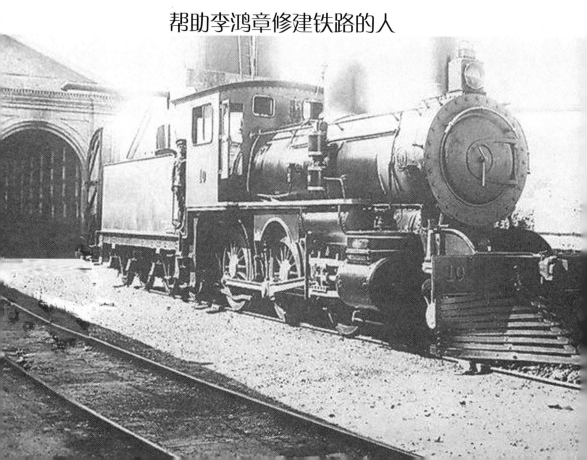

李鸿章铁路思想的萌生、提出和实践，包括其铁路外债观的形成、推介铁路思想的努力，除了个人的因素，还与其身边人的影响、帮助密不可分，尤其是郭嵩焘、马建忠、薛福成、盛宣怀等人。

第一节　郭嵩焘：影响李鸿章的铁路思想和铁路规划

郭嵩焘是李鸿章铁路意识萌生的促使人，也是其铁路实践的最早支持者。在离开政治舞台后，郭嵩焘仍然对铁路问题予以了高度关注，并且对李鸿章的铁路思想和规划产生了重要影响。

一、提出了稳扎稳打、步步为营的铁路修建原则，纠正了当时一些官员思想中的铁路冒进错误认识，从而让李鸿章对铁路的建设有了更加清晰明确的规划和蓝图

光绪十四年（1888年）九月，天津至唐山铁路修筑完毕，李鸿章向海军衙门建议续修天津至通州铁路。郭嵩焘对之深表赞同。与此同时，对于当时张之洞等人所提倡的大举兴修铁路之议，郭嵩焘却认为存在急躁冒进之嫌，不以为是。

是年，在答复李鸿章的书札中，郭嵩焘即明确表达了个人对于当时铁路事宜的态度。书称：

> 前奉五月赐械，以孙本谋日谋北行，带呈一书，而事局屡变，凡三易书，致所急待上陈者反更濡延。伏处荒山，见闻疏陋，独于天时人

事深观默相，粗能辨知其因革缓急之宜。窃独以为中堂创兴铁路，试行之津通数百里，为深得机要，盖泰西富强之业非中国所能骤期也，而固不可不通其义而引其端，所兴造者数百里之地，经费犹可取给也。行旅往来，日无停轨，计尚可得一二厘之息，庶冀远近知其便利，仿而行之，渐次推广。泰西铁路公司通及十余国，皆渐积以成，而行之一段即收一段之利，公司皆得为之，分任其功而总计其息，所收货税，各国自有经理，而铁路通任之公司，未闻一举营治数千里、估费数千万，示期八年，为此无端崖之计划者。然且曰是将以求富强也，乌在其为富强哉？自取穷困而已矣。

数千里之远，宜开铁路几道、车几辆、添设栈行几所，均未暇计。北道诸水湍疾，泥沙俱下，水涨则车路尽没，又浮沙不受杵，按里估费，参差百出，势难画一，均所弗论。独就创修经费论之，惟借贷洋款为最可恃，而泰西计息以六厘为率，千万之息，月须六万，三千万之数，计息八年，已逾千万。泰西集股之法，按股品息而已，然在本国至五六厘已为厚息，今且未知所收利息几何，而先坐耗千余万之息，从何取赢以求善其后乎？数千里之地，百货之转输，商贾之贸迁，可偻指计也。造端宏大，浮费百出，重以委员薪水之糜费，任事者之中饱，所借洋款无从筹给，势将以所修之铁路准折之洋人，为累将至无穷。香帅大言炎炎，读者心折。嵩焘视其文无一语可为据，依横渠论学分别闻见之知、心性之知，虽圣人何尝不假闻见以益其知，而闻见之知终是隔膜。香帅于闻见之知粗为近之，惜其于事理未达者多也。

京师士大夫于津通铁路尝议甚力，而于香帅一疏折而服之，无敢议及者，且勿论其他四十里之通州，曰密迩神京，卢沟桥距京尤近，反不为逼乎？天津通商口岸，汉口之通商独无虑乎？见小而忘大，虑近而失远，人言愦愦如此，良可笑叹。要知其可虑者，固皆无足虑者也。嵩焘所虑者，独谓国家物力未足以堪之，将谋为富强之计，所费过巨，收效尤难，非经国之义也。

泰西富强，具有本末，所置一切机器，恃以利国致远，则末中之末也。今将习其末而徐探其本，但宜小试，而决不宜大举，故谓津通铁路惟中堂能断行之，亦惟中堂能知其妙用，非沿海言洋务者所能辨也。香帅铁路之议以三千余里为程，筹备经费，勘估道路，事前之烦费已不可胜计，其势亦决不能行，幸而八年之久，铁路告成，事变且益繁，多未睹其利而先见其害，又可豫计而决知其然也。中堂于此宜熟思审处，未宜傅会成之。陆务观在蜀，于丈人观道院见青城山道人，言为国家致太平与长生不老皆不易言，且当守国使不乱，以待奇才之出，卫生使不夭，以须异人之至，不乱不夭，不得异术，惟谨而已。每思此言，而知有宋人才皆未见及此。

窃论富强者，三代以下太平之盛轨也。今时风俗颓敝，盗贼肆行，水旱频仍，官民交困，岌岌忧乱之不遑，而轻言富强乎国，于天地必有与立，岂有百姓困穷而国家自求富强之理？西人以通商为义，本无仇害中国之心。五六十年来，枢府诸公不一研求事理，考览人才，悬一防堵之名，莫辨其缓急轻重，一责以防剿，虚求之而虚应之，一转盼间，又悬一富强之名，索之杳茫冥昧之中，以意揣其然何为者也。

前书论吴清卿一疏，自谓有见而多未达其旨。窃以为天下大政总之枢府，枢府得其人，即万事理，如不得其人，各以所存之志、所处之时与地求自靖，焉可也？读海军衙门奏驳香帅各条至为精透，亦见香帅所言之失实也如此，可云考求西法，而顾未能考求中国之情势，知其利而不知所以利。

嵩焘以为轮船电报必宜通行，铁路暂必不能行，无已，则小试之，徐徐推广之，庶无大失也。故深以谓香帅此疏为乱天下之本，苦京师诸公愍知此义者，颠倒惶惑，议论纷歧，贻误国家，心窃悼之。曾重伯告知薛叔芸，曾以嵩焘《使西纪程》入告，仰蒙圣人垂询，颇用为疑。此书略载海道情形，于洋务得失无所发明，未知叔芸何取。于是徐思之，书中论处置洋务事宜略有二三段，多朝廷所未闻，叔芸用是以相启沃，于此益知叔芸有心人也。其书进呈与否，于嵩焘无所加损。初议至西洋每月当成日记一册呈达总署，可以讨论西洋事宜，竭所知为之，得何金寿一参，一切蠲弃不复编录，此却可惜耳。[1]

稍后，在致黎庶昌的书札中，郭嵩焘亦提及其致书李鸿章论辩铁路事，书称："去秋与傅相论铁路事宜，傅相以为知言，而谓所见正亦如此。京师皆以是蔽过傅相，此又以见任事之难。而大臣为国经谋远计攻击之，与其铺张附和之，一皆失其本旨。而其议论混淆，是非倒乱，终使所事无一能成。如今日铁路虚糜已甚，亦岂能有成功之望哉？天下之事眩惑于议论，而终以耗国病民，盖常有之。得一二办事之才诚不易矣，办事而又能解事之尤难也。"[2]

二、撰写了《铁路议》《铁路后议》，将中国人对铁路的认识上升到更高的高度，系统地阐述了铁路修建的必要性、可行性和需要注意的问题，包括举借外债、铁路与国防等，让李鸿章对于铁路的认识更加深刻和系统

光绪十五年（1889年），郭嵩焘先后写成《铁路议》和《铁路后议》两文。

《铁路议》记：

泰西汽轮车起于乾隆之季，初犹未敢行远也。各择所便为之，得利焉则纳税于官。其驰走数百里赴利，乃集会为公司，以董其事。久之，纵横交互，建造日繁，始合并而纳之官，连为一总公司。又久之，而通各国为一公司，是以泰西形势互相入，亦互相维。国大兵强，遂以

---

[1] 郭嵩焘. 养知书屋集·致李傅相 [M] // 沈云龙. 近代中国史料丛刊：第一辑第0152册. 台北：文海出版社，1966：673.

[2] 郭嵩焘. 养知书屋集·致黎莼斋 [M] // 沈云龙. 近代中国史料丛刊：第一辑第0152册. 台北：文海出版社，1966：692.

称雄天下。国小者亦皆有所凭，恃以自立。盖铁路之兴不及数十年，而泰西之富强乃益盛。浸寻而至印度，浸寻而至兴安岭以南。日本亦通行之国中，其势且日相逼。虽使尧舜生于今日，必急取泰西之法，推而行之，不能一日缓也。

虽然，为是者有本有末，知其本而后可以论事之当否，知其末而后可以计利之盈绌。本者何？人心风俗而已矣。末者何？通工商之业，立富强之基，凡皆以为利也。人心厚，风俗纯，则本治，公私两得其利，则末治。

请言其本：中国商贾夙称山、陕，山陕人之智术不能望江浙，其榷算不能及江西、湖广，而世守商贾之业，惟其性朴而心实也。性不朴则浮伪百出，心不实则侵盗滋多。浮伪侵盗盈于天下，朋友不相顾，父子兄弟不相保，而欲以揽天下之计，权四方之利，谁可与持久者？彼其长驾远御之略，又非校量尺寸者所能任也。才愈大则术愈工，术愈工则只以营私，而不足以溥公利，任大谋。比俗之人踵而行焉，莫之省也。此本之失也。

又请言其末：泰西人计利远，每举一事，倾资百万不顾，而期之数年、数十年之后，愈久而其利愈博，而终未有举无名之费，为苟且之计而不计利者。中土计利则忘其害，计害则遗其利。较利之多少而起应焉，课利之迟速而争趋焉。朝为其事而夕责其功，无远计也。而假之公者又辄以为国家不言财利，不问有无资人之取求而干没之，急其私不顾其公，图其始不究其终，苟得一身之利而止矣，苟得一日之利而止矣，是以百为而百无成，此末之失也。本失，则凡所与谋者为诈为虞，而无固心；末失，则凡所为计者侥得侥失，而无恒守。本末俱失，而可与为国家久远之利乎？凡利之所在，国家与民共之，而又相与忘之，斯所以为大公也。民与民争则扰，上与民相匿则溃。扰者，势有不能行，溃者，情有所不能交达也。

　　今行汽轮车必造铁路，则请先言铁路之利害。铁路南北直达数千里，其间东西驰骛，车马络绎，无有止息，而汽轮车之发瞬息百里。泰西东西交驰之道，皆置栅门，有电报以司启闭，然且有横出铁路之中，相触击为齑粉者，彼此不相咎也。中土一鸡一犬之蹂践，议论繁滋，有司已穷于讯断。其尤甚者，铁路之通利可以一日千里，而必两轮相辅，左右锲铁路附着以行，投石若坚木当车路，车碾坚而有逾寸之悬，则轮无附着，左右偏强偏弱而行不利，不利则倾，从而外驰焉，则横决，火力猛则暴裂，一汽轮连车数十，莫之御也，而方寸之石败之。豫东马贼一日踔百余里，以剽掠为生，方寸之石，取之道途皆是也，则虑掀车覆辙之日相寻也。故曰：钺滑鬼琐，不可与兴大工；弛易龃差，不可与言同利。尽国家之利，囊括以举之，委输以糜之，相与以兴修铁路为名而已，百姓无奔走效事之忱，官民无乐利与同之愿。正恐铁路之兴，非可旦夕期也。[1]

《铁路后议》记：

　　泰西遍国皆机器也，中国无能效之，其必宜效者二：一曰电报，一曰汽轮车。盖中国幅员万里，驿路远者经月乃达，骤有水旱之灾、盗贼窃发之事，利病缓急在须臾之间，而所以应之常在数月之后。有电报则信息通，有汽轮车则转运速，可以处堂户而坐制万里之外，是二者之宜行也，无待再计决也。

　　虽然，泰西立国之势与百姓共之。国家有所举废，百姓皆与其议；百姓有所为利害，国家皆与赞其成而防其患。汽轮车之起，皆百姓之自为利也。自数十里数百里以达数千万里，通及泰西十余国，其国家与其人民交相比倚，合而同之，民有利则归之国家，国家有利则任之人民。是以事举而力常有继，费烦而用常有余。

　　夫权天下之势，非一都一邑之能取资也；转百货之利，非一舟一

　　[1]郭嵩焘.养知书屋集·铁路议[M]//沈云龙.近代中国史料丛刊：第一辑第0152册.台北：文海出版社，1966：1494.

车之能任载也。今殚国家之利兴修铁路，所治不过一路，所经营不过一二千里，而计所核销之数，视所用数常相百也。是其意将以为利也，而但见其费，未睹其利。又一切行以官法，有所费则国家承之，得利则归中饱。积久无所为利焉，而费滋烦，于是乎心倦而气益馁。泰西通一国之利以为利，日推日广，行之久，遂以为富强之基。中国竭府库之储以为利，利未兴而害先见焉，将并所已有之成功而弃之。何则力有所不能济，势有所不能周，是其为利终无几也。

电报者，通所治行省之气，有事则急先知之，可以国家之力任之者也。汽轮车者，有事则征兵转饷，莫之或阻，无事以通商贾之有无，非能专以国家之力任之者也。汽轮车之起，当乾隆之季。电报之起，在道光之季。用此以横行天下，战必胜，攻必取，诚有以致之尽泰西十余国比合以尽其利者也。土尔机、波斯，附近泰西，而制法各别，电报起绕三四十年，皆能行之。汽轮车在电报之前，至今土尔机、波斯诸国未之能行也，此亦理势自然之数也。[1]

郭嵩焘《铁路议》《铁路后议》两篇文字皆是为时而作，有的放矢，所以其所阐述的问题非常明确：

第一，铁路的修建势在必行，并且有百利而无一害。

第二，铁路的修建必须是国家与百姓共同合作的产物，将来亦必然是双方共享利益。鉴于此，商办铁路可能是最佳选择。

第三，清朝当时的内忧外患决定了不适宜大规模快速修建铁路，而必须循序渐进，步步为营。在此种情形下，向列强举借外债以修建铁路的模式亦是可取的，但是不能急躁冒进，不能令借债的数额超过清朝实际的承受能力。

通过考察郭嵩焘自身的生平经历及其所遗留的文字，不难发现，郭嵩焘由早期的大声疾呼，积极主张快速修建，到后期的沉默寡言，赞同循序渐

[1]郭嵩焘.养知书屋集·铁路后议[M]//沈云龙.近代中国史料丛刊：第一辑第0152册.台北：文海出版社，1966：1499.

进，稳扎稳打，其自身之铁路认识、思想和主张也在不断变化。

郭嵩焘与李鸿章之铁路思想不尽相同，其原因有二。

一是李鸿章身为封疆大吏，又屡屡参与中外交涉，备尝其中的艰难险阻与艰辛，故而变法之心益发迫切，推行改革之步骤难免在不知不觉中给人以稍大之嫌。而郭嵩焘对于晚清所面临的内忧外患，尤其是外患亦十分清楚，并且因其一度出使英法，亲眼所见，亲耳所闻，故而更了解中国之积贫积弱的国际处境，所以更注意小心翼翼地迈步，紧锣密鼓地前进。最终，郭嵩焘用自己的思维影响了李鸿章，让其侥幸摆脱了冒进的错误，而转向稳扎稳打，步步为营。

二是李鸿章虽然对清朝忠贞不贰，但是其饱读诗书的史学远见和长期出将入相的宦海浮沉，让其对清朝的日薄西山和亡国悲剧早有清醒认识，其所做的一切努力都不过是在苦苦支撑、苦苦拖延而已，正如其自嘲为裱糊匠，所以其改革措施不但涵盖范围广泛，而且不自觉中脚步就迈大了，且无暇去探究向西方学习的根本何在。相比之下，郭嵩焘对清朝虽然亦是忠心耿耿，渴望清朝能够由弱变强，实现富国强兵的目标，但是其对洋务运动的长期关注和出使英、法的亲身阅历，都让其对于改革始终保持了一种相对的理性和冷静，知道向西方学习的根本何在，并非是简单地学习西方的坚船利炮。

郭嵩焘正是将自身对于铁路的认识和思想，一点点地渗透给李鸿章，让其在最初萌发出铁路意识，能够成为近代中国最早的铁路先驱之一。接着在李鸿章出现冒进苗头时，又当头棒喝，让李鸿章折回稳健的准绳范围内。最后在李鸿章因为屡屡受阻而心生悔意时，又勇敢地鼓舞和支持李鸿章，让其始终有信心将铁路建设下去。

可以说，郭嵩焘与李鸿章，两人不仅是同年挚友，还是政治上最稳固的盟友和思想上的前后棒。郭嵩焘不仅向李鸿章传递铁路的知识、信息，是李鸿章铁路意识诞生的最早引导者之一，还是李鸿章在主张、主持修建铁路过程中的坚定支持者和呐喊者，是李鸿章最可信赖的顾问参谋人员。对此，当代学者贾熟村即言："李鸿章与郭嵩焘都是洋务派的佼佼者，志同道合，互相支持。又同受守旧派的攻讦，同病相怜，互相同情，互相安慰，形成了他们之间的深厚友谊。"[1]

第二节　马建忠：帮助李鸿章坚定铁路认识，树立理性的铁路外债观

马建勋、马建常、马建忠兄弟三人是李鸿章幕府中不容忽视的三位重要成员。在铁路的引入和修建方面，马建忠更是李鸿章的得力助手。

马氏兄弟祖籍江苏丹阳，寄居丹徒。咸丰元年（1851年），马建常先入徐家汇之法国天主教会所办的依纳爵公学（后称徐汇公学）。次年，马建忠亦入该校。在校期间，两人尤其是马建忠勤奋好学，博览古今中外书籍，精通拉丁文、法文、希腊文、英文等，于一切近代事物亦多有留心。

同治元年（1862年），李鸿章任江苏巡抚，长兄马建勋见知于曾国荃，曾任淮军办理粮台官。[2]同治九年（1870年），李鸿章升任直隶总督，将马建忠延至幕府。光绪二年（1876年），李鸿章奉旨前往烟台与英国驻华公使威妥玛谈判马嘉理一案，马建忠随行，颇有翊赞之功。从此，渐渐受到李鸿章之信任和重视。

同年十一月，李鸿章奏派马建忠充任出洋随员，护送福建船政学堂学生出洋学习，并命马建忠抵达欧洲后认真讲习各国交涉公法律例。稍后，马建忠至法国，入巴黎政治学院学习。光绪三年（1877年），清朝筹备向外派遣使节。光绪四年（1878年）正月二十六日，李鸿章致信郭嵩焘，荐举马建忠，称"马郎中建忠志趣尚好，人亦聪明，法文法语俱精，现在官学讲习交

[1]贾熟村.李鸿章与郭嵩焘的友谊[J].安徽史学，2002（1）.

[2]张若谷.马相伯（良）先生年谱[M]//沈云龙.近代中国史料丛刊：第一辑第0664册.台北：文海出版社，1966：4.

涉律例，可备就近驱策。倘能兼翻译，又不误所学，则两益矣"[1]。五月初，郭嵩焘正式任命马建忠兼职办理翻译事务。

次年，马建忠在给李鸿章的书信中禀称："窃念忠此次来欧一载有余。初到之时，以为欧洲各国富强，专在制造之精，兵纪之严。及披其律例，考其文事而知其讲富者，以护商会为本；求强者，以得民心为要。护商会而赋税可加，则盖藏自足；得民心则忠爱倍切，而敌汽可期。他如学校建而智士日多，议院立而下情可达，其制造、军旅、水师诸大端，皆其末焉者也。于是以为各国之政，尽善尽美矣。及入政治院听讲，又与其士大夫反复质证，而后知尽信书则不如无书之论为不谬也。……以上无负中堂栽培之意，下无忘西学根本之论。"[2]

光绪五年（1879年），英国公使威妥玛向总理衙门提出修改中外交往礼仪以及洋货进入内地免缴厘金等事，总理衙门致函李鸿章妥善筹办。李鸿章则将总理衙门来函直接转给马建忠，请其代为筹划。马建忠递交《覆李伯相札议中外官文涉仪式洋货入内地免厘禀》，称："中外交涉以来，西人两次构衅，借势凭陵，乘我仓卒之时，要我立约，……故领事则优如公使，税则则轻于各国。我方循章守约，无缘启齿，今何幸难端先自彼发，正可因其相要者，我据公法以争之，使果如愿以偿，诚不至自封故步，即或所议不洽，亦不过仍守旧章。"[3]

光绪五年（1879年）冬，因为李鸿章有意于修建铁路，马建忠特意连续撰写了《铁道论》《借债以开铁道说》两篇文章介绍铁路问题。

《铁道论》一文首先阐述了世界各国铁路修建情形，认为"所以立富强之基者，莫铁道若也"。

[1]李鸿章.李文忠公奏稿[M]//《续修四库全书》编委会.续修四库全书：第0507册.上海：上海古籍出版社，2002：298.

[2]李鸿章.李文忠公奏稿·请饬各省保护铁路电线折[M]//《续修四库全书》编委会.续修四库全书：第1554册.上海：上海古籍出版社，2002：24.

[3]马建忠.适可斋纪言纪行[M]//沈云龙.近代中国史料丛刊：第一辑第0153册.台北：文海出版社，1966：79.

其次，提出了铁路建设中非常重要的三个问题，即筹款、创造、经理三大端，并分别进行了详细论述。筹款方面，叙述了欧美各国情形，"其款或纠集于商，或取给于官，或官与商相维合办"，"总之，不外乎相地制宜，使之入浮于出者"。由此，认为中国完全不必担心当时朝野所谓的"以官助商，费且数十百万，漏卮堪虞"问题。创造方面，则是参考欧美各国修建铁路情形，就"度地势，置铁轨，造轮车，设局站"等具体问题提出了一系列建议。经理方面，主要介绍了欧美各国有关铁路职官、岗位的设置及其职责划分等。

再次，强调了中国修建铁路的必要性和迫切性，认为"火轮车惟中国可行，惟中国当行，且惟中国当行而不容稍缓"。可行与当行之理由有三：一是一旦遇有水旱灾害，则无挽运之艰，声气易通，此救患之利当行也；二是铁道可省转输和籴之费岁数百万，此节用之利当行也；三是便于煤铁之开采与运输，此开源之利当行也。当行而不容稍缓之理由则是"今日之域外，环中国之疆宇，无非铁道也。英由印度北行，且逾廓尔喀而抵克什弥尔矣。……俄人踞图们江口立电报，由恰克图以径达俄都，行且筑铁道于黑龙江滨以通挽输矣。吾若不乘其未发之时急行兴作，将不数年，各国之铁道已成，一旦与国失和，乘间窃发，而吾则警报未至，征调未齐，推毂未行，彼已凭陵我边陲，控扼我腹心，绝我粮饷，断我接济"。

最后，论述了官办商办的优劣问题，认为可以由商人举借外债以修建铁路，"夫借债以开铁道，所谓挹彼注此，非若借债以偿赔款，而贻偿息之累。况借债另有变通之法，其法维何？曰铁道专由商办，而借债则官为具保，如是则阳为借债之名，阴收借债之效，用洋人之本，谋华民之生，取日增之利，偿递减之息"[1]。

《借债以开铁道说》则专门介绍了各国铁路借债之情形、外债利息等，并详细地阐述了中国修建铁路的重要性，以及借债修路的必然性和可行性。

[1] 马建忠. 适可斋纪言纪行[M] // 沈云龙. 近代中国史料丛刊：第一辑第0153册. 台北：文海出版社，1966：31.

据其文记：

> 今中国议开铁道，当以筹款为先，顾将筹之于官乎，而京协等饷拮据已甚；抑将筹之于民乎，而风气未辟，集股维艰。无已，则有借洋债之一法。然而借债以开铁道，事属创举，苟非仿效西法，参酌得中，何足以臻美善而绝流弊？窃尝熟察事机而统计之矣。中国果借洋债，办法多端，其中有不可行者，有不可不行者，有可行不可行因乎其人者。

其中，不可行者有二：一是"若不自行承办，径往英法等国与其官私银行面行商榷，由我计息，由我定价，一杜居间把持之弊，则不可行"。二是"若招洋股，则不可行"。

其不可不行者有三：一是"仿效西法，并五六年当偿之息一气借成，以免异日腾挪，无所失信于人"。二是"仿效西法，每年偿息外，另提或一厘或厘半，大约摊至五十年，即可结清"。三是"仿效西法，一切借券第标号数，不标姓名，一俟铁道得利之后，将其券逐渐收回"。

此外，未可预定者有二：一是"借贷之事，曲折难行，其借也，银行可按期而取足，民间难悉数以取盈。借于银行与不借于银行者之未可预定也"。二是"外洋铁厂指不胜屈，素慕中国铁道之利，假使径向赊欠各种轮机轨辙铁道所需，工竣后按年拨还，似可减称贷之款而省转折之耗。此赊欠铁厂与不赊欠铁厂之未可预定也"。

其后，文章又说：

> 或曰借债必有所取信，取信必有所指名。今向洋人借债，何者取信？何者指名？西人惟知中国购置枪炮，必偿其直，与夫西征借饷必偿其息，然皆官为之任而有所指名。今猝需款数千万金，无所质信，能乎不能，使或惧西人之不我信，而指关税以为名，无论关税各有分项，难以腾挪。且前者借用洋债之时，议者动谓窒碍多端，司农奏明停止，似亦未便。因此再借巨款，致烦过虑，曰此乃不知借款以行铁道之理也。欧美诸国铁道迄今造成者不下四万余里，何一非借款以成，何一有取保

之说？而所恃以取信者，不过恃一素有名望之监工踏勘估工之清单，与夫日后运载之利益耳。中国铁道以联络南北为要，所获赢余必甲天下，人人共知。诚得一精炼监工，细为勘估，即持所勘估者以示外洋，必可取信，何事国为之保，指关税作偿款而后可哉？

使或虑为效迂远，难供运用之需，则有简便之法。其法维何？曰先筑一由津达京之铁道以为提倡。其利有六：

中国铁道未经监工估计，而由津至京闻有一英国监工尝为履勘，袭其已勘之迹，再加覆勘，则事半而功倍矣。其利一。

自津距京径行无逾二百里，期年可成，明效易见。其利二。

南北铁道非一二年可竣，造端宏大，易启惊疑。津京铁道一成，则南北往来先以轮舟，继以轮车，士庶官商人人称便，将来继筑南北铁道，集款必易，转运亦速。其利三。

中国之行铁道、电报，事属创见，不知者必群起攻之，以为宜于外洋而不宜于中国。使津京铁道一成，人见其周行之便，驰驱之疾，无不习为故常也。且平素以车为生者，为火车搬运货物、起卸行李，较畴昔有益无损，而后知铁道之设上足以利国，下足以利民。止有因铁道而便于往来之利，绝无因铁道而失其生计之害。如此则他日考求西学，小儒不至咋舌，清议不至腾口矣。此亦挽回气运之先声也。其利四。

铁道之难，不在创制之维艰，而在经理之不善。南北铁道执役之人数千，经营之人数百，华人既不谙行铁道，势必专雇洋人，费不胜计。今若先制京津铁道，挑选华人学治道途，学置铁轨，学驶轮车，学司收纳，他日即可用于南北。其利五。

初创铁道，仓卒借债之主不能深信，息或过厚。西人著论中国之书充栋汗牛，皆以官饱私橐、政出多门为说。倘举铁道由官督办，外洋债主虽知斯道之必可获利，而或恐事权不一，侵蚀甚多，日久弊生，债主受损，于是增其利息，以为孤注之掷者有之矣。否则，遣用信人，名为监察各事者有之矣。今制津京铁道，用人宜专，制法宜善，在我必慎于始，以立渐推渐远之基；在彼得全其资，益征无诈无虞之信。即使创造伊始借息或重，而需款不巨，则偿息亦微。洋人见中国铁道有成，异日借用巨款，其息必可大减，是津京铁道之足以取信者远也。其利六。

夫通道为浚利之源，借债乃急标之举，术虽补苴，要皆气数转移之机，国家振兴之兆。苟于借债之中不筹一泛应曲当之良法，而顾鳃鳃焉虑有流弊而中止也，是何异虑色荒而禁婚姻、虑禽荒而废搜狩也，弗思尔矣。[1]

马建忠在文中指出了当时清朝在铁路修建方面所存在的最大问题，即经费不足，而解决此问题的最直接有效的方式就是直接向列强举借外债。而要举借外债，首先要转变以借债为耻的观念，认识到借债与国体无伤。借债是可行的，关键在于趋利避害，所借款项必须是用于谋求富国强兵，而非其他事务。债务借完之后，必须妥善筹划偿还本金和利息的问题，以维持良好的借贷信誉。

马建忠上述两文是否对李鸿章产生影响，未见明确记载。但是，从写作目的分析，马建忠写作此两篇文字应该是为了呈递给李鸿章或者当时的总理衙门、朝廷过目，而以当时马建忠之官职地位及其与李鸿章之私人关系考虑，更像是呈递给李鸿章。其用意不难猜测。

从李鸿章后来的反应和言行中，我们也可以推测，此两篇文字应该对李鸿章产生了比较重要的影响。第一，光绪六年（1880年）三月，马建忠回国。六月初三日，李鸿章特意呈递了《奏保马建忠片》，奏称："候选道马建忠前经臣调津随办洋务，精通法国语言文字，兼习科举之学，志趣端正，心地明敏，颇堪造就。派往法国留学，出洋三年，勤学好问，周历法国、英国、德国、奥地利、瑞士、比利时、意大利等国，闻见博洽。又兼出使大臣郭嵩焘、曾纪泽翻译官，历着辛劳，今学成而归，自应照案酌给优奖。请准

[1] 马建忠. 适可斋纪言纪行[M]//沈云龙. 近代中国史料丛刊：第一辑第0153册. 台北：文海出版社，1966：51.

赏加二品衔，并交军机处、总理衙门存记，备充出使各国之用。"[1]

　　第二，光绪七年二月三十日（1881年3月29日），《申报》刊登了关于刘铭传保荐马建忠、李经方前往英国引进铁路相关事物的新闻《铁路传言》：

　　　　天津开造铁路一节，前经刘省三爵帅首先奏请举办，闻其折中保荐马眉叔建忠、李伯行经方二人赴英专办此事。嗣奉旨交诸大臣会议，而南洋大臣倡言未便。刻下左侯相进京，亦言铁路之利，与李伯相之意见相合。如左李合词奏请兴办，或者此事可望有成。而刘爵帅谅必综理其事，马观察亦当奉委出洋。按马观察眉叔年仅二十八岁，前在上海法国教堂读书，继又赴英国学习腊丁语言，遂精通西学，后又至法国学习数年回华，中朝又令其至巴黎，斯学习法国律例，刻下在李伯相处，为第一翻译人员，想必克肩重任也。

　　查刘铭传在光绪六年底的铁路奏折中并无举荐马建忠与李经方之事，而当时社会舆论乃谣传如此，可见在一般人心中，刘铭传之奏折，与李鸿章、李经方父子实际上应存在千丝万缕的关系，而马建忠作为李鸿章幕府中的重要成员之一，应该也不无关系。

第三节　薛福成：为李鸿章操刀，草拟相关铁路奏折

　　薛福辰、薛福成兄弟是李鸿章幕府中另一对为引人瞩目者。尤其是薛福成，在铁路的引入和修建问题上，对李鸿章帮助巨大。在复李鸿章书中，曾国荃便曾说道："叔耘（薛福成）昔在幕府，仰窥中堂柔远之经，深得纲领，而又博通群籍，识力俱超。此才何可多得，朝廷知人善任，益见我公夹袋多贤，曷胜企佩！"[2]

　　［1］李鸿章.李文忠公奏稿[M]//《续修四库全书》编委会.续修四库全书：第0507册.上海：上海古籍出版社，2002：298.
　　［2］曾国荃.曾忠襄公书札·复李中堂李鸿章.李文忠公奏稿[M]//《续修四库全书》编委会.续修四库全书：第1555册.上海：上海古籍出版社，2002：366.

光绪元年七月三十日，薛福成正式进入李鸿章的幕府。[1]因为其父薛湘与李鸿章有同年之谊[2]，其兄薛福辰亦早在李鸿章幕府之中，其本人早年曾在曾国藩幕府之中长达8年，早在同治八年（1869年）即与李鸿章有书信往来[3]，所以，薛福成一入李鸿章幕府，便深得其信任，被视为心腹，奏疏多出其手。《庸庵文编》凡例中即称："奏议自应诏陈言一疏外，惟在合肥伯相幕中代拟疏稿，其关系大局者，尚不下数十篇。"

光绪二年（1876年），中英交涉马嘉理一案，薛福成跟随李鸿章前往烟台，与英国公使威妥玛谈判，随办洋务出力，被李鸿章保举升为知府，仍留李鸿章幕府。[4]

在跟随李鸿章期间，鉴于内忧外患的日益严重，薛福成对国事忧心忡忡，积极推行近代化改革，对铁路问题多有关注。光绪四年（1878年），薛福成撰有《创开中国铁路议》一文，系统提出了自己关于引入、修建铁路的一系列主张，认为："轮车之制不行，则中国终不能富且强也。……中国而仿行铁路，则遐者可迩，滞者可通，费者可省，散者可聚。"铁路之益处不一而足，可便于商务，便于漕粮转运，便于调兵。"议者皆曰，铁路若开，恐引敌入室也；恐夺小民生计也；恐当路之冲，冢墓必遭迁徙，禾稼必被熏

---

[1]中国社会科学院近代史研究所近代史资料编辑部．近代史资料：总63号[M]．北京：中国社会科学出版社，1986：6．

[2]案：同治七年（1868年），曾国藩将薛福辰推荐给湖广总督李鸿章，他在信中写道："尊处少一奏疏好手，兹有薛抚屏、福辰者，贵同年晓帆之子，工部员外，供职多年，会试后，因贫告归。学问淹博，事理通达，用特荐至尊处，作为奏疏帮手。"（中国史学会．中国近代史资料丛刊·捻军（5）[M]．上海：神州国光社，1953：285．）

[3]案：同治八年（1869年），薛福成上书李鸿章，论外国传教问题，书中写道："接读赐函，过蒙眷注，奖诲勤拳，顷闻黔、蜀教民之案，洋人以未得所欲，啧有烦言，复驶兵船溯江西上，冀遂其虚声恫吓之谋。……伏惟中堂规置六合，弛张不测，渊深阈廓之漠，想已早定于胸中，非鄙儒所敢拟议。客冬金陵侍坐，窃闻谈及洋人事，英气伟辩，感发愚衷，至今耿耿，故因睹洋人之纵悠而敢纵论及之。"（薛福成．庸庵文编[M]∥《清代诗文集汇编》编纂委员会．清代诗文集汇编：第738册．上海：上海古籍出版社，2010：56．）

[4]清史列传[M]．王钟翰，点校．北京：中华书局，1987：54．

灼也。不知此皆揣摹影响，而不审于事实者也。"[1]

光绪五年（1879年），日本吞并琉球，中外震惊，薛福成趁机撰成《筹洋刍议》，进一步提出了自己关于如何大规模推进近代化改革，以达到富国强兵目的的建议，认为："西洋诸国恃智力以相竞，我中国与之并峙，商政、矿务宜筹也，不变则彼富而我贫；考工、制器宜精也，不变则彼巧而我拙；火轮舟车、电报宜兴也，不变则彼捷而我迟；约章之利病，使才之优细，兵制、阵法之变化宜讲也，不变则彼协而我孤，彼坚而我脆。……今诚取西人器数之学以卫吾尧、舜、禹、汤、文、武、周、孔之道，俾西人不敢蔑视中华。吾知尧、舜、禹、汤、文、武、周、孔复生，未始不有事乎此，而其道亦必渐被乎八荒。"该文深得李鸿章赏识，据薛福成自记："光绪五年，日本兵船入琉球，以其王归，遂灭琉球。是时日本势益张，而西洋德意志诸国方议修约事，议久不协。俄罗斯踞我伊犁，索重赂，议者尤汹汹。余愚以谓应之得其道，敌虽强不足虑；不得其道，则无事而有事，后患且不可言。窃不自揆，网罗见闻，略抒胸臆，笔之于书，凡得筹洋刍议十四篇。既属稿，以呈伯相北洋大臣合肥李公。公大韪之，为达总理各国事务衙门，备采择。"[2]

光绪六年十一月初一日，刘铭传呈递了《奏请筹造铁路折》。

初二日，慈禧太后和光绪皇帝谕军机大臣等："刘铭传所请筹款试办铁路，先由清江至京一带兴办，与本年李鸿章请设之电线相为表里等语。所奏系为自强起见。著李鸿章、刘坤一按照各折内所陈，悉心筹商，妥议具奏。原折单均著钞给阅看。将此各密谕知之。"[3]

初三日，薛福成在其日记中记载："刘省三军门奏请开铁路，由京都至

[1] 薛福成. 庸庵文编[M]//《清代诗文集汇编》编纂委员会. 清代诗文集汇编：第738册. 上海：上海古籍出版社，2010：40.

[2] 薛福成. 庸庵文编[M]//《清代诗文集汇编》编纂委员会. 清代诗文集汇编：第738册. 上海：上海古籍出版社，2010：73.

[3] 清实录馆. 清德宗实录：卷一二三（光绪六年十一月丙寅）[M]. 北京：中华书局，1987.

清江浦，其经费暂借洋债。"[1]

稍后，内阁学士张家骧呈递了《未可轻议开造铁路折》，提出开造铁路有三弊。慈禧太后和光绪皇帝谕令李鸿章、刘坤一等妥议具奏。李鸿章与薛福成等人磋商，薛福成遂有《代李伯相议请试办铁路疏》。[2]

光绪六年十二月初一日，李鸿章呈递了《妥议铁路事宜折》，对刘铭传所奏铁路一折提出了自己的详细意见。

而在十一月初三日至十二月初一日之间，《薛福成日记》记载：

十一月十七日

英铁路工头玛礼孙来函云：铁路有粗细之别，英路今昔不同。中国如续创造，不必仿现在之英路，只须小立规模，以便将来改仿。美国现有之路，倘建于中国，不过期年，即归无用。计英现有之路三里，核须费银十五万两。计美现路三里，仅须费银四万两。中国建此铁路，如系通连者，自六千里至九千里之远，每里约须一万五千两至一万六千五百两足矣。如系分地建设，非一气相连者，照前数又须加增，缘路分而需用之屋宇等项，必须多为建设也。

津关税务司德璀琳条陈云：今先试开京津铁路一条，约须工价五百万两，可以造成工坚料实之最好铁路及轮车房屋，一切在内，并能预付各股人两年利银，以免未造成时纷纷索利。至论京津一路客货之多，每年入资除随时修造外，每百两可得盈余十二两，除付利银外，尚可拨充国家经费。其承修京津铁路洋匠须数十人，约须留用十年，以便将造路要诀详授学习之人，庶中土渐能自行承造，不必假手外人。

候选道马建忠《铁路论》云：铁路之兴，权舆于英之煤矿，其规制粗备于道光乙酉年。……凡地球五大洲莫不有铁轨轮辙焉。

铁路筹款之法，有商自集股，自设局而官不过问者；其弊也，争

---

[1]薛福成.薛福成日记[M].长春：吉林文史出版社，2004：337.

[2]薛福成.庸庵文编[M]//《清代诗文集汇编》编纂委员会.清代诗文集汇编：第738册.上海：上海古籍出版社，2010：114.

市减价，得不偿失。英美皆行此法。光绪元、二、三年间，铁路公司之倒闭者一百九十六，故有以官督察，使不制无用之铁路。……法国如是，他国可知矣。

十一月廿五日

马眉叔《铁路论》又云：筹款有着，则度地势，置铁轨，造轮车，设局站，皆铁路创造之事也。……种种所设，一视华朴，而贵贱之值判霄壤焉。此创造之大略也。

十一月廿八日

马眉叔《铁路论》又云：凡站视埠头之衰旺，有上中下之别，而经理之道因之。……统计光绪六年，英国轮车乘客至四百五十兆，而运货之吨数得其四之三。此经理铁路之规模也。[1]

查《薛福成日记》光绪六年十一月初三日之前长期无铁路之记载，十二月初一日之后亦长期无相关记载。再考虑薛福成此时期一直在李鸿章幕府中，不难揣测，其这段时间大量的关于铁路的记载，大规模接触铁路知识，应该是与李鸿章奉旨筹议刘铭传一折不无关系。换言之，李鸿章《妥议铁路事宜折》应该是由薛福成代笔，或者至少是曾经参与其事。而薛福成关于铁路之认识、主张，应该主要来自于日记所述三个方面。

一是英国铁路工程师玛礼孙的来函。

玛礼孙与李鸿章在此时期内交往频繁。光绪五年（1879年），曾有《筹拟修复运河书》呈递给李鸿章，建议将铁路之修建与运河之修复统筹规划，合二为一。

据光绪五年八月初十日（1879年9月25日）《申报》记："此系西士玛礼孙上李伯相之书。查玛礼孙即前在上海至吴淞建筑铁路者。今其于河运水利虽未曾详细考究，然大概情形已了如指掌。诚得运河一通，南北数三千里

---

[1]薛福成．薛福成日记[M]．长春：吉林文史出版社，2004：342．

均可舟楫往来，较之车载马驮，其利益实非浅鲜。惟所称改用洋闸，而洋闸究如何建置，与夫所估工银约五六百万两应从何筹拨，此固非浅见者所能揣测。想伯相统筹全局，或从或违，当自有定盘针也。"

二是津关税务司德璀琳的条陈。

津海关税务司德国人德璀琳，亦与李鸿章交往密切，《李文忠公奏稿》中多次提到德璀琳其人。在李鸿章所处理的许多问题上，德璀琳都扮演着顾问的角色。例如，在光绪四年五月十四日的李鸿章《外国捐赈请嘉奖片》中，李鸿章便写道："据津海关税务司德璀琳面称，西国遇有此等美举，该国王及外务衙门必向捐赈之国使行文称谢，无须另议酬答。"同年六月十七日，李鸿章在其《勘验英厂购到四船片》中写道："臣已饬津海关税务司德璀琳由电报转致赫德，就近确询英厂现时船炮价目有无低昂，俟其回信若何。再行酌量定购。"[1]

三是马建忠的《铁道论》。具体可以参见上文，兹不赘述。

可以说，作为李鸿章幕僚之一的薛福成，在铁路问题上，对李鸿章帮助巨大。他以自己对铁路知识的了解，综合其他人的铁路认识和主张，为李鸿章提供了一套系统而完善的铁路建议，再由李鸿章呈递给慈禧太后和光绪皇帝，为清朝的铁路决策提供强有力的依据。即使是离开了李鸿章幕府后，他也未曾将铁路问题束之高阁，依然对铁路问题予以高度关注。光绪十九年（1893年），在其《强邻环伺谨陈愚计疏》中，薛福成甚至将铁路与国防相联系，将建设铁路提升到了巩固国防的高度。据其奏称："夫制敌而不制于敌者，莫如铁路。英之铁路一已抵西藏近边之大吉岭，一已达云南近边之新街。俄之铁路将由塔什干而趋浩罕，近复经营西伯利亚铁路，东联珲春、海参崴。法开铁路以通商货，已由河内直接谅山。而我无一足以应之。俄人移我界碑，胁我属部之事，时有所闻。迩来帕米尔一役，终不脱占地故智。英人力争野人山地，印度各官志在分据险要，侵逼滇疆。臣因滇缅分界，知其

---

[1]李鸿章.李文忠公奏稿[M]//《续修四库全书》编委会.续修四库全书：第0507册.上海：上海古籍出版社，2002：149.

隐衷，法人注意滇南诸土司，已见端倪。彼既撤我藩篱，稍久必窥堂奥。其贪得无厌之情，又如此，盖事变如此之棘，时局如此之艰，皆肇端于此数十年内。"薛福成明确表示了对于俄国通过修建铁路以入侵中国的深切忧虑，并指出了借助铁路以发展商业，进而达到国富兵强之目标的策略："生财大端在振兴商务，以畅销土货为要诀。欲销土货，以创筑铁路为初阶。今国家既筹的款，营造山海关铁路，以期渐达于东三省，已有成效可睹矣。将来内地铁路自应照张香涛制军原议，分年筹费，由汉口开路，以抵卢沟桥而达山海关，则秦、陇、楚、蜀、晋、豫之土货日出不穷，转输益远，商利自饶，帑项充盈，富庶之机蒸蒸日上。泰西诸国藏富于民之法，大旨亦不外乎是。此利用厚生之政，探本握要之图也。"[1]

第四节　盛宣怀：代替李鸿章亲自操办铁路，举借铁路外债，经营铁路公司，成立铁路银行

盛宣怀之于李鸿章，在铁路修建方面的作用主要体现以下几个方面：代替李鸿章，直接出面掌管铁路事宜；沟通当时李鸿章与其他同僚和帝、后的联系；协助李鸿章举借外债，处理洋务交涉，等等。

一、盛宣怀与李鸿章的关系渊源

盛宣怀与李鸿章的渊源极深。盛宣怀之父盛康与李鸿章为挚友，故早在同治九年　（1870年），盛宣怀即进入李鸿章幕府。

盛宣怀之子盛同颐等所撰盛宣怀行状中记称："庚午（同治九年，1870年）四月，李文忠公由鄂督师入陕，防剿回逆，帷幄需才，杨艺舫京卿宗濂函招府君入幕。文忠夙与大父雅故，一见器赏，派委行营内文案，兼充营务处会办，属橐鞬，侍文忠左右。盛夏炎暑，日驰骑数十百里，磨盾草檄，顷

---

[1]李鸿章. 李文忠公奏稿[M]//《续修四库全书》编委会. 续修四库全书：第0507册. 上海：上海古籍出版社，2002：159.

刻千言，同官皆敛手推服。未几，天津教案事起，畿疆戒严，府君从文忠由陕历晋，驰赴直省，涉函关，登太行，尽揽山川厄塞形胜。日与文忠部曲名将郭壮武公松林、周壮武公盛传辈讨论兵谋，历练日深，声誉亦日起。旋奏调会办陕甘后路粮台、淮军后路营务处。"[1]

　　光绪二年（1876年），盛宣怀第一次参与铁路事宜。是年，因英商怡和洋行私自修建吴淞铁路，李鸿章奉旨与英国驻华公使威妥玛谈判签订《中英烟台条约》，其中涉及吴淞铁路的赎回情节，李鸿章选派盛宣怀与朱其诏前往上海处理相关事宜。光绪二年（1876年）七月二十七日，李鸿章在其《妥筹上海铁路片》中奏称："连日威妥玛、梅辉立屡向臣处饶舌，谓既奉旨会商一切事务，此事若不过问，以后必生衅端。……现在滇案通商各事既经议结，中英和局大定，威妥玛再三吁请臣处派员，与上海道英国官员会商调停妥办，似未便过分畛域。臣拟拣派随同来烟之道员朱其诏、盛宣怀驰往上海，与该关道详酌机宜，设法操纵。俟威妥玛所派之员到沪，会同妥筹。并函告该使，务在保我中国自主之权，期于中国有益，而洋商亦不致受损。"[2]最终，吴淞铁路被清政府赎回并拆毁。

　　此后，盛宣怀一直跟随在李鸿章左右，从事洋务活动。例如，光绪元年（1875年），盛宣怀、唐廷枢分别被派往直隶和湖北探寻煤矿，直到光绪二十一年（1895年）才再次接触铁路事宜，从此主要致力于中国铁路建设。是年，经李鸿章首肯，盛宣怀应时任湖广总督张之洞之邀南下武昌，筹办汉阳铁厂。时逢张之洞正拟筹建芦汉铁路。盛宣怀畅所欲言，深得张之洞赏识。在张之洞、直隶总督王文韶和李鸿章等人的共同举荐下，光绪二十二年（1896年）10月20日，盛宣怀被清政府任命为全国铁路总公司督办大臣，并被授予专折奏事特权。

　　盛宣怀出任铁路一职，无疑是各方达成妥协一致的结果。张之洞与李鸿

---

　　[1]盛同颐，等.诰授光禄大夫太子少保邮传大臣显考杏荪府君行述[M]//沈云龙.近代中国史料丛刊：第二辑第0122册.台北：文海出版社，1975：8.

　　[2]李鸿章.李文忠公奏稿[M]//《续修四库全书》编委会.续修四库全书：第0507册.上海：上海古籍出版社，2002：57.

章虽然同为晚清重臣，两人也无根本性冲突，在一些关键性问题上往往还能够心有灵犀地保持一致，但是因为个人性格和思想认识等方面的差异，在日常的政治舞台上亦难免存在一些分歧。例如，光绪十五年（1889年），时任两广总督的张之洞议复津通（天津至通州）铁路时，提出缓造津通而改建内陆腹省干路的建议，"自京城外之卢沟桥起，经行河南达于湖北之汉口镇，此则铁路之枢纽，干路之始基，而中国大利之所萃也"。此建议奉旨交海军衙门议奏。醇亲王奕譞立即与时任直隶总督兼北洋大臣李鸿章进行商议，结果是虽然同意缓办津通而先办芦汉，但是对张之洞奏折中的芦汉铁路修建计划亦提出数点异议，包括不赞成张之洞"以晋铁造轨为主"的主张；认为张之洞所议自卢沟桥到汉口镇划分4段，分作8年造办不妥；张之洞原拟"各省藩运两司、关道以印票股单劝集"未必能行，等等。慈禧太后和光绪皇帝对于海军衙门的复奏表示认同，是年八月初二日下旨："著派李鸿章、张之洞会同海军衙门，将一切应行事宜，妥筹开办。"

可以说，张之洞与李鸿章之间这种剪不断、理还乱的复杂关系，在盛宣怀出任全国铁路总公司督办大臣之后，得到了有效的改善。[1]尤其是对于李鸿章而言，此后盛宣怀不仅可以代替李鸿章，直接出面掌管处理铁路有关事宜，将李鸿章之铁路构想付诸实践，还能帮助李鸿章有效沟通与张之洞、王文韶等人的关系，有利于整个清朝铁路建设。

是年九月十五日，张之洞在致盛宣怀的电报中说道："特简荣迁铁路，事事照议，欣慰之至。现议从何处办起，是否先办汉口，抑两头并举？拟何时出都？年内想须回沪？合肥于此事有何议论？祈详示。"[2]

九月十七日，盛宣怀答复张之洞称："咸电备蒙奖借，弥深感悚。圣意欲速成，必须两头并举。目前要务约举数端：一订洋债，一延洋工，一勘路，一造轨，一招商股，一设学堂。拟与译、户商订妥当，月杪出京，到

---

[1] 参见本书第五章"李鸿章发售洋股以替代洋债的尝试"一节。
[2] 盛宣怀. 愚斋存稿·张香帅来电[M]//沈云龙. 近代中国史料丛刊：第二辑第0122册. 台北：文海出版社，1975：636.

津禀商夔帅（王文韶），即返沪。各项章程必俟到鄂面禀，再行奏定。傅相（李鸿章）以洋债不及洋股容易，诚然。宣面谈尚融洽。"[1]

盛宣怀在致张之洞的电报中特意提及李鸿章对于洋债、洋股的态度，虽然只是寥寥数字，但是其中所含信息则无比重要。一方面，他是在巧妙地将自己所探到的李鸿章的态度转达给张之洞，让张之洞和李鸿章两人之间虽然不用直接发生联系、接触，但是依然可以随时了解彼此的态度，能够在必要时保持行动的步调一致。另一方面，这也从一个侧面反映了当时的张之洞和李鸿章之间，虽然可能存在一点儿隔阂，但是彼此之间仍然十分重视对方的意见，在修建铁路这一根本问题上的认识和态度并无二致。是以在同年十月初五日，盛宣怀致王文韶、张之洞两人的电报中，盛宣怀才会写道："钧电询及银行一节，日前连练兵理财，遵旨陈奏，已交军机处、总署、户部会议。恭、庆两邸，常熟、高阳、合肥均欲议准开办，并拟并交宣怀招商督理。"[2]

光绪二十三年（1897年），在张之洞、王文韶怀疑商股之中掺杂有洋股，命令盛宣怀等秘密调查时，盛宣怀因为事情涉及一些京官，致电李鸿章请求帮助，"乞密告虞山，可否丁李福明拳办案内，明降谕旨，以垂厉禁，庶可消弭。"[3]

二、盛宣怀与李鸿章铁路思想的异同

作为李鸿章最为亲信的属下之一，在铁路问题上，盛宣怀虽然与李鸿章并未时时刻刻保持高度一致，但是基本上大同小异，甚至是将李鸿章的认识更加细化和具体，并具体付诸实践，是李鸿章真正的最为得力的助手之一。从以下几个事例可以证明。

[1] 盛宣怀. 愚斋存稿·寄张香帅[M]//沈云龙. 近代中国史料丛刊：第二辑第0122册. 台北：文海出版社，1975：636.

[2] 盛宣怀. 愚斋存稿·寄王夔帅张香帅[M]//沈云龙. 近代中国史料丛刊：第二辑第0122册. 台北：文海出版社，1975：637.

[3] 盛宣怀. 愚斋存稿·寄李傅相[M]//沈云龙. 近代中国史料丛刊：第二辑第0122册. 台北：文海出版社，1975：664.

第一，盛宣怀在接办汉阳铁厂时就提出"今因铁厂不能不办铁路，又因铁路不能不办银行"的主张，将铁矿、铁路和银行联合起来考虑，其所表现出来的大局观和认识高度，与当初的李鸿章并无二致，甚至更为全面，故而能够深得李鸿章之心，受到李鸿章之信任和重用，并进而成为李鸿章实现其个人铁路构想的重要代理人。

第二，光绪二十六年（1900年），盛宣怀在其向清政府递交的《熟筹交通垦牧片》中，提出"铁路交通关系荒政甚大"的观点，指出"自京汉路成，豫省土货兴旺，其大宗为黄豆、芝麻。车运汉口后，皆由轮舶径运出洋。臣任内厘定养路、修路之费较省于京奉，递年客货加增，所收赢利已两二倍。若使当日粤汉一气呵成，所赢更何止百倍，距还本之期亦不远矣。庚子之后，赔款一大漏厄，惟赖土货，所入略抵所出。去年奉省黄豆及豆饼出洋值逾八千万两，民人获利"，但是可惜中国铁路为沿途厘捐所困，无力与日本等相竞争，"将此运费让日本攫取居多"。而现在倡议修建锦爱铁路，借资英美，虽然并非是仅为殖利起见，但是考虑到将来铁路修成之后，仍然需要大量的养路、修路费用，故而必须从长计议，综合考虑整个地区的农业发展，以便促进经济发展、商业繁荣，从而保证税源。"臣查该路延长二千数百里，沿途半属膏腴，除矿林必须招商承办外，尤当移民垦种，则高粱、玉米不可胜食。"并且，将来万一东南各省发生饥荒，亦可以通过铁路将北方粮食源源不断地运往赈灾。所以，他主张"交通垦牧，两利兼谋"。

盛宣怀将铁路与国防、赈灾、垦荒等方面相联系，与当初李鸿章复陈刘铭传铁路奏折中的表述如出一辙，甚至更加详细和深入。

第三，光绪二十二年（1896年），为筹办芦汉路事，清政府谕令"芦汉铁路，事关紧要。提款官办，万不能行，惟有商人承办，官为督率，以冀速成"，"各省富商如有集股在千万两以上者，准其设立公司，自行兴办"，但"不得有洋商入股为要"。结果实践证明，商办的道路并不能走通。面对国家财政匮乏，华商无力投资铁路建设的情况，盛宣怀提出了举借外债以修建铁路的倡议，并且主张广开资金筹集渠道，采取划拨官款、招集官股、商股、开设银行等各种方式相结合的模式。

光绪二十三年（1897年），盛宣怀与张之洞会奏请求饬令各直省将军、督抚通行地方官帮同招集商股时，即明确写道："芦汉虽借洋债，必有华股以立根基，方能责成众商，分年归本。所有领官款、借洋债、集商股，钩连层次，臣等筹之已熟，必须俟勘路估图说齐备，部款洋债领借既定，晓然于一竣之有期，收利之有效。章程一出，群疑尽释。"

可以说，在芦汉铁路的修建过程中，盛宣怀独树一帜，提倡借债修路，直接与圣旨相违背，事实上应该是代表了李鸿章等人的意思，获得了李鸿章等人的暗中支持。而李鸿章等人虽然意识到以当时清朝的内外交困，不借债则根本无法将铁路修建成功，但是限于当时因甲午战败而声望一落千丈的尴尬境地，李鸿章无法亦不敢再冒天下之大不韪，直接上疏朝廷奏请借债修路，只好借助于盛宣怀之口，由其上奏修建铁路不得不筹借外债这一沉痛事实，以真正实现铁路的成功修建。并且，盛宣怀不但代表李鸿章的态度，而且在对待铁路修建过程中的外债、商股和官办三者的关系时，盛宣怀的根本落脚点亦在于保护路权、保护主权，与李鸿章的一贯主张如出一辙。

第五节　其他人

除了上述诸人，还有一些人对李鸿章的铁路认识和思想产生过或多或少的影响，例如曾纪泽、黎庶昌、徐继祖等。

光绪九年（1883年），曾纪泽致电李鸿章，向其引荐英国东电公司本德尔承建上海至杭州海塘的铁路。因为当时正值中法战争前夕，李鸿章正忙得焦头烂额，无暇顾及，所以只好回电婉拒："铁路利益最大，尚未定议兴办，本德尔似宜缓商。"

稍后，驻日公使黎庶昌亦向朝廷奏请修建铁路："火车宜及早兴办。西洋富强之术，首在轮船火车。火车之行于陆，犹轮船之行于水，理本至常，毫无足怪。而议者多持异端，或曰修筑铁路有碍民生，或曰兴此巨工有关风水，此皆未睹其形而妄下雌黄者也。以臣观之，西法中之便官、便商、便民而流弊绝少者，独火轮车一事耳。轮船之利犹可移此就彼，火车则非身至其地者不得乘，非已有货财者无可运。即虑两国构兵易以资敌，殊不知丈尺之铁，折毁甚易，修续颇难。然臣尝在西洋矣，目击欧土铁路，其多类如蛛丝瓜络。而同治九年布法之战、光绪四年俄土之战，皆未闻因火车而诱敌深入也。似宜饬下北洋大臣派委妥员纠合公司，先将天津至京二百四十里之火车铁路勘办兴修，不出两年，可冀告成。至时銮驾规临一观，是非得失自不可掩，然后明诏各省逐渐仿行。如圣心以为不当，不过不推广而已，存此权舆，亦未见其有害也。"[1]

在该折呈递之前，黎庶昌曾将其抄寄李鸿章、曾纪泽以征询意见。据黎庶昌事后追记："中西交涉为古今一大变端，所贵审度彼已，择善而从，庶不至扦格增患。遣使八年，出洋诸公从未有将中外情形统筹入告者。甲申三月，法约既定，因不揆妄陋，具折言之，翼备朝廷采纳。不料此折到京，适值越事中变，总署以其情事不合，且有涉忌讳处，竟寝而不奏，将原折退回，殊觉可惜。此稿本非密折，曾乞正于李傅相、曾袭侯二公，俱有复书，今摘录附后，亦见所言不无微中云。庶昌自记。"[2]

对于黎庶昌奏折中所提诸种建议，虽然李鸿章和曾纪泽都表示了高度赞赏和充分肯定，但是鉴于当时内外形势，李鸿章感觉结果将会不容乐观。

李鸿章在复函中称："尊议练水师、筑铁路、修治京师街道、优礼各国公使、保护商务、豫筹度支，并请亲藩游历欧洲各节，大言炎炎，深切时事，足令小儒咋舌。惜当轴未能尽知，即嘉纳未必施行，解人难索，可为太息耳。张幼樵京卿亦有请设水师衙门之奏，交南北洋会议。目下和局又

[1]黎庶昌.拙尊园丛稿·敬陈管见折[M]//沈云龙.近代中国史料丛刊：第一辑第0076册.台北：文海出版社，1966：367.

[2]黎庶昌.拙尊园丛稿·敬陈管见折[M]//沈云龙.近代中国史料丛刊：第一辑第0076册.台北：文海出版社，1966：367.

翻，海防饷需支绌，现在水陆各军尚恐馈运不继，更无余力可议及此。铁路已有人奏请开办，中旨令总署与敝处会商议复，旋有条陈其弊，以为断不可行者。中朝士夫因循袭旧之见牢不可破，言事者多，晓事者寡。朝廷掮牵成法，回惑群言，不能灼见其所以然，故议论多而成功少。大疏未钞发，不审批示云何，想亦存而不论矣。"[1]

相形之下，曾纪泽反而表现得较为委婉，复函称："大疏条陈时务，切中机宜，非历年周历外洋，见闻精确，不能洋洋洒洒畅所欲言。其间修治京师道路及请醇邸出洋两层，弟怀之已久而未敢发。台端先我言之，曷胜快慰！假令朝廷嘉采硕画，实见施行，则中国之富强可以计日而待。傥再因循粉饰，意见纷歧，则杞人之忧方未已也。所奉批旨如何，仍乞钞示。"[2]

光绪十年（1884年）六月二十四日，曾经出使美、日、秘三国的候选知府徐承祖给李鸿章上了一份呈文，详细论述了修建铁路以运输漕粮的重要性和可行性："若漕粮改由火车转输，则运河可废，庶黄流顺轨入海，不致有漫溢之虞矣。且岁省河工经费，为数亦巨。如设立火车，则南粮由淮抵京，朝发夕至，不但转输捷便，且可免霉烂之虞，运费亦极较省。"[3] 对此，李鸿章虽然表示了赞同，但是最终亦因无暇他顾而不了了之。

第六节　外籍工程师

在晚清，值得注意的是一些外籍工程师，凭借着其在铁路建设方面的专业知识和技术，为李鸿章的铁路建设事业做出了各自的贡献，并且对李鸿章铁路认识和思想的形成也不无影响，如英国人金达，德国人包尔、瞿思图

［1］黎庶昌．拙尊园丛稿・李傅相函［M］//沈云龙．近代中国史料丛刊：第一辑第 0076 册．台北：文海出版社，1966：379．

［2］黎庶昌．拙尊园丛稿・曾袭侯函［M］//沈云龙．近代中国史料丛刊：第一辑第 0076 册．台北：文海出版社，1966：380．

［3］中国史学会．洋务运动（一）［M］．上海：上海人民出版社，上海书店出版社，1961：237．

等。

光绪十七年（1891年），李鸿章专门为在华服务的一些外籍人员申请奖励，据其奏称："再各国员弁在中国办事出力，历蒙赏给顶戴宝星有案。兹查威海卫承修炮台三品顶戴德国兵官汉纳根，天津机器局教习英国人施爵尔，铁路监工英国人金达，北洋医官英国人伊尔文，旅顺船坞医生法国人道礼思、北洋水师营务处翻译德国人毛吉士，旅顺船坞监工法国人吉利丰、邵禄利瓦伊业、葡国人路笔纳等当差多年，均能始终勤奋，著有成效。现值校阅海军，有劳必录，应准一体奖叙。汉纳根拟请赏给总兵衔并戴花翎，施爵尔、伊尔文均拟请赏给三品顶戴，施爵尔、金达并请赏给三等第一宝星。"[1]

光绪十九年，李鸿章又专门为包尔申请奖励。据其奏称："再北洋武备学堂铁路总教习德国工程师包尔，经该国克鹿卜厂派令来华，讲求铁路，藉图报效。自光绪十六年到堂教授铁路各项课程，尽心指示，不惮烦劳，俾学生均能领会，颇着成效。三年之久，并未支领薪水，实属廉让可风。现拟销差回国，合无仰恳天恩，俯准将包尔照总教习例，赏给二等第三实星，以示奖励。"[2]

次年，李鸿章又专门为瞿思图申请奖励，据其奏称："再铁路教习瞿思图，自光绪十六年由德国雇募入堂授课，已历四年，教授学生均能认真课导，颇著成效。现因期满回国，据武备学堂总办等禀请给奖前来。臣查该教习自到堂以来，教授颇能尽心，俾学生得有成就，不无微劳足录。仰恳天恩，俯准赏给该教习瞿思图三等第二宝星，以酬劳勋。"[3]

［1］李鸿章．李文忠公奏稿[M]//《续修四库全书》编委会．续修四库全书：第0508册．上海：上海古籍出版社，2002：483．

［2］李鸿章．李文忠公奏稿[M]//《续修四库全书》编委会．续修四库全书：第0508册．上海：上海古籍出版社，2002：588．

［3］李鸿章．李文忠公奏稿[M]//《续修四库全书》编委会．续修四库全书：第0508册．上海：上海古籍出版社，2002：655．

结　语

　　1840年的鸦片战争让中国开始陷入数千年未有之变局，清朝为维护自身统治利益计，被迫接受近代化这一前所未有的新鲜事物。在此种情形下，近代化的概念对于晚清时期的国人而言，其概念变得更为复杂，一方面，近代化的过程就是侵略和反侵略的过程；另一方面，近代化的含义亦绝非仅限于道或者器的某一方面。但是，中国人长期以来形成的思想观念转变速度远远落后于时代的巨变，落后就要挨打的惨痛教训，只是让极少部分中国人开始警醒，开始"师夷长技以制夷"，开始学习西方列强的坚船利炮，由此诞生了著名的"中体西用"说，并成为轰轰烈烈的洋务运动乃至戊戌变法、清末新政的指导思想。"中体西用"说之是与非，仁者见仁，智者见智，以某一事件、某一地方或者某一时段进行评价，似乎都欠妥当。但是，此种思想在晚清时期对于时人之影响却是毋庸置疑的。一般国人并未能理性、客观地认识、理解"中"与"西"、"道"与"器"之辩证关系，不自觉地呈现出是"中"而非"西"、重"道"而轻"器"的认识倾向，失于偏颇。而此种偏颇具体到某一实践，则是所谓的保守势力、顽固思想。虽然不能轻易以思想之保守、顽固与否而断定其个人之是非，但是持有顽固思想之保守势力，对持改革思想之先进势力造成极大阻力和障碍，对晚清之近代化产生极其不利之影响。此种影响在近代中国铁路的引入和修建过程中体现得尤其明显。

晚清铁路的引入和修建，是中国近代化的重要内容和标识之一。其发端是1875年英国怡和商行在上海私自修建了吴淞铁路。消息传出，朝野上下意见纷纭，清朝的最高统治者和地方官员限于传统的思想认识，大多都持否定、反对态度，结果导致吴淞铁路被赎回并拆毁。对此，《清史稿》即言："铁路创始于英吉利，各国踵而行之。同治季年，海防议起，直督李鸿章数为执政者陈铁路之利，不果行。光绪初，英人擅筑上海铁路，达吴淞，命鸿章禁止。因偕江督沈葆桢檄盛宣怀等与英人议，卒以银二十八万两购回，废置不用，识者惜之。"晚清最先倡议引入和修建铁路的李鸿章，却奉旨前往阻止吴淞铁路之修建，实在是莫大的讽刺。

客观而言，在晚清的官员队伍中，李鸿章的思想是比较开明和务实的，也是比较具有远见卓识的。在同治末年铁路传入之前，其便对铁路有了初步认识，意识到铁路可能产生的巨大影响，并力图将铁路引入中国。但是，其美好的愿望注定会遭到强大的阻力，或者说不理解更为恰当。上至慈禧太后、光绪皇帝，下至贩夫走卒，许多有关的、无关的官员、士绅都站出来，义愤填膺地表达了斥责和反对，令李鸿章应接不暇，甚至是无力应对。幸好李鸿章足够聪明、圆滑，于是有了唐胥铁路——中国历史上第一条马拉铁路。

一系列的教训让李鸿章意识到欲救亡图存、富国强兵，必须要学习西方；欲学习西方，必须要改变国人的思想。所以，从吴淞铁路开始，李鸿章便开始着手引导、改变国人的思想认识，从最亲近的身边幕僚、同事开始到总理衙门、海军衙门，从恭亲王奕䜣、醇亲王奕譞到慈禧太后、光绪皇帝，李鸿章像哄小孩子一样，一个一个地安抚，一点一点地渗透，让他们从不知道铁路为何物到慢慢有所耳闻，从稍微有所了解到亲身体验火车的便捷快速，最终放下了原有的愚昧、固执和反对，开始接受铁路、欢迎铁路、支持铁路。其间，李鸿章所付出的心血和所经历的艰辛是难以想象的。

与此同时，近代中国面临的严重的、不断加剧的内忧外患，面临的亡国亡种的危机，不断地刺激着朝野上下的人们，让中国人长久以来已经渐渐麻木的神经开始感觉到瘙痒，再到疼痛，再到痛不可忍，最后惊醒，意识到人为刀俎、我为鱼肉的悲剧命运并奋起反抗。而铁路的引入和修建，在一夜之间成为大众的呼吁，变得势不可挡了。明白于此，也就明白了辛亥革命前夕的铁路国有和保路运动斗争的双方，其分歧并不是该不该修建铁路，而是由谁来修、如何来修的问题了。

参考文献

论文、报刊

［1］祁龙威．论清末的铁路风潮[J]．历史研究，1964（4）.

［2］李国祁．中国早期的铁路经营[J]．台湾"中央研究院近代史研究所"专刊，1976（3）.

［3］周辉湘．甲午战争前李鸿章的铁路活动[J]．衡阳师专学报（社会科学），1987（4）.

［4］刘光永．李鸿章与中国铁路[J]．安徽史学，1990（3）.

［5］干哲时　维特与李鸿章交涉有关中东铁路问题实情录析[J]．辽宁大学学报（哲学社会科学版），1990（5）.

［6］王志华．李鸿章与中国铁路[J]．菏泽师专学报，1993（1）.

［7］崔志海．论清末铁路政策的演变[J]．近代史研究，1993（3）.

［8］朱从兵．义和团运动中的铁路问题与李鸿章[J]．安徽史学，1994（3）.

［9］余明侠．李鸿章在中国近代铁路史上的地位[J]．徐州师范学院学报，1994（3）.

［10］余明侠．李鸿章和甲午战争前后的铁路建设——兼论洋务运动在甲午战后的新发展[J]．江苏社会科学，1994（6）.

［11］贾熟村．李鸿章与中国铁路[J]．安徽史学，1995（2）.

［12］魏丽英．论中国铁路外债的早期认识[J]．上海铁道大学学报，1999（7）．

［13］马陵合．论甲午前借债筑路的开启及其困境——兼评李鸿章的铁路外债观[J]．安徽史学，2002（1）．

［14］贾熟村．李鸿章与郭嵩焘的友谊[J]．安徽史学，2002（1）．

［15］郑春奎．论李鸿章修筑铁路的思想[J]．江西社会科学，2003（9）．

［16］沈和江．李鸿章早期自我兴办铁路思想的形成[J]．历史教学，2003（11）．

［17］马陵合．凌鸿勋与西部边疆铁路的规划和建设[J]．新疆社会科学，2007（2）．

［18］高志华．李鸿章修建铁路利有九端思想探讨[J]．理论学习与探索，2007（4）．

［19］马陵合．江浙铁路风潮中代表入京问题考评[J]．浙江教育学院学报，2008（1）．

［20］姚珍．李鸿章与"丁戊奇荒"[D/OL]．开封·河南大学．2008[2008–05–01]．https://kns.cnki.net/KCMS/detail/detail.aspx?dbcode=CMFD&dbname=CMFD2008&filename=2008096493.nh&v=MTQwNjIxTHV4WVM3RGgxVDNxVHHJXTTFGGckNVUjdxZll1UnBGeWpoVUwvQlYxMjdGGck94R05YRnJKRRWJQSVI4ZVg=．

［21］朱从兵．甲午战前京津铁路线的筹议述论——兼议中国近代铁路建设起步的动力选择[J]．历史档案，2009（2）．

［22］潘向明．唐胥铁路史实考辨[J]．江海学刊，2009（4）．

［23］朱从兵．《申报》与中国近代铁路建设事业起步的舆论动员[J]．安徽大学学报（哲学社会科学版），2010（1）．

［24］马陵合．借款可以救国?——郑孝胥铁路外债观述评[J]．清史研

究，2012（2）．

　　［25］陈昭明．东清铁路修建前后李鸿章收受贿赂考[J]．呼伦贝尔学院学报，2012（2）．

　　［26］黄华平．李鸿章与关东铁路的筹议和兴筑[J]．贵州文史丛刊，2012（4）．

　　［27］熊月之．略论同光之际铁路问题的复杂性[J]．历史教学，2014（10下）．

　　［28］马陵合．安奉铁路交涉研究：以清末地方外交为视角[J]．安徽史学，2015（5）．

　　［29］姚遥．井上胜与明治时期的日本铁路建设（1869—1910）[D/OL]．苏州：苏州科技大学，2016[2016-06-01]．https://kns.cnki.net/KCMS/detail/detail.aspx?dbcode=CMFD&dbname=CMFD201701&filename=1016181897.nh&v=MDQ2OTk4ZVgxTHV4WVM3RGgxVDNxVHJGQ2ckNVUjdxZll1Wm55ZWWpnVUxyZVZGGMjZHTEt3SDlyRnFKRWJJQSVI=．

　　［30］朱浒．赈务对洋务的倾轧：丁戊奇荒与李鸿章之洋务事业的顿挫[J]．近代史研究，2017（4）．

　　［31］岳鹏星．当代大陆学人与中国铁路史研究[J]．社会科学动态，2018（7）．

　　［32］秦蓁．19世纪晚期美国铁路业"摩根化"问题研究[D/OL]．烟台：鲁东大学，2018[2018-06-01]．https://kns.cnki.net/KCMS/detail/detail.aspx?dbcode=CMFD&dbname=CMFD201802&filename=1018083419.nh&v=MDkxNDIxTHV4WVM3RGgxVDNxVHJGQ2ckNVUjdxZll1Wm5yZWWpuVzc3TlZGGMjZGck93SGRYTnBwRWJJQSVI4ZVg=．

　　［33］申报．华文报刊文献数据库．

　　［34］大同报．中国历史文献总库·近代报纸数据库．

史料、研究专著

［1］文庆，等. 筹办夷务始末（道光朝）[M]. 内府钞本，1856.

［2］陈澹然. 权制[M]. 光绪二十六年徐崇立刻本，1900.

［3］陈衍. 石遗室文集[M]. 光绪三十一年侯官陈氏刻本，1905.

［4］黄鸿寿. 清史纪事本末[M]. 上海：上海文明书局，1925.

［5］李长传. 江苏省地志[M]. 石印本. 上海：中华书局，1936：91.

［6］顾廷龙，戴逸. 李鸿章全集[M]. 合肥：安徽教育出版社，2007.

［7］关赓麟. 交通史路政编. 南京：交通铁道部交通史编纂委员会，1935.

［8］凌鸿勋. 中国铁路志[M]. 台北：畅流半月刊社，1954.

［9］中国史学会. 中国近代史资料丛刊·太平天国（二）[M]. 上海：上海人民出版社，1957.

［10］肯特. 中国铁路发展史[M]. 李抱宏，等，译. 北京：生活·读书·新知三联书店，1958.

［11］故宫博物院明清档案部. 义和团档案史料：上册，北京：中华书局，1959.

［12］"中央研究院近代史研究所". 中国近代史资料汇编（矿务档）[M]. 台北："中央研究院近代史研究所"，1960.

［13］中共青岛铁路地区工作委员会，中国科学院山东分院历史研究所，山东大学历史系. 胶济铁路史[M]. 济南：山东人民出版社，1961.

［14］宓汝成. 中国近代铁路史资料[M]. 北京：中华书局，1963.

［15］太平天国历史博物馆. 太平天国史料丛编简辑[M]. 北京：中华书局，1963.

［16］李岳瑞. 春冰室野乘[M]//《中国野史集成》编委会，四川大学图

书馆. 中国野史集成：第50册. 成都：巴蜀书社，2000.

　　［17］黎庶昌. 拙尊园丛稿[M]//沈云龙. 近代中国史料丛刊：第一辑第0076册. 台北：文海出版社，1966.

　　［18］郭嵩焘. 玉池老人自叙[M]//沈云龙. 近代中国史料丛刊：第一辑第0107册. 台北：文海出版社，1966.

　　［19］郭嵩焘. 养知书屋集[M]//沈云龙. 近代中国史料丛刊：第一辑第0152册. 台北：文海出版社，1966.

　　［20］马建忠. 适可斋纪言纪行[M]//沈云龙. 近代中国史料丛刊：第一辑第0153册. 台北：文海出版社，1966.

　　［21］刘铭传. 刘壮肃公（省三）奏议[M]//沈云龙. 近代中国史料丛刊：第一辑第0196册. 台北：文海出版社，1966.

　　［22］杨儒. 中俄会商交收东三省电报汇钞[M]//沈云龙. 近代中国史料丛刊：第一辑第0339册. 台北：文海出版社，1966.

　　［23］　陈宝琛. 沧趣楼奏议[M]//沈云龙. 近代中国史料丛刊：第一辑第0397册. 台北：文海出版社，1966.

　　［24］张之洞. 张义襄公全集[M]//沈云龙. 近代中国史料丛刊：第一辑第0463册. 台北：文海出版社，1966.

　　［25］张若谷. 马相伯（良）先生年谱[M]//沈云龙. 近代中国史料丛刊：第一辑第0664册. 台北：文海出版社，1966.

　　［26］葛士浚. 皇朝经世文续编[M]//沈云龙. 近代中国史料丛刊：第一辑第0741册. 台北：文海出版社，1966.

　　［27］陈忠倚. 皇朝经世文三编[M]//沈云龙. 近代中国史料丛刊：第一辑第0751册. 台北：文海出版社，1966.

　　［28］宝鋆，等. 筹办夷务始末（同治朝）[M]. 影印内务府钞本. 北京：故宫博物院，1930.

　　［29］窦宗一. 李鸿章年（日）谱[M]. 台北：文海出版社，1969.

［30］贺涛. 贺先生文集[M]//沈云龙. 近代中国史料丛刊：第二辑第0093册. 台北：文海出版社，1975.

［31］盛宣怀. 愚斋存稿[M]//沈云龙. 近代中国史料丛刊：第二辑第0122册. 台北：文海出版社，1975.

［32］吴汝纶. 李文忠公全书[M]. 南京：金陵书局，1905：15.

［33］门德尔逊. 经济危机和周期的理论与历史：第二卷下册[M]. 吴纪先，郭吴新，赵得缤，译. 北京：生活·读书·新知三联书店，1976.

［34］张国辉. 洋务运动与中国近代企业[M]. 北京：中国社会科学出版社，1979.

［35］宓汝成. 帝国主义与中国铁路（1847—1949）[M]. 上海：上海人民出版社，1980.

［36］邵之棠. 皇朝经世文统编[M]. 台北：文海出版社，1980.

［37］程颐，程颢. 二程集[M]. 王孝鱼，点校. 北京：中华书局，1981.

［38］郭嵩焘. 郭嵩焘日记[M]. 长沙：湖南人民出版社，1982.

［39］黄浚. 花随人圣庵摭忆[M]. 上海：上海古籍出版社，1983.

［40］钟叔河. 伦敦与巴黎日记[M]. 长沙：岳麓书社，1984.

［41］郭嵩焘. 郭嵩焘诗文集[M]. 长沙：岳麓书社，1984.

［42］薛福成. 庸庵文别集[M]. 上海：上海古籍出版社，1985.

［43］中国社会科学院近代史研究所近代史资料编辑部. 近代史资料：总63号[M]. 北京：中国社会科学出版社，1986.

［44］清实录馆. 清德宗实录[M]. 北京：中华书局，1987.

［45］清史列传[M]. 王钟翰，点校. 北京：中华书局，1987.

［46］张云樵. 伍廷芳与清末政治改革[M]. 台北：联经出版事业公司，1988.

［47］宫崎犀一，奥村茂次，森田桐郎. 近代国际经济要览[M]. 陈小

洪，等，译. 北京：中国财政经济出版社，1990.

［48］曾国荃. 光绪山西通志[M]. 北京：中华书局，1990.

［49］翁同龢. 翁同龢日记[M]. 陈义杰，校. 北京：中华书局，1992.

［50］许毅. 清代外债史资料[M]. 北京：中国财政经济出版社，1993.

［51］李文海. 中国近代十大灾荒[M]. 上海：上海人民出版社，1994.

［52］李鸿章. 李鸿章全集[M]. 海口：海南出版社，1997.

［53］苑书义. 张之洞全集：第7册，石家庄：河北人民出版社，1998.

［54］赵尔巽，等. 清史稿[M]. 北京：中华书局，1977.

［55］中国史学会. 洋务运动（六）[M]. 上海：上海人民出版社，上海书店出版社，1961.

［56］中国人民大学清史研究所. 清史编年[M]. 北京：中国人民大学出版社，2000.

［57］李鸿章. 李文忠公奏稿[M]//《续修四库全书》编委会. 续修四库全书：第0508册. 上海：上海古籍出版社，2002.

［58］张之洞. 张文襄公奏议[M]//《续修四库全书》编委会. 续修四库全书：511册　上海：上海古籍出版社，2002.

［59］崔国因. 出使美日秘国日记[M]//《续修四库全书》编委会. 续修四库全书：第578册. 上海：上海古籍出版社，2002.

［60］孙宝瑄. 忘山庐日记[M]//《续修四库全书》编委会. 续修四库全书：第580册. 上海：上海古籍出版社，2002.

［61］魏源. 海国图志[M]//《续修四库全书》编委会. 续修四库全书：第744册. 上海：上海古籍出版社，2002.

［62］郑观应. 盛世危言新编[M]//《续修四库全书》编委会. 续修四库全书：第0953册. 上海：上海古籍出版社，2002.

［63］平步青. 霞外攟屑[M]//《续修四库全书》编委会. 续修四库全书：1163册. 上海：上海古籍出版社，2002.

［64］王家相. 清秘述闻续[M]//《续修四库全书》编委会. 续修四库全书：第1178册. 上海：上海古籍出版社，2002.

［65］斌椿. 海国胜游草[M]//《续修四库全书》编委会. 续修四库全书：第1532册. 上海：上海古籍出版社，2002.

［66］李鸿章. 李文忠公朋僚函稿　[M]//《续修四库全书》编委会. 续修四库全书：第1554册. 上海：上海古籍出版社，2002.

［67］曾国荃. 曾忠襄公书札[M]//《续修四库全书》编委会. 续修四库全书：第1555册. 上海：上海古籍出版社，2002.

［68］盛昱. 意园文略[M]//《续修四库全书》编委会. 续修四库全书：1567册. 上海：上海古籍出版社，2002.

［69］唐才常. 觉颠冥斋内言[M]//《续修四库全书》编委会. 续修四库全书：第1568册. 上海：上海古籍出版社，2002.

［70］K.E.福尔索姆. 朋友·客人·同事——晚清的幕府制度[M]. 刘悦斌，刘兰芝，译. 北京：中国社会科学出版社，2002.

［71］薛福成. 薛福成日记[M]. 长春：吉林文史出版社，2004.

［72］马陵合. 清末民初铁路外债观研究[M]. 上海：复旦大学出版社，2004.

［73］李提摩太. 亲历晚清四十五年——李提摩太在华回忆录[M]. 天津：天津人民出版社，2005.

［74］塞切尼. 塞切尼眼中的李鸿章、左宗棠[M]. 符志良，选译//中国社会科学院近代史研究所近代史资料编辑部. 近代史资料：总109号. 北京：中国社会科学出版社，2004.

［75］夏东元. 盛宣怀年谱长编[M]. 上海：上海交通大学出版社，2004.

［76］张崇善，等. 民国华阴县续志[M]. 南京：凤凰出版社，2005.

［77］约翰·斯塔德. 1897年的中国[M]. 李涛. 济南：山东画报出版

社，2005.

　　［78］董沛. 六一山房诗集[M]//《清代诗文集汇编》编纂委员会. 清代诗文集汇编：第707册. 上海：上海古籍出版社，2010.

　　［79］薛福成. 庸庵文编[M]//《清代诗文集汇编》编纂委员会. 清代诗文集汇编：第738册. 上海：上海古籍出版社，2010.

　　［80］翁同龢. 翁同龢日记[M]. 上海：中西书局，2011.

　　［81］郭嵩焘. 郭嵩焘全集[M]. 长沙：岳麓书社，2012.

　　［82］朱从兵. 铁路与社会经济——广西铁路研究（1885—1965）[M]. 合肥：合肥工业出版社，2012.

　　［83］梁启超. 李鸿章传[M]. 武汉：武汉出版社，2013.

　　［84］朱从兵. 中国近代铁路史新探[M]. 苏州：苏州大学出版社，2014.

　　［85］陈炽. 续富国策[M]. 北京：朝华出版社，2018.